· 基金项目：北京市自然科学基金面上项目（9192007）；北京市教委科研计划重点项目（17GLB079）；2019年北京市教委高校青年拔尖人才项目；北京市高精尖学科 (旅游管理) 建设项目。

中經管理

国有企业混合所有制改革的多国模式比较与路径借鉴

The Research of Mixed Ownership Reform Path in State Owned Enterprises: Based on the Experience of Multiple Countries

郭　斌／著

中国经济出版社
CHINA ECONOMIC PUBLISHING HOUSE
北　京

图书在版编目（CIP）数据

国有企业混合所有制改革的多国模式比较与路径借鉴／郭斌著．--北京：中国经济出版社，2021.9

ISBN 978-7-5136-6608-4

Ⅰ．①国… Ⅱ．①郭… Ⅲ．①国有企业-混合所有制-企业改革-研究-中国 Ⅳ．①F279.241

中国版本图书馆 CIP 数据核字（2021）第 177426 号

责任编辑　叶亲忠
责任印制　马小宾
封面设计　华子图文

出版发行　中国经济出版社
印 刷 者　北京九州迅驰传媒文化有限公司
经 销 者　各地新华书店
开　　本　710mm×1000mm　1/16
印　　张　15
字　　数　250 千字
版　　次　2021 年 9 月第 1 版
印　　次　2021 年 9 月第 1 次
定　　价　78.00 元
广告经营许可证　京西工商广字第 8179 号

中国经济出版社　**网址** www.economyph.com　**社址** 北京市东城区安定门外大街 58 号　**邮编** 100011
本版图书如存在印装质量问题，请与本社销售中心联系调换（联系电话：010-57512564）

摘　要 PREFACE

当前，世界处于大变局之中，我国经济发展进入新常态。在新时代，国内外环境发生着巨大且深远的变化。就国际经济而言，逆全球化思想、反贸易态势大行其道，我国对外开放的水平仍需进一步提高，国有经济发展面临实现国家使命与提升国际竞争力的双重压力。从国内环境来看，进入“十三五”以后，我国已步入工业化后期，新一代工业技术革命带来经济发展方式的全新改变，国有经济由传统自然经济要素推动发展转变为各种关键性资源驱动发展。新时代、新形势、新常态，对我国国有经济发展及国有企业改革提出了新要求。尤其是党的十九届四中全会以后，我国确立推动国家治理体系和治理能力的现代化要求，建立并完善市场机制在资源配置中的决定性作用，更好发挥政府治理在市场经济中的调控作用，形成一种更加成熟的社会主义市场经济体制。发展公有制经济是社会主义经济制度的基础，而全民所有制是公有制的基本形式。作为公有制经济的主导力量，国企发展要在金融、铁路、冶金、电力等基础服务部门，以及电信、航空、石油、石化等战略性产业中占据支配地位，实现国家对国民经济命脉的有效监控。国企是社会主义市场经济体制中的重要组织形式，与逐利的民企相比，国有属性决定了其能更好平衡追求企业经济效益与满足社会服务期望之间的关系。

自 1991 年以来，我国社会各种经济行为都受到了资本市场活动的深刻影响。实质上，国企治理机制改革的历程，就是伴随社会主义市场经济体制演进，并逐渐发展成为市场参与主体的过程。改革开放后的前 20 年，国企改革的目的是扩大市场规模、增加经营活力、与民企产品竞争的市场化，之后的 20 年的目的是规范公司制度、优化资源配置、与各类非公资本融合的市场化。国企改革总是沿着在与民企和非公资本竞争合作中不断提高各类市场竞争的自由度这条主线展开，由此，国企混改成为未来主要的市场化改革方式。国企混改具有比较清晰的方向性，与多元化、公司化、现代化等市场经济理想紧密联系。党的十八届三中全会做出的《关于全面深化改革若干重大问题的决定》指出，允许更多国有经济和其他所有制经济发展成为混合所有制经济。至2014年6月，央企及国企控股的378家国有上市公司中，非公资本股权占比已超53%；在地方国企控股的681家国有上市公司中，非公资本股权占比超60%，国企混改卓有成效。

进入新时代，面对国内外市场力量角逐及人民对美好生活的向往，国企需要在组织方式转型和治理制度改革上有显著改观，主要有以下两种转变：一是从垄断国家经济活动，转向激发更多企业家精神和民企融合发展；二是从仅满足上级部门规划要求，转向追求卓越创新并更愿意主动承担风险。当然，国企既要在整体上实施市场化治理机制变革，同时也会受到国有经济体制规范、国际贸易体系转轨等各种不确定性因素影响，呈现出活跃的时态波动性，而非一成不变的绝对稳定。国企混改，是在国家与社会的各种资源间进行经济互动中，被主观创造且客观形成的一种特殊动态关系结构。因此，国企确立混改的基本目标为：首先是股权多元化，在母公司层面，尝试国资与非公资本的充分混合，交互发挥比较优势；其次是管理公司化，确立现代企业制度，明确非公资本股东的法律地位，从全民所有制企业逐步转变为主要靠社会投融资的新型股份公司；最后是治理现代化，与国际企业法规接轨，与社会主义市场经济相适应，真正形成现代公司法人治理结构。

在我国的国企改革之前，欧洲许多资本主义发达国家曾推进过国企改革。最著名的是撒切尔夫人担任英国首相时的国企私有化改革。1989年，苏联和东欧社会主义国家在经历剧变后，都在思考“经济该怎样转轨？对原有国企该如何处置？”等难题，所以，大多会借鉴英国及整个欧洲的这场私有化运动。但是，欧洲资本主义发达国家的国企数量少，而且大都是为加快恢复第二次世界大战后的本国经济，由政府投资建立的一些国有大型工业企业。其原本就是资本主义社会意识形态，已形成自由市场经济体制。于是，国企在经历股份制私有化改革后，能迅速转为混合所有制企业或民企，并很容易融入原有的市场体系中。然而，在政治经济制度剧变后，苏联和东欧社会主义国家的国企改革也采取了全面的私有化，却未能达到预期的经济效果，并且付出了巨大的社会代价。所以，国际经验可以借鉴，但不能照搬照抄。我国不是资本主义完全自由的市场经济体制，而是具有中国特色社会主义的政治经济制度，坚决不能被资本主义颠覆或替代，因此，我国国企必须探索并走出一条符合我国基本国情的改革道路。不同社会经济制度的国家，在国企改革中总结的经验教训，对我国保持现有社会主义市场经济制度下的国企混改，特别是该如何更好地配置控制权，会有一些重要的借鉴价值。

本书对进一步拟定我国国企混改控制权合理配置的对策体系，即“推进国企混改的方法论原则、发展混改后企业的模式选择、鼓励非公资本参与国企改革和打破资源行政垄断推进混改”，以及深入研究国企混改、促进国企转型升级、推动国有经济快速发展具有重要的理论意义，以期对国家部委领导、各省市县国有资产主管部门、国企相关单位、民企及投资机构、行业咨询顾问等具有一定的借鉴价值。此外，报告的撰写得到了国内很多权威专家学者的指导与支持，同时参考了近年来国企混改与国有资产监管研究领域的最新成果，在此谨向相关专家和学者表示谢意！由于笔者水平所限，报告中难免还有疏漏和错误，敬请各位读者批评指正！

郭 斌

于北京第二外国语学院知行楼

2020 年 1 月 29 日

目　录 CONTENTS

第一章

国企混改当前的进展情况

2013 年 11 月 18 日，党的十八届三中全会通过《关于全面深化改革若干重大问题的决定》，对国企混改提出新要求。一方面，要提高活力适应市场竞争；另一方面，要提高服务国家战略、公共事业的能力。进入新时代，国企混改就是要解决计划经济留存国资运营与社会主义市场经济体制间的矛盾。其基本目标是两者的全面融合。实质上，党的十四大以来，国企股份制改革已将两权分离，逐步完成政企分开，而且，不断引入非公资本参与治理，建立混合所有制经济，这些都起到积极的作用。根据国资委公布的最新数据，2019 年 1—9 月，央企新增混合所有制企业超 600 户。按穿透式统计口径，① 至 2018 年底，央企混改数量占比已达 70%。按单户统计，2013—2018 年，央企混改 3359 项，引入非公有资本超 9000 亿元，各省（区、市）国企混改超过 5000 项，引入非公有资本超 6000 亿元。② 2019 年 11 月，在党的十九届四中全会精神指引下，国务院国企改革领导小组第三次会议明确提出国企改革目标、时间表和路线图，以及未来三年落实好顶层设计。2019 年 12 月，中央经济工作会议要求制定实施 2020—2022 年三年行动方案，提升国资改革和国企混改的综合成效。因此，就现阶段而言，亟须解决国资改革中的困惑，并探索出新的国企混改模式。

① 在“资管新规”实施后，在规则层面，确立资管产品“强化穿透”的监管思路。即向上穿透最终投资者，向下穿透底层资产。

② 兰丽娜．国企改革释放重磅信号：方向明确三年行动方案将出炉［N］. 新京报，2019-11-14.

第一节　国企混改现有的基础数据

以习近平同志为核心的党中央、国务院及各级领导部委高度重视国企改革。2016 年 7 月 4 日，习近平总书记在全国国企改革座谈会上指出，“国企是壮大国家综合实力的重要力量”,[①] 有助于构建全球价值链推进现代化建设，促进经济社会发展和保障人民利益。2017 年 3 月 5 日，国务院总理李克强在十二届全国人大五次会议《政府工作报告》中将“加快推进国企国资改革”列为重点工作来抓。在 2019 年 3 月 5 日十三届全国人大二次会议《政府工作报告》中提出“积极稳妥推进混合所有制改革，并完善公司治理结构”。可以预见，国企混改将是长期全面深化改革的重点之一。至 2019 年 10 月，国企混改户数占比超过 70%，与 2012 年相比提高 20%。[②] 2019 年 5 月 17 日，国务院国企改革领导小组召开第二次会议审议通过第四批 160 家国企混改试点名单，资产规模超过 10 亿元的国企 99 家，占比 61.8%。[③] 2019 年 11 月12 日，国务院副总理刘鹤主持的第三次会议中提出，要尽快明确国企混改的各项任务举措。为此，要制定出可量化、可考核的具体指标，进一步找准薄弱环节，精准解决混改中的矛盾与突出问题。

一、国企混改总体良好

2007 年至 2012 年 9 月，央企通过改制上市，从境内外资本市场募集资金约 9157.5 亿元。所以，上市公司成为央企混改的主要载体。至 2013 年 12 月，央企下属各级企业 38423 家（2014 年 47699 家），同比增加 24.14%。其中，改为公司制的占比 89%，混改企业占比 52%（2014 年 66.15%），有 385 家控股境内外上市公司。2014 年，在央企混改企业中，国资占比 43.89%。同年 12 月，央企控股上市公司资产总额、营业收入、利润总额分别占全部央企的 54.49%、59.89%、66.05%。也就是说，央企优质资产通过改制上市，与非

① 习近平关于深化国有企业改革的讲话［N］. 经济日报，2017-08-04.

② 戴高城．国务院国资委：混合所有制改革的国企户数占比超 70%［EB/OL］.［2019-10-17］. https：//www.thepaper.cn/newsDetail_ forward_ 4699880.

③ 发改委第四批国企混合所有制改革名单，约有 160 家企业。

公资本融合，已产生一定的经济效益。[①] 但是，中央及地方国企集团绝大多数仍是国有独资。特别是，行业龙头央企和地方骨干国企还有50%未实行公司制改革，也未建立治理结构。当然，剩余的50%虽已实行公司制股份制革，但股权结构普遍表现为国资“一股独大”，既没有真正形成规范的治理机制，[②] 也还没有完全确立市场化经营体制。虽然不少国企已实现多元化股权结构，也建立了形式完整的治理结构，但治理行为与经营管理依然沿袭混改前模式，并没有发生根本性变化。

国资委统计数据显示，至2016年12月，央企及下属子公司混改数量占比达68.9%，而且，50%以上国资集中在上市公司，省级国资委出资混合所有制企业占比达47%。在央企混改户数中，商业一类（充分竞争领域）占比73.6%，多元化程度最高；商业二类（关系国家安全、国民经济命脉和承担重大专项）占比62.6%；公益类占比31.1%。从地方的角度看，国企混改数量占比47%。其中，上海、广东、天津、山西、辽宁、黑龙江、河南等省（市）的混改工作涉及面更广泛。城市重要性越高，混改政策要求的压力就越大。地市级政府对下属国企混改有更多自主权，特别是欠发达地区缺少战略性产品的生产加工，更少受到中央混改计划约束。然而，我国沿海地区比内陆的民企多，非公资本实力强，所以，当地国企混改程度会更高。相应地，东北、西南地区国企混改少。出于军工国企的历史发展原因，其资产体量大且高度集中，而且，民企非公资本未得到充分发展，混改交易成本较高。从产业类别看，房地产、建筑、建材、通信、矿业的国企混改户数占比分别为88.3%、86.3%、78.3%、77.9%和76.8%。简单标准制造行业实施国企混改的交易成本低，所以比复杂非标契约行业的混改程度更高。前者包括建材、纺织、家电等，后者包括高端制造、金融保险等。截至2018年1月，央企一级子公司混改户数占比22.5%，二级子公司混改占比超50%，并逐级提高，而四级以下子公司混改占比已超90%。即央企或地方国企级别不同，面临的政策改革压力对混改的影响也会有差异，即表现为“层级越低，混改程度越高”。

---

① 截至2014年2月，中国境内上市公司共2537家，总股本达3.4223万亿股，总市值23.6625万亿元。其中，流通股本3.0276万亿股（市值19.9927万亿元），投资者开户总数为19.6953亿户。

② 在国企混改中，国资处置、投资引入、员工持股、关联交易等操作不够规范，要不吓退非公资本，要不管理层另有企图，均造成不同程度上的国有资产流失。

国企混改转换治理机制和经营体系，更好地融入市场经济，以此提高国资效率，增强国有经济的活力、控制力、影响力及抗风险能力。同时，会提高社会服务功能，巩固和完善社会主义基本经济制度。国企发展混合所有制，要尽可能做到“一企一策”，具体要以行业企业在国民经济中的分量、国家要不要控制等作为判断基准，① 既不是要国资完全退出，也不是完成“一混就灵”的政治指标，而是合理配置国有股权（或净资产比例）。我国处于并将长期处于社会主义初级阶段，社会主义市场经济体制改革和实现共同富裕，既允许多种所有制经济共同发展，又要扩大国资国企控制非公资本的影响范围（如避免财富两极分化）。为此，要坚决制止国资无下限退出或国企无底线私有化的思想取向，同时要鼓励各地公益性中小型国企发展壮大，而非“一卖了之”。

二、国企混改后的影响力提高

自 1992 年股份制改革后，国企增加值年均提高 0.6%。2000 年，国企对我国经济增长贡献 27.9%，2006 年进一步提高到 33.95%。至 2007 年 12 月，国资委管辖国企 151 家。其中，主营业务收入超千亿元的 26 家，利润超百亿元的 19 家，进入世界 500 强的 16 家，比 2002 年分别增加 20 家、13 家和 10 家。此外，还有一大批地方各级国资委直属大型国企，其运营效率也有所提高。2006 年，1031 家省（市）属国有控股企业实现利润 2097.2 亿元，同比增长 38%；上缴税金 2375.3 亿元，同比增长 20.4%。2007 年，国企实现销售收入 18 万亿元，同比增长 20.1%；实现利润 1.62 万亿元，同比增长 31.6%。2013 年，我国大陆地区进入世界 500 强企业 85 家。其中，除个别国有独资外，大多数为混合所有制企业。

2012 年，按照注册登记类型划分，扣除国有、集体、私营、个体、港澳台商和外商投资外，股份合作企业、联营企业、有限责任公司和股份有限公司的固定资产投资占全社会的 33.9%，就业人数 5218 万人，占城镇就业人员的 14.1%。2012 年中国混合所有制工业企业数据见表 1-1。规模以上混合所有制工业企业数占比 26.3%，总资产占比 44.0%，主营业务收入占比 38.8%，利润总额占比 41.8%。1999—2011 年，混合所有制企业对全国税收贡献率逐

① 张骏．国资委副主任谈混合所有制改革：国资 30%能控股，就不搞 40%［N］．解放日报，2014-03-09.

年提高。1999 年为 11.68%，2005 年为 36.57%，2011 年为 48.52%。2012 年，上缴税收总额 5.1823 万亿元，占比 47%。2005—2012 年，国有控股上市公司通过股市发行可转债引入非公资本投资 638 项，累计 15146 亿元。

表 1-1　2012 年中国混合所有制工业企业数据

项目	企业单位数（万个）	资产总计（万亿元）	主营业务收入（亿元）	利润总额（亿元）
规模以上工业企业	34.3769	76.8421	92.9292	6.1910
股份合作制企业	0.2397	0.03138	0.4074	0.0302
国有与集体联营制企业	0.0101	0.0203	0.0171	0.0012
其他联营合作制企业	0.0146	0.0138	0.0232	0.0021
其他有限责任公司	6.5511	17.5674	19.1041	1.2284
股份有限公司	0.9012	9.8057	9.0112	0.7650
港澳台投资股份有限公司	0.0472	0.3952	0.3362	0.0206
其他港澳台商投资企业	0.0063	0.0178	0.0228	0.0013
中外合资企业	1.1498	4.8726	6.3255	0.4737
中外合作经营企业	0.0861	0.02743	0.2991	0.0235
外商投资股份有限公司	0.0505	0.5595	0.5080	0.0425
合计	9.0566	33.8404	36.0546	2.5885

资料来源：国家统计局《中国统计年鉴（2013）》。

虽然国企收入、利润及资产等规模增长较快，但与外企、民企相比，绩效仍相对较差。如图 1-1 所示，2003—2011 年，规模以上工业国企净资产收益率一直低于民企，并且于 2008 年后逐年扩大差距。而且，在竞争性市场领域，混合所有制企业已形成较大体量，在零售与批发行业尤为凸显。2012 年，限额以上批发企业 72944 家，混合所有制企业 20937 家（占比 27.7%），年末从业人数占 37.0%，商品购进额占 43.7%，销售额占 42.8%，总资产占 31.6%，所有制权益占 39.0%，主营业务收入占 42.6%，主营业务利润占 32.3%。同年，限额以上零售业混合所有制企业数占 33.7%，年末从业人数占 18.4%，商品购进额占 51.5%，销售额占 52.7%，总资产占 53.2%，所有者权益占 52.7%，主营业务收入占 51.8%，主营业务利润占 50.7%。而且，混合所有制连锁零售企业总店数占 52.0%，门店总数占 60.6%，年末从业人数占 71.2%，年末零售营业面积占 76.2%，商品销售额占 75.5%，购进额占 74.4%。

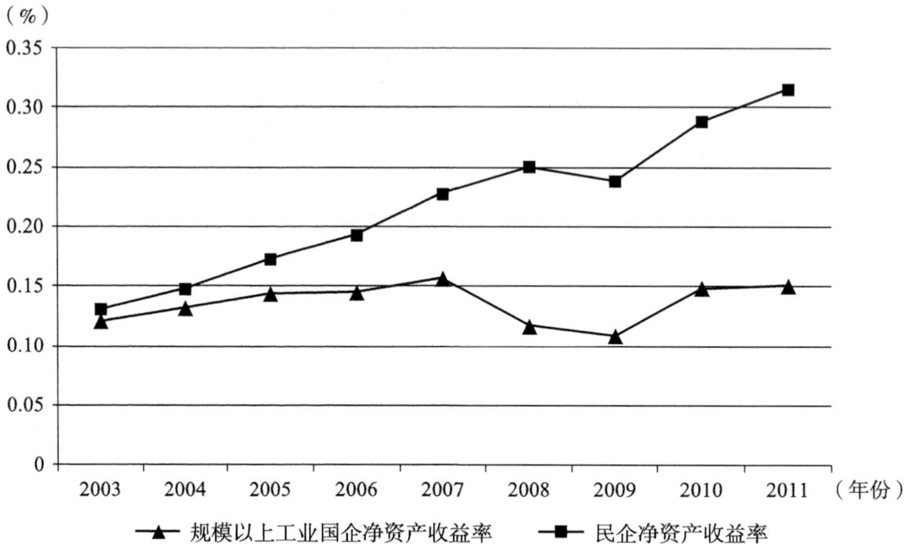

图 1-1　规模以上工业国企与民企的净资产收益率比较

资料来源：国家统计局《中国统计年鉴（2013）》。

三、国企混改后企业控制力增强

根据第一次全国经济普查数据，2004 年 12 月，第二、第三产业的企业法人 325 万户，实收资本总额 18.2 万亿元。其中，国资 8.7 万亿元（占比 48.1%），集体资本 1.4 万亿元（占比 7.9%），个人资本 5.1 万亿元（占比 28%），港澳台资本 1.3 万亿元（占比 7.3%），外资 1.6 万亿元（占比 8.7%）。所以，国资依然占据最重要地位。不仅如此，在基础产业、自然垄断性和社会公益性行业领域，国资占有绝对优势。甚至在各类混合所有制经济中，国资控制力也得到充分的发挥。虽然国企数量大幅减少，但大型国企迅速壮大。1995 年，全国共有国企 31.8 万户，2006 年减少 2/3 至 11.6 万户。其中，在地方竞争性市场领域，国企减少最多。此后，中小型国企数量逐年递减，一批大型、特大型国企不断涌现。在境内上市公司中，有大量国有或集体来控股参股的混合所有制企业，国有控股的上市公司总资产规模排名前列。有不少特大型国有控股公司在境外上市融资，也成为跨国混合所有制企业。2010 年“新 36 条”① 颁布以来，央企及下属国企控股上市公司 378 家，引入非公资本混改企业已占 52%。而地方国企控股上市公司 681 家，非公资本占比已超 60%。至 2012 年 12 月，在股份制商业银行总股本中，非公资本占比 45%，而城市商业银行非公资本占比超 50%，在农村中小金融机构中占比超 90%。同时，非公资本投资参与各类国有资产交易 4473 项，占产权交易总数的 81%，涉及金额总计 1749 亿元，占比 66%。

党的十九大指出，“推动国资做强做优做大，深化国企改革，发展混合所有制经济，培育具有全球竞争力的世界一流企业”。如图 1-2 所示，根据国家统计局公布的数据，2000—2015 年，在工业企业中，国家资本金从 13962 亿元增至 53076 亿元，总体呈现上升趋势，仅在 2002 年、2005 年、2009 年、2010 年出现了下降的情况。但是，国家资本金占实收资本比例在 2011 年前后表现出截然不同的变化趋势：2011—2015 年呈现上升趋势，2000—2010 年是下降趋势，2008 年还出现短暂的小幅上涨。根据中国工业企业数据库的资料，1999—2007 年，不仅每年都有国企混改（年均 2672 家），而且也发生民企国有化（年均 1459 家）。其中，民企国有化数量比例一直保持在 1%左右。例如，1999 年，该比例最高（1.27%），其次是 2001 年（1.21%）、2004 年（1.09%）、2000 年（1.02%），而 2007 年最低（0.52%）。2018 年，国有独资及控股企业总资产 178.7 万亿元，所有者权益 63.1 万亿元，净利润 2.5 万亿元，上缴税金 4.6 万亿元。国资不仅控制自然垄断、基础设施、城市公共等行业的国企，而且还遍及农业、工业、服务业等实业领域。至 2015 年 12 月，在一般性生产加工产业中，国企数量占全国比例为 17.9%，在商贸服务行业中，国企占比 52.1%。72.1%国企的主营业务属于竞争性行业（商业类），只有 28.9%属于基础性行业（公益类）。2017 年，在 41 个大类行业中，除其他采矿业外，国企均有涉及。而且，在绝大部分行业中，无论是总资产、所有者权益，还是主营业务收入、利润总额，国企均超过民企。但是，“国有经济结构调整还远未完成，在 398 个国民经济行业中，国企涉足 380 多个，大而全且小而全问题仍然突出”。②

---

① 2010 年 5 月 13 日，国务院发布《关于鼓励和引导民间投资健康发展的若干意见》。

② 许红洲．着力优化国有资本布局结构［N］．经济日报，2016-08-21.

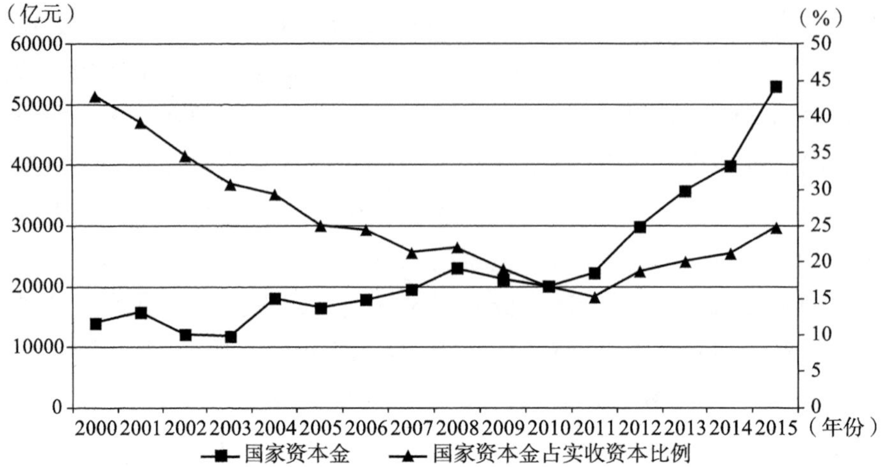

图 1-2　2000—2015 年国家资本金变化趋势

资料来源：国家统计局《规模以上工业企业经济指标数据（2015）》。

第二节　国资融合非公资本的意义

早在 1999 年 9 月 22 日，党的十五届四中全会就提出“要积极探索公有制的多种有效实现形式，国有大中型企业特别是优势企业，宜于实行股份制的，要通过上市、中外合资和企业互相参股等形式，改为股份制企业，发展混合所有制经济”。[①] 到 2003 年 10 月 21 日，党的十六届三中全会明确“大力发展国资、集体资本和非公有资本等参股的混合所有制经济”。[②] 到 2013 年 11 月 12 日，党的十八届三中全会将发展混合所有制经济推向新的政治高度，增添“交叉持股、相互融合”等关键词汇，[③] 并认可我国社会主义初级阶段基本经济制度的实现形式。至此，“国企混改”以更为清晰的方式被纳入“全面深化改革”的顶层制度安排框架，也成为破解“解放生产力，发展生产力，创新驱动，可持续发展”等时代难题的关键环节。

① 中共中央关于国有企业改革和发展若干重大问题的决定［J］. 河北审计，1999（10）：24-25.
② 中共中央关于完善社会主义市场经济体制若干问题的决定［J］. 新湘评论，2003（11）：2-9.
③ 中共中央关于全面深化改革若干重大问题的决定［J］. 中国合作经济，2013（11）：7-20.

一、必然性趋势

改革开放初期，我国工业企业中所有制结构就已悄然发生变化。1984—1989 年，国企改革围绕“扩大自主经营权”与“承包制、租赁制”进行，[①]工业企业所有制未出现显著变化。但是，值得注意的是，集体企业特别是乡镇企业获得快速发展，其中，部分注册为集体企业却由私人实际控制的民企规模不断扩大。[②] 1993 年，党的十四届三中全会正式提出，国企改革要“建立现代企业制度”。1994 年，《公司法》实施，为国企“公司制股份制”改革提供了强有力的法律保障。国企纷纷依据行业背景和资产规模，改制为股份有限公司或有限责任公司，并迅速发展。其结果是，集体企业数量大幅缩减，非公资本以买卖国有股份的形式进入国企产权结构调整中。[③] 1995 年，“抓大放小”改革举措使大型国企集团化改组“做大做强”，中小型国企以产权交易混改或被完全出让。2005 年，国企股权分置改革被视为“二次混改”。[④] 由此，股权多元化成为混合所有制经济发展的微观形态。2013 年，党的十八届三中全会提出，以管资本为主改革国资授权经营体制。2015 年，《关于深化国有企业改革的指导意见》下发。2018 年，《关于推进国有资本投资、运营公司改革试点的实施意见》要求构建国资市场化运作的专业平台。至此，形成深化国企改革“1+N”指导文件体系，从“管人管资产管事”转变为“管资本”，同时，国企可实施混合所有制企业员工持股等改革措施。

目前，我国国企并不是完全市场化的竞争主体，其所承担的战略性、社会性的政策负担是国企效率低下和预算约束的根源。[⑤] 我国国企有两种基本形成方式：一是国家主管生产经营部门转制，即一些国家部委或省（市）级政府，拥有的部分生产经营性资产或下属事业单位，经过公司制股份制改革，形成国企法人；二是股份制新建，虽归中央或地方政府及其他国企法人所有，

① 尤素夫，等．转型——中国国有企业民营化［M］．王世华，等，译．北京：中国财政经济出版社，2006.

② Haggard S. , Y. Huang. The Political Economy of Private Sector Development in China［A］//In Loren Brandt, G. Rawski Thomas (Eds.). China's Great Economic Transformation［M］NY: Cambridge University Press, 2008: 337-374.

③ 巴里·诺顿．中国经济：转型与增长［M］．安佳，译．上海：上海人民出版社，2010.

④ Liao L. , Liu B. , Wang H. Chinas Secondary Privatization: Perspectives from the Split-Share Structure Reform［J］. Journal of Financial Economics, 2014, 113 (3): 500-518.

⑤ 林毅夫．新结构经济学视角下的国有企业改革［J］．社会科学战线，2019（1）：2+48-55.

但非直接沿袭国家行政管理体系，以特定用途组织生产经营活动，更符合市场竞争要求。如表 1-2 所示，第一种在国企改革每阶段都有遗留或遗漏。所以，早改革的转制为全民所有制企业，稍晚改革的转制为特殊管理制公司，最晚改革的转制为国有独资股份公司。第二种在公司制股份制改革后新建，所以，转制为国有独资股份公司或国资控股参股的混合所有制企业。

表 1-2　国企向现代公司治理体制改革的趋势

组织制度 / 管理形式	全民所有制	特殊管理制	国有独资公司制	混合所有股份制	产业基金股份制
功能定位	公益三类 公益二类	公益二类 公益一类	公益一类 商业二类	商业二类 商业一类	商业一类 商业二类
组织职能	基础性 生产经营	公共 机构职能	一般性 生产职能	一般性 交易职能	经营与 公共分离
产权制度	全民所有	股权高度集中	股权相对集中	股权相对分散	股权高度分散
管理权威	政府主导	行政力量	市场调节	竞争力量	市场主导
监管体制	政府直管	行政监管	部门单管	行政市场共管	多重市场监督

资料来源：根据文献整理得出。

另外，业务越重要、所属政府行政级别越高、位于集团控制链越高层级的国企，[①] 采用全民所有制、特殊管理制、国有独资和混合所有制的可能性依次降低。因此，除极个别需要政府行政监管外，大部分国企要参与市场竞争，国资与非公资本融合的混合所有制企业将会大量存在。未来，国资与非公资本的融合趋势可能有以下三种：一是国企集团转制为淡马锡式国资运营公司，并进行战略性股权投资；二是保持国有控股，把部分股权转给社保、私募、保险等股权投资基金，甚至是外资股权基金；三是转让部分国有股权，设立国资产业投资母基金，再与各类社会资本混合成私募子基金，国资委控制、市场化管理，发改委指导。

二、客观性共存

任何所有制经济都有多种产权组织实现形式，[②] 公有制、混合所有制与私

① 国企总体上分为商业类和公益类两类。其中，商业类国企分为两类：商业一类国企，主业处于充分竞争行业；商业二类国企，主业处于关系国家安全、国民经济命脉的重要行业和关键领域，主要承担重大专项任务。公益类国企分为三类：公益一类国企，较少依靠财政扶持；公益二类国企，很大程度依靠财政扶持；公益三类国企，几乎完全依靠财政扶持。

② 即在某种所有制经济下，一般形式的生产资料在其经济运行中，组织经营和财富所属的具体方式。

有制都不例外。所有制经济包括一般形式和实现形式，两者存在辩证统一关系。一方面，后者以前者为依据，前者必须通过后者体现。只有两者相结合，才能构成一定经济社会条件下具体的生产经营活动，并实现生产资料所有者的经济利益。另一方面，两者是两种不同层次的经济范畴。前者属于政治经济，界定所有制性质，相对比较稳定；后者属于经济运行，表示经济运作方式及其相关机制设计，不断发生变动。而且，前者决定后者的演变趋势。此外，在经济社会中，私有产权、公有产权往往会并存于同类所有制。经济组织也会由多种产权结构组合而成，可以是纯粹的某类产权单一组成，也可以是并存的多类产权混合组成。所以，在我国市场经济条件下，国企股权多元化使得股权结构多样化，引入非公资本，国资控股或参股，组成多种股权结构的混合所有制企业，以此调试优化资源配置，不断适应市场竞争的变化。经济运行实现形式发生演变，所有制经济性质不变。

在现阶段，各种所有制经济成分之间有功能互补性，但还无法完全相互替代。在微观层面上，各种所有制经济成分协作发展，可充分发挥市场竞争机制，提高经济运行效率。股份制是一种能实现多类所有制经济成分并存，而且能组成多种样式混合产权结构的实现形式。在西方发达国家的资本主义所有制中，私人产权和公有产权共时态存在，同时，也会出现私人资本社会化的现象。第一阶段，资本家的私人资本组成，几乎全是资本主义的社会资本，劳动者及其他社会组织公有资本股份比重小；第二阶段，公有资本股票投资，加大公有法人持股比例，介入社会的整体资本结构中，并参与股份公司治理，形成“既有私人资本，又有公有资本”的多元股份公司；第三阶段，股份高度分散，利益相关者增多，私人产权和公有产权相互深入渗透，组成混合产权企业。在我国，国企公司制实现形式将国家所有权与企业法人财产权分离，由此，有利于保障国家及其他出资人的权益，促进国有资产重组改造。国企股份制实现形式将国有资产转化为国有资本，以加速国资社会化流动。混合所有制组织实现形式是国企多元投资主体的产权在股权结构混合的基础上，最终完成在治理结构上的混合。

尽管我国前期国企改革取得巨大成功，但大型国企还处于竞争性领域，而且其发展资金靠国家出资。此外，仍有部分拥有巨额国有资产和庞大员工队伍的国有集团，未被注册成企业法人。同时，还有部分国企已改为国有独资公司，但仍存在“一股独大”的现象。处于电力电信、铁路航空、国防军工、金融保险等领域的特大型国有控股上市公司，其主营业务属于自然垄断行业和国民经济关键产业，但运营不足、效率低下、腐败频发。此外，许多竞争性经营业务也造成价格歧视、分配不公、与民争利等问题，早已引起社会广泛关注。前期国企改革的经验教训，成为后期推行国企混改的重要依据。至 2017 年底，民企数量达 2726.3 万户，注册资本超 165 万亿元。一些有强投资能力的优秀民企和非公资本，渴望被处于垄断领域且有融资优势的国企接收，以拓展其资源配置范围，同时，也为国企混改解决“一股独大”“剥离竞争性业务”提供良好的外部条件。

三、必要性互利

股东流动性对治理绩效有重要作用：如果缺乏，则会助长管理层道德风险，股东被套牢，资本回报受损；如果太强，将弱化股东对公司的长期责任，使其难以成为积极监督者，特别是持股比例高的核心股东。在国企混改中，有过强流出趋向或缺乏新股东流入，都不利于形成良好的治理机制，难以提升长期竞争力。当然，核心股东固化或与管理层合谋时，新股东流入会更有正面的积极作用。因此，大型国企混改，既要形成多元股权结构，又要有股东流动性。① 在引入新股东时，要考虑吸引国有股东，还是吸引非国有股东。从侧面讲，非公资本增长速度远高于国资。一方面，非公资本运行效率和增值率均高；另一方面，大量居民收入正通过创业与投资不断转化为非公资本，更有经济活力和增长动力，也无疑反映我国经济的迅速发展。社会主义市场经济体制，特别是在依法治国框架下，股份制、股权交易与产权保护被纳入一个有包容性、普适性的治理体系中。绝大多数国企并未处于关系国家经济安全和国民经济命脉的行业领域。只要国企依法自愿混改，国资持股数量并不必永久固定。

国资兼并民企，并不是要乘人之危或弱肉强食，而是为了实现优势互补、共同发展。所以，国资与民企可以为开展战略合作而进行资产重组，或为帮助重要民企摆脱负担而转型升级。尤其是涉及国家安全却陷入困境急于出售或面临外资恶意收购的民企，国资出于“捍卫国家安全、拯救民族产业”的考虑，有责任挺身而出，通过兼并收购或投资入股，掌握其控制权。非公资本参与国企混改，也是为了实现两者融合发展，但是，非公资本入股后，很

① 李广子，刘力．上市公司民营化绩效：基于政治观点的检验［J］．世界经济，2010（11）：139-160.

难实际起到各类股东相互监督制衡的作用。所以，国企混改需使非公资本获得对治理决策有效的持股比例。即在治理结构和经营管理中，有相对平衡的话语权，才能真正起到战略性补充作用。混合所有制企业股东，依出资比例和公司章程，享有权利（经营决策权和分红派息权）并履行职责（战略性积极股东义务）。在国企混改中，要充分保障新入股的非公资本股权，根据预先安排的治理机制和入股后的股权结构，使其参与混合所有制企业的资本收益、重大决策和经理人选聘等，进而加速推动现代企业制度和企业内部规章制度建设，使国企混改获得综合绩效。

进入“四个全面”① 的新时代，骨干国企可适当进行股份制改革，建立和完善现代企业制度，并以此与非公资本一道生成混合所有制企业，作为社会主义基本经济制度的重要实现形式。国有股份比重适度下降及上市稀释，有助于大型国企改进治理机制，提升竞争力。国资持股既有政治干预问题，又难免出现代理问题，所以，“政资分开”很难做到，在竞争性市场领域，往往还会出现“一股独大”的情况。从经济结构、产业创新和国际化角度看，对多数不必国资控股的国企，允许和鼓励国有股份减持，更大份额地吸引参与混改动机更强非公资本入股，不仅有利于其与优秀民企、跨国公司通过资本联合、治理重组等多种方式合作或合并，而且还能提升我国企业的整体综合实力和跨国发展竞争力。同时，国企通过上市增资扩股、稀释出让股权、调整股权结构等方式混改，提高我国资本市场流动性，提升各类资产投资价值，有助于国民投资财富的积累。

四、谨慎性可控

国企混改有我国特有的含义，应将其与西方发达国家及苏联和东欧社会主义转轨国家的“私有化”“民营化”等概念相区别。典型的私有化②是“减少或限制政府使用社会资源、生产产品和提供服务的职责，增加民企承担在上述事务的权利”的行为或倡议。③ 从发源于英法等西方资本主义国家的私有化实践来看，其主要是为缓和第二次世界大战时期国有化战备状态，通过出

① 即全面建成小康社会、全面深化改革、全面依法治国、全面从严治党。

② 来源于英文“Privatization”，在《新帕尔格雷夫经济学大辞典》中，意指公司所有权由政府向私人转移。

③ 魏伯乐，奥兰·扬，马塞厄斯·芬格．私有化的局限：罗马俱乐部报告［M］．王小卫，周缨，译．上海：上海人民出版社，2006.

售国企等系列经济调节措施，将战备模式转变为和平时期新自由主义发展模式，目的是缓解财政战备补贴压力、弱化政府强势干预与提高经济竞争力。① 但发生于苏联及东欧社会主义国家的私有化，是“大量低价变卖国企，权贵阶层瓜分国有资产而成为官僚资产阶级，导致国家经济崩溃，社会贫富差距悬殊”的激进社会改革行为，并最终导致社会主义基本经济制度颠覆与政治制度更替。在总结教训后，我国国企混改的原则和底线就是始终要坚决抵制私有化及其行为倾向。

在西方经济学语境中，“民营化”与“私有化”含义相同。② 但在我国，两者概念却有不同。③ 前者是国企产权发生变化，并通过引入市场竞争的经营机制转换计划经济制度下的企业管理模式，④ 如对外承包租赁、特许经营等。⑤ 所以，民营化含义宽泛且边界模糊，既指国企所有权性质改变，也指其经营体系市场化转变。但是，国企混改既不是私有化，也不同于民营化，既包括国企产权结构改变，又包括经营体系转变，还包括建立现代公司治理制度，而且，主要聚焦于完善公司治理机制上，是私有化和民营化都未曾提及的重要方面。在宏观上，国企混改体现为一个国家或地区不同所有制经济成分长期共存的经济状态，其不可能单纯只有公有制或只有私有制。在微观上，国企混改则表现为由不同性质的产权主体，在现代公司治理机制中，构成混合所有制企业的组织实现形式。所以，国企混改既不是彻底消灭公有制，也不是单纯守住公有制，只改变经营方式和产权构成，而是针对国企“一股独大”的现实，通过非公资本参股、上市募资、员工持股等方式，促进各类所有制资本取长补短、共同发展。

在混改后企业中，首先，国资股份占比虽降低，甚至国有股东不控股，但不会改变国有经济在国民经济中的主导作用，而且还要放大其影响力。其次，各类股权是双向混合，⑥ 既有非公资本参股国企，又有国资投资民企，而

① 张学勇，宋雪楠．“私有化”与“国有化”的动机与效果：历史经验与研究进展［J］．经济学动态，2012（5）：120-128.

② 胡一帆，宋敏，郑红亮．所有制结构改革对中国企业绩效的影响［J］．中国社会科学，2006（4）：50-64.

③ 宋立刚，姚洋．改制对企业绩效的影响［J］．中国社会科学，2005（2）：17-31.

④ 林晓言．铁路的民营化改革与市场融资［M］．北京：经济科学出版社，2006.

⑤ 李增田．美国公共服务民营化的实践与战略演变［J］．天津商业大学学报，2008（6）：41-45.

⑥ 刘长庚，张磊．理解“混合所有制经济”：一个文献综述［J］．政治经济学评论，2016（6）：25-41.

且，改善不同所有制资本的配置状况，健全公司治理机制，才能提高资本综合利用效率。通过国企混改，重塑或变革阻碍国资提升经营效率、加强运营监管及合理分配利益的体制机制。但重要的是，政府监管部门要对非公资本和民企做好次序选择，同时控制国企混改速度。突击冒进的国企混改，特别是在制度改革还未到位的情况下，其结果往往会令人失望。渐进谨慎式的国企混改，有助于避免政府的重大失误，同时，也得以明确下一步改革该如何去履行新的监管责任义务。当然，政策制定者要决定并安排好改革的优先顺序，以增强有效改革所需的政府能力，这是一项重要挑战。另外，国有股权比例下降，政府也可以保持对企业的控制权。现在，国资以独资或控股来控制指导混合所有制企业，未来可以探索依靠必要的法律规范来进行。

第三节　国企股权调整原则

国企混改只是国企改革的一种方式，不可能“一混了之”“一混就灵”。其关键在于完善公司治理机制。2019 年 10 月 31 日，国资委印发关于《中央企业混合所有制改革操作指引》的通知，指出混合所有制企业要坚持以资本为纽带、以产权为基础健全法人治理结构，发挥公司章程的基础性治理作用，各方股东协商制定章程。国有股东以股东角色和身份参与企业决策和经营管理，不干预企业日常经营。非公资本股东根据法律法规和公司实际情况，提名委派董事、监事。但是，查阅关于国企改革进程的多年详细资料后发现，伴随着我国市场经济体制逐步建立，国有经济必然要与非国有经济在市场上实现融合发展。国企混改后，如何继续增强国有经济活力、控制力和影响力？在面对国内外市场竞争时，如何发挥国有经济对国民经济的主导作用？“一放就乱”是我国长期难以下定决心进行国企混改的主要原因，但是，“一股独大”“一管就死”的国企管理失败实践也历历在目，所以，需要灵活控制国企混改后企业的经营发展。

一、调整国有股权结构

国企混改后，在经济效益上会取得显著绩效，[①] 因此，要着力改善国企股

① 白重恩，路江涌，陶志刚．国有企业改制效果的实证研究［J］．经济研究，2006（8）：4-13.

本结构，实现投资主体产权多元化。[①] 自党的十八届三中全会以来，国资委多次强调，“推动国企混改、完善现代企业制度、支持混合所有制经济”，以及“贯彻执行两个毫不动摇，处理好国企与民企的关系”，还有“支持民企和外企等非公资本依法参股、控股或并购等多种形式参与国企混改，也鼓励国资融入民企优化产权结构”与“允许混合所有制企业员工持股”等政策建议。国资在控股或参股的企业法人实体中，与非公资本共同进行战略性经济活动。在这一过程中，国资吸纳借鉴非公资本灵活高效的经营机制；非公资本依靠国资，获得更广阔的商业平台，并发挥比较优势。

国资委制定的《中央企业混合所有制改革操作指引》指出，继续推进国企混改，要符合“三因、三宜、三不”的要求：一是“因地施策、因业施策、因企施策”，根据各地的经济水平、产业结构、国资监管、外商投资、市场发育，以及涉及的行业等不同特征，制定国企混改个性化方案；二是“宜独则独、宜控则控、宜参则参”，立足于股权结构，严格功能定位，各类出资人在充分协商、确保权益的前提下选择国资独资、控股或参股；三是“不搞拉郎配、不搞全覆盖、不设时间表”“成熟一个推进一个”，秉承实事求是原则，尊重市场规律和企业发展规律，不能“为混而混、一混了之”，更不能“一刀切、下指标、赶进度”，要促进国企转换经营机制，放大国资功能，提高国有经济竞争力，稳妥推进、规范发展混合所有制经济。

国有股权结构改革主要有以下三个重点目标：一是改革为合格市场主体，曾实施“放权让利、建立现代企业制度、政企分开、垄断行业改革和股权多元化”，又通过引入非公资本股东、重组上市等手段，明晰政企关系，强化股东监督；二是推进国资合理流动，党的十五大明确“抓大放小、有进有退”，发展混合所有制经济，中小型国企大面积改制，国资向关系国计民生和国家安全的领域集中，放大国有经济功能；三是建立现代公司治理体系，曾实施“大型国企重组上市、建立法人治理结构、建立国资管理体系”，避免“一股独大”，设立国资委履行监管责任，使经营决策、治理机制更专业化。

国企股权多元化的具体做法，大致可以归纳为以下八种：一是吸引非公资本股东，着力放开投资领域，拓宽融资渠道，允许民企依法投资基础设施、公用事业等行业，进一步改革项目审批制，招投标依据市场化操作模式；二是积极利用好外资，在继续引进外资、模仿先进技术和学习管理经验的基础

---

① 杨记军，逯东，杨丹．国有企业的政府控制权转让研究［J］．经济研究，2010（2）：69-82.

上，大力引进包括港澳台资本在内的境外资本直接投资或并购境内国企；三是培育战略性机构投资者，如各类股权基金、资管公司、信托基金、经纪中介和证券机构等，通过投资，以控股参股、信托代理、债转股权等方式，形成对国企的多元持股；四是支持个人向国企投资入股，抓紧完善职工等自然人投资入股的相关政策；五是激励管理者持股，关注持股资金来源，解决特殊贡献确定和测量问题；六是完善职工持股制，明确职工持股会的法律地位和基本功能；七是推动无形资产入股，如知识产权、专利技术等，尤其是建立重要科技人员参与分红和股权奖励的具体办法；八是鼓励国资与非公资本间相互参股入股、交叉持股，特别是金融资本与产业资本相结合。

二、设计系统治理机制

值得注意的是，不同性质股权混合程度与企业绩效并非呈线性关系。① 随着非国有股份占比提高，其对绩效的促进作用先增后减。② 其原因在于，混改后期创新效率被非国有大股东掏空行为所抑制。③ 所以，“一混就灵”并不单停留在股权结构上，还要有系统的治理机制设计。国企混改的重要动力是改善内部公司治理机制。在外部治理制度尚不完善时，多个大股东并存将有利于在治理中加强相互监督，④ 以此避免第一大股东“掏空”行为，制约其侵害其他中小股东的力量，解决“一股独大”“一言堂”等问题。⑤ 而且，多个大股东间相互提防利益被侵害，会致力于完善治理机制，使股东整体权益得到保护。⑥ 此外，股东间博弈使得控制权得到均衡分配，能够提升公司价值。⑦ 在竞争性市场领域的国企混改，尤其是国有上市公司，引入有志于专心

---

① 马连福，王丽丽，张琦．混合所有制的优序选择：市场的逻辑［J］．中国工业经济，2015（7）：5-20.

② 郭于玮，马弘．混合所有制中的股权结构与企业全要素生产率［J］．经济学报，2016（2）：90-109.

③ 钟昀珈，张晨宇，陈德球．国企民营化与企业创新效率：促进还是抑制［J］．财经研究，2016（7）：4-15.

④ Pagano M.，Röell A. The Choice of Stock Ownership Structure：Agency Costs，Monitoring，and the Decision to Go Public［J］. Quarterly Journal of Economics，1998，113（1）：187-225.

⑤ Boateng A.，Huang W. Multiple Large Shareholders，Excess Leverage and Tunneling：Evidence from an Emerging Market［J］. Corporate Governance an International Review，2017，25（1）：58-74.

⑥ Barroso Casado，Raúl，Burkert M，Dávila，Antonio，et al. Shareholder Protection：The Role of Multiple Large Shareholders［J］. Social sience Electronic Publishing，2016，24（2）：105-129.

⑦ Maury B.，Pajuste A. Multiple Large Shareholders and Firm Value［J］. Journal of Banking & Finance，2005（29）：1813-1834.

经营的非公资本，由此受到外部资本市场、管理部门与内部股东的双重监督，更有利于促进治理机制的改善。①

对于已改制上市混改的国企，并不是股权多元化后就万事大吉，更重要的是着力完善定位清晰、权责对等、协调运转、制衡有效的现代公司治理机制。其重点在于，按章程决策、对资本监管、靠市场选人、依规则运行，以及规范董事会、股东会、监事会、经理层在市场化决策运营、监督管理上的权责行为，以此提高混合所有制企业的综合竞争力。依靠现代公司治理机制，国企混改便可以通过机制传导作用，着眼于切实转变经营管理机制，使国企成为充满活力和有竞争力、创造力的法人实体。当然，要增加外部市场经济力量注入，减少政府行政化、逆市场的干预。要通过充分发挥市场配置资源的决定性作用，完善现代企业法人制度，健全现代公司治理机制，提高治理结构运行效率。同时，带动经营决策的民主化、科学化，提升混合所有制企业的综合绩效水平。因此，国企混改成败的关键在于，完善国企的公司治理机制。

国务院发布的《关于推进国有资本投资、运营公司改革试点的实施意见》提出，设立国有资本投资、运营公司，在国家授权范围内，履行国资出资人职责并市场化运作国资，目的就是打破“政府—企业”两层国资控制架构，变成“政府—国资投资或运营公司—国企实体”三层，进一步实现政企分离。国资投资运营公司的职责是直接投资经营国有资本，并且，通过国有资本运作，重组盘活存量国有资产，使国资高效配置。此外，通过国资独资、控股或参股的股权投资基金，加快国企改制上市，并鼓励国资与集体资本、非公资本等交叉持股，促进股权多元化。具体而言，支持民营资本、境外资本等非公资本，以及“养老基金、保险基金、社保基金、产权投资基金②、政府引导基金、主权基金”等各类新型社会资本，按资本市场规则，以出资收购、认购可转债、股权置换等交易混合方式，参与国企的混改上市、重组整合、境外并购等，并投资高风险、高收益的“战略性新兴产业、高新技术产业、创新孵化期业务”等项目。

① Bai Chong En, Li David D., Tao Zhigang, Wang Yijiang. A Multitask Theory of State Enterprises Reform [J]. Journal of Comparative Economics, 2000 (28): 716-738.

② 按市场化方式，用好科技、农业、文化旅游等产业引导基金，与社会资本融合，形成市场化的产业投资基金。

三、推进集团层面改制

我国大多国企都采用多层级集团模式（集团外套集团，法人内嵌法人），而且有些还未改制为企业法人。自 2008 年以来，中央及各省级国资委严格管理下属一级子公司的数量。国企尤其是央企，因上市融资需要，构造金字塔式股权结构，由上级国企控制下级子公司，所以，国企数量逐年上升。在经营实践中，也存在许多一级、二级、三级或更多级子企业，从 2008 年的 11 万家增至 2016 年的 17.4 万家。2016 年，有 34 家央企管理层级超 5 级，最多达 13 级（如招商局），地方国企最多也达到 13 级。以北京市属国企为例，子企业数平均 97 家，属二级、三级企业数平均 65 家，属三级以下企业数平均 31 家，占所属企业数比率达 23.7%，最高为 85.7%。2018 年，国资委直接管理的一级国企只有 96 家，但实际上，监管国企法人超 5 万个。这就必然会导致国企管理层级过多，对子公司、孙公司等控制链条过长。

国企集团长期处于关乎国计民生与国家安全的重要行业，且居于绝对垄断地位。于是，国企集团或大型国有上市公司常常被认为是垄断经营，规模庞大、管理复杂、治理缺失，不仅严重制约国企集团管理体系和治理机制竞争创新与灵活协调，也限制了社会福利积累能力的增强。党中央、国务院拟在电力、石油、天然气、铁路、民航、电信、军工七大领域，展开集团层面的国企混改试点工作，充分显示出我国政府通过引入非公资本，对大型垄断国企集团混改的决心，意图改变竞争战略与分配格局。所以，就非公资本而言，凭借国企混改，进入竞争性垄断领域或垄断竞争行业，既能分享垄断平台利润份额、增加实力优势，又能受益于技术人才、信誉（信用）、政治关联等国企集团优势资源。而且，国企集团也可借鉴吸收非公资本经验，凭借其在激烈的市场竞争中打磨出的独有技术，还有新的商业模式或经营激励机制等新模式资源优势，提升国资运行效率。国资与非公资本双方股权主体以混合所有制企业为平台，互补共赢。

从推进公司制、股权多元化、改制上市三方面提出国企集团改革的具体措施。例如，根据功能定位调整国有股权比例、建立现代企业制度、形成市场化经营机制以及探索实施优先股和国家特殊管理股等。值得强调的是，在确保国资控制力的基础上，推动国企集团产权混合，以健全公司法人治理机制，发挥国资对非公资本的鼓励、支持和引导作用。并且，对长期处于竞争性市场领域的国企集团及其经营业务深化混改程度，由此提高国资配置和运行效率，优化国有经济布局，增强对国民经济的控制力和影响力。同时，充分利用民企市场竞争经验，促进国企集团转换经营机制，放大国资投资功能，保值增值。在国企集团层面上，鼓励国资通过出资入股、收购股权、认购可转债、股权置换等多种方式投资民企。除了依靠国资带动各种所有制资本共同发展，夯实社会主义基本经济制度的微观基础外，还允许将部分国企集团股份转化为优先股，在少数特定领域探索建立国家特殊管理股制度，这样就可以集中有效、协调灵活地掌握国企集团混改的控制权。

第四节　国企分类混改方向

国务院连续出台《关于深化国有企业改革的指导意见》①（2015年8月24日）、《关于国有企业发展混合所有制经济的意见》（2015年9月24日）② 等多个配套文件，专门针对进一步推进国企混改的方式和方法，进行更为详细的规定与指导。例如，加大国企集团整体改制上市力度，积极引入各类战略性投资者股权多元化，大力推动国企重组改制上市，根据不同功能定位调整国资比重，建立规范股东行为的内部约束等。由此，“不断增强国有经济创新活力、控制力、影响力和抗风险能力，主动适应和引领经济发展”，也将成为我国经济发展的新常态。

一、坚持社会主义方向

国企属于全民所有，是我国国民经济的重要支柱，是我国进行现代化建设、发展社会主义生产力、全面建成小康社会的主力军，见表1-3。国企越壮大，人民共有财富就越多，国家用来改善国计民生、促进社会公平、实现共同富裕、缩小贫富差距、抵御各种风险的经济实力就越强。国务院出台的《关于深化国有企业改革的指导意见》指出，在推动我国经济保持中高速增长、发展新时代中国特色社会主义制度、实现中华民族伟大复兴中国梦的进

① 中共中央国务院关于深化国有企业改革的指导意见［M］. 北京：人民出版社，2015.

② 中国共产党新闻网．国务院关于国有企业发展混合所有制经济的意见［EB/OL］.［2015-09-25］. http：//theory. people. com. cn/n/2015/0925/c491542763 2822. html.

程中，国企依然肩负着重大历史使命和责任。习近平总书记系列重要讲话多次对国企改革做出重要指示，“国企是中国特色社会主义的重要物质基础和政治基础，是我们党执政兴国的重要支柱和依靠力量”① “特别是中央管理企业，在关系国家安全和国民经济命脉的主要行业和关键领域占据支配地位，是国民经济的重要支柱”② “新中国成立以来，特别是改革开放以来，国企为我国经济社会发展、科技进步、国防建设、民生改善做出了历史性贡献，功勋卓著，功不可没”③ “必须理直气壮做强做优做大国企，不断增强活力、影响力、抗风险能力”。④

表 1-3　2017 年国有控股工业企业占全国规模以上工业企业比重　单位：%

行业	国企数量	总资产	所有者权益	主营业务收入	总利润
煤炭开采和洗选业	18.76	75.72	72.86	64.07	64.15
石油和天然气开采业	62.90	95.00	98.03	84.30	17.07
黑色金属矿采选业	7.81	63.69	65.39	29.57	-2.29
有色金属矿采选业	16.68	51.91	49.49	38.20	38.00
非金属矿采选业	5.20	27.18	25.80	8.90	9.93
开采辅助活动	19.23	83.39	81.31	83.89	123.01
农副产品加工业	2.64	6.25	4.05	4.96	2.77
食品制造业	3.68	8.53	7.24	5.98	4.88
酒、饮料和精制茶制造业	4.16	31.17	35.55	18.45	40.43
烟草制造业	77.05	99.08	99.37	99.28	98.20
纺织业	0.94	5.42	4.95	2.29	1.04
纺织服装、服饰业	1.25	2.59	2.84	0.99	0.86
皮革、毛皮、羽毛及其制品和制鞋业	0.33	1.21	1.37	0.71	0.47
木材加工和木、竹、藤、棕、草制造业	0.95	4.71	2.54	1.61	0.56
家具制造业	0.28	3.18	1.73	2.35	5.40

① 2016 年 10 月 10 日，习近平在全国国有企业党的建设工作会议上的讲话。
② 2014 年 8 月 18 日，习近平主持召开中央全面深化改革领导小组第四次会议时的讲话。
③ 2016 年 10 月 10 日，习近平在全国国有企业党的建设工作会议上的讲话。
④ 2016 年 7 月 4 日，习近平在全国国有企业改革座谈会上的讲话。

续表

行业	国企数量	总资产	所有者权益	主营业务收入	总利润
造纸和纸制品业	1.45	11.65	9.84	4.58	3.10
印刷和记录媒介复制	5.03	12.84	15.33	6.64	8.67
文教、工美、体育和娱乐用品制造业	0.79	2.77	2.20	3.37	2.52
石油加工、炼焦和核燃料加工业	12.18	51.83	61.51	56.24	61.01
化学原料和化学制品制造业	4.99	29.54	22.94	18.01	18.77
医药制造业	5.66	15.02	15.01	8.72	10.59
化学纤维制造业	2.72	15.63	15.01	12.21	16.47
橡胶和塑料制造业	1.34	7.20	5.30	3.81	1.03
非金属矿物制品业	4.64	17.66	13.99	8.79	11.40
黑色金属冶炼和压延加工业	4.77	53.26	48.58	33.75	25.19
有色金属冶炼和压延加工业	7.53	39.37	32.32	34.90	16.47
金属制品业	2.30	14.31	10.62	6.90	3.92
通用设备制造业	3.02	20.19	15.59	9.83	7.90
专用设备制造业	3.95	24.62	17.92	12.46	2.95
汽车制造业	5.28	47.21	45.40	43.82	48.61
铁路、船舶、航空航天和其他运输设备制造业	11.09	60.48	52.16	41.77	28.19
电气机械和器材制造业	2.54	14.03	9.74	8.78	6.69
计算机、通信和其他电子设备制造业	3.76	17.43	19.21	9.11	11.70
仪器仪表制造业	4.97	15.38	9.57	8.35	5.11
其他制造业	3.95	46.02	33.81	17.94	27.45
废弃资源综合利用业	4.10	10.11	6.80	4.72	4.72
金属制品、机械和设备修理业	25.90	70.34	69.31	46.87	31.25

续表

行业	国企数量	总资产	所有者权益	主营业务收入	总利润
电力、热力生产和供应业	54.18	87.04	88.43	91.49	84.07
燃气生产和供应业	28.00	53.72	52.94	49.83	42.60
水的生产和供应业	59.30	81.62	82.74	68.95	55.54
总计	5.10	39.19	35.13	23.42	22.98

资料来源：根据国家统计局《中国统计年鉴（2018）》整理计算得出。

但是，经济发展全球化趋势仍然未变，我国所有经济领域都面对日益复杂的国际市场竞争，国企的转型升级遇到巨大挑战。若离开竞争性市场领域，以维护公有制主体地位为由，反对国企改革则是不切实际的。只有促进国资在国内外竞争性市场领域中不断发挥出优势作用，才能真正巩固公有制主体地位，所以，“要搞好就一定要改革，抱残守缺不行，改革能成功，就能变成现代企业”。[①] 当然，“深化国企改革，要沿着符合国情的道路去改，要遵循市场经济规律，也要避免市场盲目性，不断提高国企效益，提高竞争力、抗风险能力，完善企业治理结构，在激烈的市场竞争中游刃有余”。[②] 所以，要创新适应公有制多种实现形式的产权保护制度，特别是国企法人的所有权、经营权和财产权，以此优化国资运营。国企可绝对控股，吸纳各种社会资本混改，也可相对控股，撤出部分国资份额，统筹使用。国资有控股权，还要有控制权，才能使国企内部形成社会主义生产关系，由此保持部分混合所有制企业整体上的公有制性质。“那种不要国企、搞小国企的说法、论调都是错误的、片面的。任何怀疑、唱衰国企的思想和言论都是错误的”。[③]

“坚持党的领导，是我国国企的光荣传统”。[④] 国企混改必须认真落实党中央、国务院的战略决策，认真贯彻落实“四个全面”战略布局，切实突破体制机制障碍。所以，“建立中国特色现代国有企业制度是国企改革方向，就是把党的领导融入公司治理各环节，把企业党组织内嵌到公司治理结构之中，明确和落实党组织在公司法人治理结构中的法定地位”。[⑤] 作为国有经济的承

① 2018年6月13日，习近平在山东考察时的讲话。
② 2015年7月17日，习近平在吉林调研时的讲话。
③ 2018年9月27日，习近平在辽宁考察时的讲话。
④ 2016年10月10日至11日，习近平在全国国有企业党的建设工作会议上的讲话。
⑤ 2016年10月10日至11日，习近平在全国国有企业党的建设工作会议上的讲话。

载者，我国国企必须担负建设新时代中国特色社会主义伟大事业的责任使命，必须高举中国特色社会主义伟大旗帜，走中国特色社会主义道路。事实上，在我国经济增长速度换挡期、产业结构调整阵痛期、前期政策刺激消化期叠加的新常态下，国企混改要努力克服思维、行为惯例及体制机制障碍。但是，国企混改既不能走封闭僵化的老路，也不能走改旗易帜的邪路，而是要从能否坚持和完善“以公有制为主体，多种所有制经济共同发展”的社会主义基本经济制度的高度，去看待混改方向对不对，去检验混改措施是否有效。党的十八届四中全会强调，要实现国家立法与国企混改相衔接，做到重大混改决策于法有据。

二、混改各类资本参与

国务院发布的《关于国有企业发展混合所有制经济的意见》要求坚持以资本为纽带，即国企混改控股或参股联结的股权关系，完善混合所有制企业治理结构。国资及各类非公资本出资人公平享有股东权利，风险共担，这样才能有效实现国有股东与非国有股东互利共赢。其中，股权平等意味着在国企混改治理机制中，股东之间与公司间发生的法律关系中，所有股东均有合法股东资格，并且，按所持股份性质、内容和份额，享受平等待遇，经充分商议后，确立股权内容。只要股东所持有的股权相同，① 混合所有制企业治理就应站在公允超然、一视同仁的立场上，不厚此薄彼、有所偏爱、肆意裁决出有差异的权益义务。

对处于竞争性市场领域的国企混改，国资或各类非公资本依托资本市场，实现股权多元化。具体有如下四种措施：一是增资扩股，扩大总股本，吸收外来股东或基金投资；二是出让产权，战略投资者以现金及技术、设备、其他企业股权的资产评估作价，购买目标企业出让的股权；三是收购兼并，凭借较雄厚的资金、较强的驾驭能力和组织管理能力，收购其他企业掌握更多生产要素，建立适应发展的治理新机制体制，统筹发挥各自资源优势；四是改制上市，由国有单一制生产企业转变为有限责任公司，再发展为股份有限公司，并最终向社会公开募集各类资本而成为公众上市公司，这样才是完整的股权多元化过程。

---

① 持股比例相同的国有股东与非国有股东间、法人股东与个人股东间、贫富股东间、大小股东间、新旧股东间、内资股东与外资股东间、本地股东与外地股东间都是平等的。

鼓励各类所有制资本，即国资和非公资本（如民企资本、集体资本、境外资本及员工出资等）股权融合。具体有以下七种方式：一是非公资本参与国企混改，通过出资入股、收购股权、认购可转债、股权置换等方式，可以以货币实物、股权、土地使用权等法律允许的方式出资；二是集体资本参与国企混改，允许经确权认定的集体资产或其他生产要素作价入股；三是境外资本参与国企混改，通过海外并购、投融资合作、离岸金融等方式，有序参与国企上市改制、合资合作，充分利用国际市场、技术人才等资源要素；四是推广政府和社会资本合作（PPP），通过投资补贴、基金注资、担保补贴、贷款贴息等，组合引入社保、国投、财政等长投基金，投资国家重大科技攻坚工程，或参股基础设施改造、公用事业发展、公共产品服务等项目；五是国资入股民企，在公益服务、尖端技术、生态环保和战略产业等重点领域，以市场理性选择为前提，以资本投融资为纽带，发挥国资投资运营公司的平台效应，通过投资入股、联合投资、并购重组等多种方式，对发展潜力大、成长性强的民企进行股权投资；六是国企混改探索特殊股权，允许将部分国资转化为优先股，在少数特定领域探索建立国家特殊管理股制度；七是国企混改探索员工持股，优先支持转制科研院所、国有高新技术企业和国有科技服务型企业开展试点，支持对经营业绩和持续发展有直接或重大影响的科研人员、经营人员和业务骨干等持股。

三、国企功能分类混改

国企混改与国有经济主导地位密切相关，其股权比重、改制流程及配套法规，要根据国企实际功能分类制定实施。国有股份比重下降后，设计出保持混合所有制企业控制权的治理机制（如金股、特殊股权等），才是国企混改稳步进行的重点。国企减持国有股份，转变为国家出资的混合所有制企业，国有经济将更多以国资投资运营的方式发挥作用，即国家只能通过参与股东会治理，与其他非公资本股东平等行权，影响混合所有制企业经营决策。但是，不能随时行使控制权，来管控董事会达到影响效果。因此，对某些特殊公益领域的重要国企，国家将在较长时间内，并要在不同程度上拥有必要的控制权。根据《关于国有企业功能界定与分类的指导意见》，国企分为公益类和商业类。在不同类型国企混改股权结构中，要求国有股份比重不同，治理机制也有差别。公益类国企[①]采取国有独资、政府行政治理，提供公共物品和社会服务，接受公共补贴。商业类国企采取国资控股或参股、现代公司治理、商业化运营，追求经济效益。但是现有国企还未明确定位，涉及业务繁多。所以，需先推进国资战略性结构调整，即以管资本为主建立体制。基于国资投资运营公司[②]及大型国企集团，使国资合理流动，同时，与国企混改相结合，动态实现国企功能定位和分类改制的过程。

例如，在通信基础网络设施、枢纽型交通基础设施、重要江河流域控制性水利水电航电枢纽及跨流域调水工程等国家核心战略安全领域，要国有独资或绝对控股。当然，也鼓励民间资本以特许经营、参股重大水利工程建设运营项目。例如，建立健全 PPP 机制，合理选择 BT[③]、BOT[④] 和股权投资等模式。在水资源、森林资源、战略性矿产资源等国家关键性自然资源领域，要国有独资或绝对控股，不仅可有效缓解我国经济面临的资源环境压力，而且为可持续发展拓展环境空间，并提供资源保障。在核电、重要技术平台、基础数据以及战略物资储备等国家发展核心利益领域，要国有独资或绝对控股。这样，就有利于发挥国有经济主导作用，加快科技进步，推进经济转型升级，支撑社会生产力和综合国力。在国防军工、大型安全基础设施和公共服务等竞争性弱的产业领域及自然垄断行业，仍要国有独资或控股，允许民企以分包服务或参股等多种方式与国企合作。在政策性金融机构、开发区开发公司、政府股权基金公司等战略性金融平台领域，涉及复杂业务（如招商投标、土地开发、公共管理等），以国有独资和附条件情况下的控股为宜。在一般资源能源的加工化工产业领域，我国已有一批实力比较雄厚的大型国企，国资可以相对控股，甚至逐渐变为一般参股。在战略性新兴产业中，尤其是发展迅猛的科技创新领域，民间资本不愿冒风险投资，于是只能由国企先行投资。随着创新能力提升及相应产业形成，国资可继续独资或控股，或再减

① 目前主要有三类：一是纯粹提供公共产品，二是生产国家专营专卖产品，三是涉及邮政普遍业务、铁道经营等行业。

② 国有独资，以国有股东身份从事国资运作，不从事具体产品经营，追求盈利绩效。

③ 即基础设施项目建设领域中采用的一种投资建设模式，根据项目发起人与投资者签订的合同，由投资者负责项目融资建设，在规定时限内将竣工后项目移交项目发起人，项目发起人根据事先签订的回购协议分期向投资者支付项目投资及回报。

④ 项目发起人投标获得委托人项目的特许权，随后组成项目公司融资建设，在特许期内通过对项目管理运营及当地政府给予优惠补贴来回收资金以还贷，并取得合理的利润。特许期结束后，将项目无偿地移交给政府。

少持股转参股，甚至退出。在重要的工业机械装备产业，国企在基础环节，还扮演着重要角色，国资要控股，以支撑产业发展。在非战略性的一般竞争性市场领域，国资不再增加投入，可出售国有股份，只靠创新竞争发展的已有国企，也可出售国有股份，而转为民企。

因此，划分国企功能分类后，要初步明确国企控制权配置。国有股权变化状态是决定国企混改治理机制的基础，但是，随着我国法律体系的逐渐健全与完善，政府监管重点国企的必要手段，将会逐步从过去主要依靠资本市场的竞争性股权控制，转变为兼有依靠法律规范的有限股权（包括优先股、金股等）控制。即使在特殊公益领域和一般战略性产业中，实行有必要的股权放开政策，也能给保持控制权留有巨大空间。另外，国企功能界定与分类一般会保持相对稳定，但是，也会根据我国经济社会发展情况、国资战略定位目标、国有经济结构调整需要，结合产业发展、技术进步和不同阶段任务使命和发挥作用等具体实际情况而不断调整。由此，便会适时动态配置国企的控制权。

第二章

国企混改中的控制权配置问题

国企混改，必然会涉及多方利益群体关系重新调整。各相关方与受影响者会表达不同意见（支持、犹豫或担忧），由此而表现出既有积极响应参与，又有消极等待敷衍，这些皆属正常现象。所以，在国企混改中，遇到各种阻力也在所难免，国企改革呈现出“成就巨大、问题突出”的“两头冒尖”状态。[①] 大型国企集团，希望维持治理与经营的现状，既掌握控制权，又有经营效益，所以认为没必要混改。而部分中小型国企可能把产生的治理与经营问题全部归于前一阶段的改革，既不完全掌握控制权，不能完全说了算，又怕经营不善，造成国有资产流失，于是反对进一步混改。如果这些阻力不能及时有效地化解，那么国企混改就难以落到实处。

党的十八届三中全会召开后，大多数省（市）都在深化国企改革方案中，明确了国企混改具体的“时间表、路线图和指标系”，对发展混合所有制企业抱有很高期望，但是，很快因出现无法清楚说明国有资产是否流失的弊端，担心犹豫或拖延敷衍。此后，有关国企混改利弊的争执，从未停息，而且一直未有效达成统合意见。不少从事混改实施操作的基层国企“为混而混”，因功能分类尚不清楚，难以把握混改尺度，怕混合多了，抑制国有经济发挥作用。还有些“一混了之”，不管不问，国企原本发展计划受到影响，正常经营的积极性也受到削弱。此外，更有不少国企偏离混改重心，转向只为上市发挥作用的改革操作。尽管各国企都认真学习国务院发布的《关于国有企业发展混合所有制经济的意见》，但由于是政策指导性文件，缺少具体改革方案，虽留下充足的发挥空间，但也造成许多制度赏罚漏洞。加之，推动垄断性国

① 田国强，陈旭东．近现代中国的四次社会经济大变革——国企改革的镜鉴与反思［J］．探索与争鸣，2014（6）：62-66.

企集团层面混改的难度大，放开可竞争环节及国企垄断竞争业务的阻力大，一直在拖延国企混改的实际进展。至2019年12月，受经济下行压力和中美贸易争端影响，国企混改步伐略有放缓。从总体上看，虽不断涌现国企混改的个案亮点，但尚无法形成系统性的改革经验。

与民企大致相同，国企混改也面临相似类别的控制权配置问题，但也有些区别。国企商业效率往往低于民企，还要满足更多复杂的社会公益目标，所以，在治理矛盾上，国企有自身的特点。当前，在多数国企控股的前提下，要初步实现股权多元化。但是，虽然国企集团内控股多家混合所有制企业，集团母公司仍保持国有独资控制状态。已有政策明确要求国企集团整合优质国有资产上市混改，但常常又会陷入“为何改，如何改”的争议中，难以有效推进。在国企混改后，国有股东是否要永远绝对控股？是否要凡事都掌握控制权？其前提依据和决定条件是什么？这些问题都不太好回答，在本质上，还是因为国有经济战略改革不到位、尚未建立起现代企业制度、内部人控制问题仍为突出，[①] 以及国资监管跟不上时代发展等。而且，国企新老问题兼有，相互交织，对混改中控制权配置会产生严重影响，进而出现诸多的制度矛盾。

第一节 国资国企战略改革不到位

习近平总书记代表第十八届中央委员会向党的十九大作报告时强调，深化国企混改是提高其全球市场竞争力的重要途径，为创造世界一流企业提供发展的内生制度力量，而且，有助于推进国有经济对我国整体经济的引领效能与主导作用。特别是要实现“国资保值增值，国企做强做优”的新时代发展目标，[②] 国企改革一直被视为我国经济体制改革的中心环节，也涉及多方面的改革措施及问题探索。本研究关注的主要焦点为国企所有制改革。即通过公司制股份制改造，使国企股票能够上市发售，凭借资本市场，采取合资并购、拆分出让等多种方法，改变原来国企的资产规模，丰富所有制治理结构，

① 于小喆．国有企业控制权机制中的“内部人控制”问题及解决思路［J］．财政研究，2012（11）：45-48.

② 肖亚庆．认真学习宣传贯彻党的十九大精神 深化国有企业改革［N］．人民日报，2017-12-13.

转变为国资绝对控股的混合所有制企业，重新布局其所属产业的支配力量。甚至于淘汰生产效率低下落伍的国企，将其完全改制为非公资本直接控股或间接持股的混合所有制企业，降低国企对部分行业的垄断程度，减少国资在竞争性市场领域中所占的比重。我国改革开放 40 多年来，国企在公司制与所有制上已做出许多项改革实践，治理机制也发生了重大变化，但是，国企改革任务的总目标还没有完全实现，还需要向着混合所有制的方向，继续坚持全面深化改革。

一、国资混合中总存在各种制约

目前，国企尚未真正建立“产权明晰、政企分开、权责明确、管理科学”的现代企业制度。所以，在国企混改中，不同资本所有主体面临各种有形或无形的制度性障碍，直接影响到国有经济的战略性调整。例如，在竞争性市场领域的国企混改中，下属国企股权多元化进度快，甚至由非公资本控股，但是，母公司却未开展公司制或股份制改革，仍为全民所有制，或是国有独资集团。同时，国有股权市场化交易受政策限制，大多只能“打擦边球”或“绕道而行”，便又会导致“政企不分”。而且，在利润率高的竞争性领域中，各类项目基本由国资投资运营，非公资本需进入许可，门槛极高，更不用说会被允许参与国企混改，比如，存在大量“玻璃门”“弹簧门”“天花板”等现象，致使民企只能包揽国企“不愿干、嫌麻烦、成本高、收益低”的设施建设项目。另外，国资管理与经营体制改革滞后，国企混改很难市场化。国资委只有监督国资职能，但重要的人事任命、资产处置、投资决策等权力，分别由其他部门享有，政资不分，政企难分，不同部门都代表国家，对同一家国企行使多种不同的所有者职能。在分配国资权利时，互不相让，在落实主体责任时，却相互推诿。对地方国企混改而言，虽没有多头部门管理，但采用“国资委—国资经营平台—国企”的多级委托代理体系。在链条中间环节的国资平台，通常是地方原主管部门改制而成的“翻牌公司”，“穿新鞋，走老路”，国资管理未能涌现出新的形式。

国有经济的政府公益性功能与市场盈利性功能未加区分，使其运行目标定位与国家战略产业布局并不相符。在指导性政策体系不健全的情况下，许多国企在混改时，分不清经营的“公益性使命与盈利性目的”。大部分都处于“不盈利就不能保值增值国资，盈利又被指责有失市场公平”“混改就会造成国有资产流失，不混改又被指责垄断效率低下”等尴尬的两难境地。于是，不能及时确定国有股权比重，或与非公资本产生控制权冲突。国企功能定位是什么？党的国资与非公资本的关系是什么？十八届三中全会指出，国有经济在国民经济中起主导作用，公有制经济和非公有制经济共同发展。《关于国有企业功能界定与分类的指导意见》既划分出国有经济要保持控制力的领域，也明确了国有经济和非国有经济平等竞争的领域。但是，在很多情况下，对国有经济控制力的含义和方式界定得并不太明白。例如，煤炭、钢铁等资源基础产业，以及通信设备、信息软件等高科技领域，已存在很多有实力的民企，甚至有些已成为行业发展的主要力量。那么，应不应或让不让其参与国企混改？混改后该如何配置控制权？理论分析和政策界定都很不清楚。地方政府往往贴补本地国企，并且将其当作本地经济做大做强或达成政绩的工具，抵制并拖延其混改的进度。这样做，既有地方保护意识的原因，也由经济发展的现实情况所致。

二、对非公资本至今仍然有偏见

就大部分社会公众来看，将非公资本引入国企、稀释国有股份就是私有化。类似于苏联和东欧国家，对国企全盘“私有化”后，就不断产生“国有资产流失、贫富差距扩大、社会主义政权被颠覆、亡党亡国”的社会惨剧，使国内外都感到非常震撼。还有我国于 1992 年采用管理层收购和员工持股等方式对国企进行“民营化”改革，却造成“大量国有资产流失、普通工人利益受损”等恶性循环后果，以及因贫富分配不均、贪污受贿引发的社会矛盾风波，仍令人记忆犹新，加之国企改革普遍不够透明，所以，质疑的声音非常强烈。反对国企混改的理论依据在于，社会生产资料公有制才是走向人民共同富裕的保障。显然，上述观点混淆了“国企作为经济主体，要参与市场竞争”与“政府分配社会财富并推动共同富裕的功能”。① 但值得注意的是，对国企引入非公资本的偏见，会形成对国企混改和国资运营理解上的偏差，最终造成对国资国企深层改革的质疑，影响未来的政策走向。国企员工对国有身份有深厚感情，混改后，都会感到有失身份、会失业降薪、老无所依，所以会表现出失落焦虑与不安，而聚结为国企混改的群众压力。即使是信奉资本主义的美国，在对公共服务私有化民营化时，也使用“引入竞争机制”

---

① 宣晓伟．国企改革三大迷思［J］．理论学习，2013（8）：30-31.

的委婉表达，以消除其国民对非公资本“会为省钱减少公共服务供给或降低其质量，更或为挣钱抬高其价格等”的担忧。所以，只有“国企要搞好，就一定要改革”[①] 的理念在社会公众认识中扎根后，国企混改才能得到社会普遍的理解与支持，随后，即使国企深化混改受阻，也会有牢固的社会基础，予以推进。

当然，非公资本有客观的逐利性。其参与国企混改，并不都是为了与国资互惠共赢，肯定也有投机行为，这样，就会导致后期发生道德风险，所以，也需要给予高度重视。国企混改的最终目的是“集中力量办大事儿”，以此提高社会福利，实现共同富裕，而不能靠损害公共利益来换取短期经济绩效，所以，国企混改始终要坚持党的领导，在党中央、国务院的主导下，自上而下，逐步推进。国企“跟谁混、怎么混、混后如何安排”等方案，都要由党中央政策决定。一方面，坚持以公有制为主体、发挥国有经济对国民经济的主导作用；另一方面，使市场在资源配置中起决定性作用，更好发挥政府作用。以政府为核心，改革与市场经济不相适应的产权制度及国企经营机制，由政府把控国企混改节奏，逐步使其成为自主经营、自负盈亏的市场主体。国企混改的目标与内容，随着对社会主义市场经济体制认识的不断加深而逐步明确。从国企改制历程来看，“放权让利”与有商品交易的计划经济相适应，“两权分离”与有计划的商品经济相适应，“股权多元化”与社会主义商品经济相适应，“抓大放小”与社会主义市场经济相适应。所以，“分类混改”要与市场决定资源配置、政府发挥作用相适应。为避免国企混改的不确定性，并将此风险控制在可承受范围内，通常先试点、后推广。例如，党中央、国务院会广泛收集信息，评估混改成本与收益，然后批复代表性国企为混改先行试点，在总结经验后，适度推广。

三、国企未来的股权政策不明确

目前，大多数央企、国企集团公司及二级子公司的股权多元化改革已停滞不前，不建立现代企业制度的话，国企治理机制难以满足资本市场竞争要求。例如，存在各类国企尚有行政级别之分、经理人未经市场选聘、缺少监督约束机制、管理层“党政干部”角色明显等突出问题。另外，在管理体系、运行机制、定位布局、实现形式等方面，国企混改存在各种矛盾，即保障国

---

① 2018 年 6 月 13 日，习近平在山东考察时的讲话。

企经营权益就有失公平竞争，但不保障国企经营就难以适应市场竞争。国企混改政策不明晰，部分是由于理论缺乏创新，但更多的是因为要实际控制国企。例如，有观点认为，国有控股有利于直接指挥国企混改后企业，也不影响上市融资，所以，股权结构不必调整。但是，国企混改并不只是为了实现多元股权结构，而是引入非公资本股东，以此改进治理机制，使国资更好地发挥作用。为混而混，混而不改，就是“拉郎配”。国企混改后，公司治理机制不变，难以促进国资与非公资本更好合作，既不利于国企跨国经营，也不利于国资在放大股份规模的混合所有制企业中积累财富。我国资本市场发展也会受此影响，尤其在竞争性市场领域，还会进一步拖累产业结构优化升级等战略部署。

需要明确的是，国企混改不是对原国企的“推倒重来”，而是在基本维持原利益关系不变的条件下，在国企股权边际增量上，推进资本市场化混改。不铺张、不推广、设试点，尽可能减少国企混改股权多元化后的阻力与风险。实际上，“放权让利”触及的正是增量收益权，而“两权分离”聚焦逐步放开经营权，但“公司制股份制”涉及所有权主体多元化。随后，“抓大放小”及“分类混改”更关注政府在竞争性国企中放开控制权。此外，没有明确的国企股权政策引导，就不会有明晰的产权关系，也就没有资本运营高效率的治理机制，更不会成为硬预算约束市场主体。因此，国企混改的初始环节，还是明确的股权结构政策。我国国企股权政策，要沿着两条主线平行展开：一是以公有制经济为主体；二是鼓励、支持与引导非公有制经济发展。非公有制经济规模逐渐扩张、非公资本实力不断提升以及产品市场和资本市场的激烈竞争，都给国企经营造成巨大外部压力。其中，国企要培养市场嗅觉、利润敏感度和转型活力，才能有综合竞争力，提高经济效益，所以，外部竞争压力会倒逼国企明确股权政策进行混改。但是，大多数社会公众容忍不平等的程度是有上限的，而不管其是否促进效率增长，越来越多的证据表明，国企混改不透明，总会产生一些不平等的竞争或分配现象，反制或延缓混改的继续推进。所以，不能贸然进行国企混改，而是要制度先行，并多关注社会平等。

第二节　尚未建立起现代企业制度

当前，我国经济发展已进入新常态，要进一步发挥市场机制在资源配置中的决定性作用。在新时代，国有经济也迈入全面深化改革的关键期。其基本目标仍然是：与相对成熟的社会主义市场经济体制进行全面融合，允许更多国有企业和非公资本合作发展混合所有制经济。于是，为实现我国经济的上述改革，国有经济管理与监督的政策制定也要与时俱进，肩负着国家实现“两个一百年”的奋斗目标和伟大的中国梦使命，以此完成“推动国企完善现代企业制度并调整其功能定位和产业布局，基于混合所有制确立国企新的组织实现形式，构建分层分类全覆盖的新国资运营体制”等多重发展任务，以奠定今后国有经济的高效运行。当然，混合所有制经济也不是非要形成股份制企业，可以是各种不同所有制属性的资本充分融合而成的多元产权结构的经营主体。①

一、掏空行为不易监管

在国企混改后的治理结构中，国资“一股独大”，不同治理主体难以相互制衡，这样，现代公司治理机制就会彻底失灵，还会引发大股东掏空行为等道德风险。② 当然，在国企混改前，就会因此而吓退非公资本，使国企混改难以有效推行。此外，同样是大股东并购行为，在股份公司业绩好时，大股东高溢价并购，就是掏空行为，而在业绩差时，并购则是支持行为。③ 同时，要更多聚焦于“大股东构建金字塔式上市公司持股结构，进行关联交易”的掏空动机与行为。④ 所以，可以找出以下四类行为：一是集团占据主导地位，与下属企业资产交易不正常、价格不公允，由董事与经理做出定价决策；二是集团需巨额资金周转，会优先向下属企业长期借款或由其担保，行使控制权，

① 混合所有制企业的组织形式，可以是股份制，也可以是公司制。

② 李增泉，余谦，王晓坤．掏空、支持与并购重组——来自我国上市公司的经验证据［J］．经济研究，2005（1）：95-105.

③ 陈骏，徐玉德．产品市场竞争、竞争态势与上市公司盈余管理［J］．财政研究，2011（4）：58-61.

④ 马金城，王磊．系族控制人掏空与支持上市公司的博弈——基于复星系的案例研究［J］．管理世界，2009（12）：150-163.

无须走贷款（担保）审核程序，利率低廉，还款灵活；三是集团对经营方针、管理决策拥有大部分表决权，迫使下属企业从事高风险、高收益投资，却转移走利润；四是集团定向发行股票和回购证券，稀释下属企业股份，变相掠夺其中小股东利益。但是，不能简单地采用掏空行为视角分析国有大股东的关联交易，因为在很多时候，国企要承担大量的政策性负担。① 在所有权与经营权分离的情况下，现代企业制度衍生出“股东会、董事会、监事会与经理层”相互制衡的现代公司治理机制，为大小股东合理配置控制权，经理层忠于股东利益，监事履行内部监督职责，最终实现股份公司的收益最大化。但国资“一股独大”，国企混改后的企业高管层任免权还掌握在政府手中，即使有完整的公司治理结构（股东会、董事会、监事会和经理层），也多会流于形式。国企董事长与总经理没有明确的权责利划分，或由一人兼任双职。于是，政府监管掏空行为就面临“加强，就会强化行政干预”与“放任，就会导致出资人缺位”的两难境地。

国企整体上市混改，注入非公资本，国有股权比重低于非国有股权甚至退出，但“一股独大”现象并未消失，掏空行为反而会不断增多，因此，需要重新配置控制权。那么，介于“完全国营”与“完全民营”之间的部分民营化状态，即组成混合所有制企业才是国企改革的最优策略。其平衡社会福利的程度最高，② 第一大股东是国资，第二大股东是非公资本，股权制衡效果明显。如果前两大股东都是非公资本的话，会倾向于合谋，极易引发掏空行为。③ 如果降低前五大股东的国资比重，会明显提高企业绩效，但是过多的非公资本占比反而会降低绩效。④ 所以，国企要混改，从市场领导者向市场跟随者转变。此外，国企混改即便是“一股独大”，也并不必然会带来国有资产流失，或掏空非国有股东权益。其关键在于，要有程序公正、交易公平、信息公开、法律严明的治理机制。如果建立起现代企业制度，那么交易操作流程和权责审批程序会更规范。外部中介对资产评估定价也会更公允，

① 陈林，唐杨柳．混合所有制改革与国有企业政策性负担——基于早期国企产权改革大数据的实证研究［J］．经济学家，2014（11）：13-23.

② 欧瑞秋，李捷瑜，李广众，等．部分民营化与国有企业定位［J］．世界经济，2014（5）：112-134.

③ 刘星，刘伟．监督，抑或共谋？——我国上市公司股权结构与公司价值的关系研究［J］．会计研究，2007（6）：68-75.

④ 刘汉民，齐宇，解晓晴．股权和控制权配置：从对等到非对等的逻辑——基于央属混合所有制上市公司的实证研究［J］．经济研究，2018（5）：177-191.

内部审计、纪检及员工等监管都会到位。另外，国企国资价值要在动态交易中得到体现。如果把住国有股份不放，任其贬损也不交易，就不能使国资保值增值。

二、产权多元化不规范

实际上，在“抓大放小”之后，许多国企已完成产权多元化，大型国企股份制改造上市，中小国企由政府撮合与民企合资。但是现在，产权市场仍不够完善，分配缺乏公平，交易不够透明。所以，国企产权交易不规范，未能达到产权多元化后的实际治理效果，也因此加大了国资运营风险，可以归纳为以下四种风险：一是虚拟形式的多元化，即国企利用国资注册若干不同类型的新国企，与原国企交叉持股。在表面上看是产权多元化，但实际上仍是国资内部循环。二是均分持股的多元化，即国企进行股份制改革，将产权均分到全体职工，全员持股。虽是产权多元化，但未引入新资源，不仅仍保持原来的治理机制不变，还造成新的“吃大锅饭”现象。三是关联交易的多元化，即国企职工持股改革后，虽也是产权多元化，但职工再投资新企业，与原国企进行关联交易，而不是形成现代公司治理机制。四是内部人的多元化，即国企以管理层收购或经营者持股的方式，实现产权多元化。但是，采取暗箱操作、国有资产价值低估自卖自买、内部人控制频发等，导致国有资产变相流失。目前，国企混改主要也是采用产权多元化，即增资扩股或转让股权于战略投资者。在非公资本比重上，根据主营业务范围分类，完成产权多元化。对公益项目建设运营，采用投资主体多元化，运营期结束，政府收回全部产权。对自然垄断国企，政企分开，政府监管，不进行产权多元化。对涉及国家安全和经济命脉的重要国企，可以实施产权多元化，但国资要绝对控股。对完全市场竞争性国企，积极引入各类战略投资者，实现产权多元化，国资可控股或参股。

2005 年，国企改制上市，以实现产权多元化。尽管上市募集大量资金，可增强竞争力，降低财务成本，短期改善业绩，而且能提高信息透明度和财务合规性，但与未上市的国企相比，公司治理转型效果更差。[①] 也就是说，未上市国企产权多元化，引入的是持股份额多的其他股东。而上市引入的多为

① 张文魁. 现代企业制度的政策脉络、实施效果、发展方向 [J]. 中国浦东干部学院学报, 2016 (3): 96-106.

散户股东，其积极性差，流动性还很强。国企改制，分拆出优质资产组合上市，由剩余的不良资产（业务经营弱、资产质量差、历史包袱重、职工人数少）组成国有全资母公司，由其控股国有上市子公司募集上市资金。这样就会产生出一些新的严重问题，包括以下两种：一是“一股独大”，保留大量不良资产和旧体制的国有全资母公司，不当干预控股的优质资源国有上市子公司经营，使其进行扭曲的虚假信息、关联交易、利益输送，予以贴补母公司；二是国有上市子公司董事会拥有的人事任免、经营决策等重要权利，往往由国有全资母公司直接或间接行使，但母公司决策又由政府行政管理，打乱了国企市场竞争主体的权责平衡。

三、管理层有行政级别

国企改革前，既是工厂又是政府行政部门，其中，厂长、科长、车间主任、股长等，都是国家行政人员。目前，虽然国企已改革，但大部分国企的管理层与国资监管者仍有行政级别，由政府任免晋升，国企官员化迹象明显，不仅导致国企管理层成为风险的真正承担者，还缺乏强化监督国资效率的内在动机。国企经营者未必追求利润最大化，但也未必就会服务社会公益事业，而是更多考虑政府官员的政绩目标。由此，国企内部组织科层化，便会产生如行政层级多、干部比员工多、上下信息传导误差大、管理效率低等劣势。一方面，国企管理层有行政级别，在一定程度上有助于贯彻政府意志，便于执行改革政策。另一方面，国企管理层不能做出市场化决策，虽然国企管理层与政府都有最终使国资保值增值的责任，但是实现路径的选择不同。前者要靠市场竞争经营业绩，后者要完成社会功能创造政绩，而且都要在国资保值增值和国企利润最大化两个效用目标中做选择。国资委注重前者，认为后者不重要。但是，国企管理层宁肯牺牲前者，也要获得后者。

国企董事特别是董事长，并非股东大会选举产生，而是国资委的派驻代表。《企业国有资产法》和《企业国有资产监督管理暂行条例》都规定，国企董事会选举，依赖政府部门任命。在现代公司治理激励与约束机制不健全的情况下，官员董事表现出更多“行政化”，而非“经营性”的价值趋向。董事会成为政治工具，国企经理选聘权仍集中在政府手中。国企董事长或董事往往兼任总经理，决策权过于集中，并与经营权混同。总经理支付董事薪酬费用（年薪、津贴、差旅费），提供决策依据信息（不会完全、充分，可能会失真），甚至是管理董事会。董事会没有主动权，只有被动权，其监督职责失灵，难以约束总经理，或转而向总经理负责。虽然经理控制董事会，会导致国企权力重心向企业自身偏移，即经理革命现象，但是国企经理滥用控制权牟取私利的道德风险，依然会损害国有股东权益。

在整体上市、完善治理结构、安排控制权后，国企的管理层选聘、激励与约束，就成为其面临的特殊问题。国企管理层收益分为隐性和显性两部分，前者（职位晋升、在职消费等）为后者（现金）的激励补充，有效提升国企绩效。[①] 然而，掌握控制权的总经理，会自行设计激励组合，[②] 与此同时，获得控制权收益和高额货币补偿，而且，并不需要迎合董事会提高绩效要求，只需满足“不出大事儿”的政绩，“多一事不如少一事”。即使不掌握控制权，总经理也能虚构盈余，满足政绩考核即可。因此，赋予国企管理层行政级别时，要加大对其行政监督。国企管理层兼具经济性与行政性，不光要实行双重激励，还要执行双重处罚。无论经济目标还是政治目标，须兼顾才予以激励，顾此失彼均要受到减薪降职处分。以同行平均薪酬为标准上限，[③] 主要参考公务员待遇，适当放松限薪令[④]或给予持股长期激励。[⑤] 但是，也需增设行业禁入条款，防止国企高管流失。

第三节　内部人控制问题仍然突出

即使国家各部委从国企混改的各个方面都已提出诸多相关的指导性意见，但亟须深入探讨“国企如何凭借有效混改带动控制权的合理配置?”。现在，虽然理论学者均已承认“股权是控制权的基础性来源，控制权配置要依据股权结构”，但实践专家认为“混合所有制企业会普遍存在控制权争夺问题，使

---

① 姚艳虹，曾德明．高层管理者激励方式与企业绩效的相关性研究［J］．财经理论与实践，2006（1）：96-100.

② 吕长江，赵宇恒．国有企业管理者激励效应研究——基于管理者权力的解释［J］．管理世界，2008（11）：99-109.

③ 陈冬华，陈信元，万华林．国有企业中的薪酬管制与在职消费［J］．经济研究，2005（2）：92-101.

④ 杨青，王亚男，唐跃军．“限薪令”的政策效果：基于竞争与垄断性央企市场反应的评估［J］．金融研究，2018（1）：156-173.

⑤ Avner Benner，Jones D. C. Employee Participation，Ownership，and Productivity：A Theoretical Framework［J］. Industrial Relations a Journal of Economy & Society，2010，34（4）.

原本股权失去效用而成为摆设”。然而，因未能弄清楚国企混改的控制权配置缘由，双方会持截然不同的观点主张，发生激烈的争论。[①] 最终，致使国资为保值增值不敢混，混了也不敢放权。同时，导致非公资本不想混，不利于社会各种资源互补，难以发挥各类资源所有者参与“国企做强做优做大”的积极动力。

一、经理层激励与约束不相匹配

在现代公司治理机制中，股东追求资本收益最大化。通过股东大会投票权或授权董事会等内部监督机制，以及资本市场“用脚投票”或聘请专业结构审计稽查等外部监督机制约束经理层。同时，通过年薪、奖金、期权等物质报酬，以及在职消费、权限等精神利益激励经理人。但在国企中，国有股东不单要取得物质利益，还要达到政治目标。国企经理层多由政府部门聘任，所以，其经营管理活动也具有双重目标，但是，国企绩效与行政职务关联不大，致使其激励与约束不相匹配。如果强化问责机制，经理层会谨慎行事；如果弱化，经理层会牟取私利。但经理层始终都热衷于搞政治关系，盈利不差即可。国资委评价国企经理层业绩时，对亏损难以区别是政策性的还是经营性的。最后，只好把所有亏损责任打包，对正常性亏损给予财政补贴，即预算软约束问题。[②] 所以，只要国企亏损分不清楚，就都视为其为满足社会公益而承担的政策性负担，便会不断向政府索要保护或补贴。国企最核心经营业务无法顺利考核，带来效率低、发展慢等问题。综上所述，多种原因导致国企内部人控制问题，大致包括以下五种主要类型：一是国企多重代理关系复杂。管理层权利与义务被稀释，难以监督。而且，初始委托人（即国资出资人）监管缺位，更加重国企经理层内部人控制问题。二是国企内外部治理机制失效。股东会、董事会、监事会等内部监督功能弱化，以及经理选任非市场化，利益相关中介无权参与治理等外部监督缺失，给经理层不受约束地扩大权力以可乘之机。三是缺乏与经理层人力资源相符的回报，造成经理层滥用权力，自行贴补。四是我国国企内部人控制问题起始于改革前。经历“放权让利”后，国企所有者虚置，权益释放过大，造成厂长对国企的完全控制，形成了强烈的制度路径依赖性，至今也难以转变。五是市场经济有不确

① 黄群慧．破除混合所有制改革的八个误区［N］．经济日报，2017-08-04.

② 林毅夫．自生能力、经济发展与转型［M］．北京：北京大学出版社，2004.

定性。为降低经营风险，“将在外，军令有所不受”，须赋予经理层相机行事的权力。但是，这也给委托人控制造成障碍，最后演化为总经理掌握控制权，以牟取私利。

所有权与经营权分离，会出现两种内部人控制：一是股权高度分散，大股东常变动，公司无主，如西方发达国家的股份公司；二是权力集中于政府，但政府却放权不管，公司也无主，如经济转轨国家的国有企业。目前，我国国企兼有上述两种情况，使经理层掌握控制权。然而，从逻辑上讲，内部人控制并不必然会出现内部人控制问题。但实际上，经理层激励与约束又难以匹配。要么是新聘任的经理难以适应旧有的职位激励与约束规定，要么是旧有的经理不能适应新改的规定，总会使内部人控制问题频发。其主要表现为以下七种问题：一是不合理不公允的兼并重组，国企经理层决策的并购行为，通常脱离正当性目标，以高于正常市场价格从资产收购中取得高额回扣，或者以明显低于市场价格从国有资产买方收取巨额回扣；二是不透明的关联交易，国资委没有经理了解国企的实际经营情况，往往造成信息不对称，难以有效监督，存在经理层牟取私利的关联交易；三是在职消费，经理层通常以股东会、董事会、监事会名义，修建豪华办公室、购置豪车、安排天价食宿招待及国内外频繁考察；四是任意提高工资，通过提高董事、监事及职员工资标准，扩大自我奖励幅度；五是随意任免人事，安排亲信进驻要害部门，把持重要岗位，巩固控制地位，牺牲经营效率；六是浪费国有财产，定向支付公关费，捐赠指定人员，会议花销过多等；七是侵占国有财产，随意占有、挪用和处置国有资产，不顾风险，只为私利。

二、董事会虚设和董事监管缺失

董事长是党委书记或兼任总经理，副总经理和董事都是党委成员，也是总经理和董事长的直接下级。如图 2-1 所示，在国企治理实践中，绝大多数国有独资大型企业设立董事会时，董事长会兼任总经理及法定代表人，其他董事、经理和党委成员也高度重合，所以，董事会并不独立决定经理选聘、考核和薪酬，其权力集中在作为出资人代表的国资委，可跳过董事会管理经理层。在重大决策上，经理层、党委事先进行讨论研究，得出结论，再由同批人员组成董事会，走一下决议程序。所以，不是惯常的“先由董事会决议，后由经理层执行”，而是“先由经理层决议和执行，后由董事会走流程”。因此，董事会形同虚设，流于形式，没有发挥任何作用。一批已建立董事会的国企，后又予以撤销。国企“一把手”负责制存在以下三种制度缺陷：一是重大决策排斥不同意见，形成个人独断，不易集中集体智慧；二是缺乏权力制衡，人事、费用只能靠自我约束，只有私欲膨胀、以权谋私、违法违纪等造成损失后，才被发现；三是短期机会主义行为，只为快速实现政绩获得晋升，不顾长远规划及可持续发展。

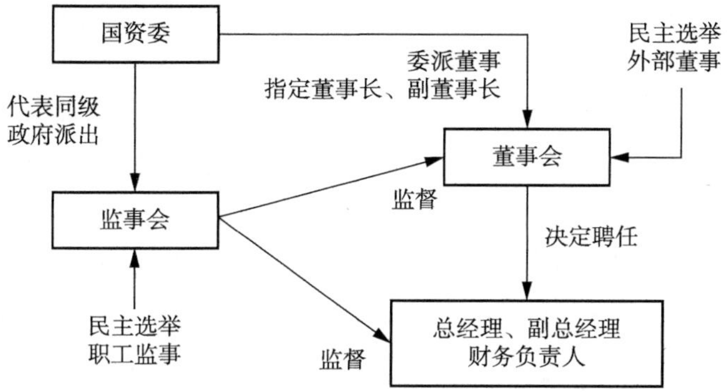

图 2-1　《公司法》规定的国有独资公司治理模式

资料来源：根据文献整理得出。

如果决策运筹者不是剩余索取者，[①] 就会因承担决策最终得失，胡作非为，引发内部人控制问题。若缺少一套行之有效的监督机制，决策运筹者就会偏离或放弃剩余索取者利益，甚至是间接合法或直接违规替代剩余索取者，牟取私利。行之有效的监督制度的必要条件就是：决策控制在一定程度上与决策运筹相分离，即某决策代理人不对同一决策既行使经营权，又有排他性的控制权。所以，对国企控制权问题的研究，不能仅停留在治理结构上，而应深入到治理机制里。不是要制衡其结构，而是创新其激励约束机制，使治理结构主体能有动力、有条件地履行各机构职能。国企内部人控制问题的治理思路，要从两方面着眼：一是股权结构，采取增发新股、股权配送、转赠员工股份、股票激励期权等形式来募资，并引入股权基金、投资银行等战略投资者的多方参与，还可借助兼并重组、收购合股等方式，实现股权结构内外部多元化；二是行为机制，强化董事会、监事会的制衡监督，合理利用股

① 决策程序与制度包括提议（资源利用和合同内容）、认可（选择需贯彻的提议）、贯彻（执行有效认可）、监督（考核决策代理人绩效）四个步骤。其中，提议和贯彻由同一个代理人负责，即决策运筹，认可和监督都由另外的代理人执行，即决策控制。

东诉讼，加强内控审计，以及强制信息公开披露，并借助社会舆论及市场竞争进行有效约束。

第四节　国资监管跟不上时代发展

综合分析可知，各项指导意见还特别突出以下两项重要内容：第一，国企及其业务分离板块的分类改革要求：主业在竞争性商业领域内，要积极引入非公资本实行股权多元化的公司制改革，国资控股或参股推进混合所有制企业整体上市；主业在关键性商业领域内，[①] 要支持非公资本联合投资参股，但要坚持国资控股态势；主业在自然资源垄断领域，以“明确政企关系、国资独立运营、私资特许加盟、依法合规监管”为政府指导国企混改的关键内容，尝试社会公共资源的市场化配置改革，而非彻底改变国资所有制为其他所属；主业在公益性领域内，需要实行国有全资独立核算，但鼓励非公资本战略合作、资源整合。第二，建立国资投资运营公司及国企混改基金，[②] 前者可将国资外投集中于专业团队运作，国资委以管资本为主，明确职责定位，阻隔其对国企经营的直接干预；[③] 后者由国资牵头并放大杠杆效应，吸纳非公资本并拓宽其融资渠道，分散投资风险，改革现行国有资产经营激励机制。无论是组建国资投资运营公司，还是发起设立改革基金，都对出资人的资本实力和运作经验提出很高的要求。因此，还需要强化出资人监督，主要包括：改进派驻外部监事代表资格审查机制及经营性国资审计监督体制，加强经常性纪检监察与巡视，强化对国企领导的监管，共享信息资源，提高监督效能。

一、内外部监管机制不健全

目前，从国企监事会设置和运行的实践情况来看，监事会的监督作用有名无实。《公司法》规定，监事会由国资委外派监事和内部职工选举监事组

---

① 关系国家重要安全和国民经济命脉或承担重大专项科技攻关任务。

② 国资投资运营公司在央企（如中国诚通等）和地方国企（如上海国盛等）两个层面展开试点工作，以及设立“中国国资风险投资基金”“国华军民融合产业发展基金”“中国国企结构调整基金”等“国家级”国企混改基金。

③ 国资与非公资本的各投资主体，均以资本权属为法定依据，以出资额为限，履行对所出资企业的所有者权责，依法参与其法人治理机制。

成。其中，外部监事由国资委派出，其人事档案及党组织等关系隶属于国资委，但是，大多监事不太了解国企内部情况。内部监事是职工代表，隶属于国企，其工资薪金、人事关系与职位升降均由董事会和经理层决定，很难自主开展监督，受到很大制约。监事会中，内部监事远多于外部监事，因此国企虽已设置监事会，但监督功能却因遇到各监事无独立性的障碍无法行使，导致监事会不能正常运行。此外，在监事会中，政工干部担任监事居多，与工程经济、会计审计、法务技术等专业相关的专家或学者的比例远低于董事会和经理层，因此，也无法进行专业检查，难以发现违规情况。虽然法律或章程规定监事责任，也并不区分内部监事和外部监事，但由于国资委管理并支付外部监事报酬，后者薪酬奖励远低于前者（附带股票期权激励等）。另外，监事会的组织费用仍由董事会和经理层决定，也制约着国企监事会的监督功能。

现今，国资干部和国企高端的管理体制仍互通。例如，国家及地方各级政府产业主管部门与自然垄断性央企或地方骨干国企的高层主管均由中央组织部任命，所以，经常会出现监管部门领导与被监管国企高管互换岗位的现象，监管者与被监管者的关系逆转，甚至于现有监管者监督的是之前的老领导，极易共谋获利。当然，出现这种状况，原因在于“政企不分”。改革开放以来，多数大型央企和地方国企都脱胎于各政府主管部门。所以，后者总会以当地产业、部门本身、下属国企的利益最大化为出发点，制造各种借口，如保护特色产业、利税上缴财政、稳就业保治安等，以排斥、限制或妨碍其他市场主体参与竞争，阻碍或延缓国企混改。

即使推动国企分拆并重组上市来混改，但停留在放开部分地区市场竞争，或者仅引入很少比重的非公资本，在过段时间后，又会回到国企独家或寡头的经营状态。例如在 2004 年，中国电信、中国移动和中国联通互换高管，为使国资保值增值，就设置行政性进入壁垒，以限制通信市场的外来竞争，即行政干预与寡头经营交织叠加。但是，消费者权益却因此受到影响。在经济转轨国家中，不合理的行政干预，既不是为了国家利益，也不是出于规模经济，考虑更多的是维护部分利益集团或个人的利益。同时，政府依然保有绝对的控制权，以掌管这些国企高管的任免权，各方都难以相互监管。

二、垄断领域国资不易流动

在垄断性领域，国资流动性仍然较差，难以达到“有进有退、合理流动、动态优化”的配置要求，通常会面临政府部门不当干涉。垄断性国企改革和国资监管都没有到位，前者缺乏明确可行的整改路径，追求行政垄断，保护已有的经济利益，不愿公平参与市场经济；后者还是按《企业法》改制的国企，虽已完成公司制改革，但未进行股份制改革，国资没有被完全股份化，难以进行产权交易或上市募资。目前，对国企分类管理，以管资本为主，调整国企各类考核指标，但未从国资投资、运营、监管上，分类别设计有针对性、符合定位、摆脱困境、解决难题的国资管理制度体系（如公司治理、会计审计）。所以，国企分类混改、国资投资运营等推进机制，至今尚无实质性进展。国资运行与监督机制改革不到位的突出表现是微观国企内部治理机制的失效，于是，对国企实施合理定位、强化竞争、混合股权、设置三会、信息披露等标准或措施，要相互配套地促进国企转变治理机制，使国资体制改革落实到位。

目前，自然垄断性央企多已完成“政企分开”改革，但在监管模式上，部分采取“政监合一”（如电信、航空等），还有部分采取“政监分离”（如电力等）。“政监合一”模式，使政府主管部门（工信部、交通部）不再直接从事垄断经营，而改制为监督管理活动。于是，央企的自然垄断性与政府的管制性相结合。政府的多项职责具体表现为：既制定产业政策，又实施行业监管，规范与管理合二为一。例如在 2003 年，国家电监会成立，隶属于国务院，就实行部分的“政监分离”模式，即只向政府主管部门提出调价建议，最终，定价权不归国企，而是归国家发改委。对重要非公资本投资或新进民企入股，国企上级部门（国家电监会）也不能独立行使管制权或监管权，而由政府部门（国家发改委）最终决策。

自然垄断性央企既要获取收益，又要使国资保值增值，导致政府部门既要制定促进产业发展政策，又要对国资运作实施监管。国企双元使命定位造成了经营目标的模糊，政府监管双重职责也使行为选择两难。政企各自及其相互间的关系都需要平衡。但现实情况是，对“国资保值增值、促进产业发展、政府监管得当”等效果的评判标准，都集中在“自然垄断性央企财务绩效指标是否达到所有者权益的增长”上。即央企利润越高，改制就越有效，政绩也就越高，那么，极易造成政府与央企合谋，即为了维护央企利润，政府可以放松甚至于放弃监管。基于上述原因，政府与自然垄断性央企的关系就变得十分密切。在推进央企市场化混改中，政府对不同所有制的企业会实施歧视性政策，往往以体制转轨宜缓不宜急、特殊情况应特殊对待为由，给予自然垄断性央企各种政策袒护，导致垄断性领域的国资很难流动。①

三、积极性弱且制度阻力大

当前，促改革进入深水区，调结构步入阵痛期，国资监管阻力明显。国企混改要开放部分垄断领域，新进入者会带来市场竞争，国企未必能维持现有收益，更不用说平稳度过产业低迷期，或保障高管高待遇以及员工高福利。由此，国企内部的混改积极性不强，只能拖延混改或应付政策。例如，敷衍非公资本，仅对其开放利润率低的行业领域，而且，会强制附加“安置下岗员工、购置最新设备、偿还大额贷款”等不平等的投资准入要求，这样，非公资本也会失去积极性。非国有股东亦会担心重大事项决策的“话语权、知情权、监督权”等合法权益受限，从而影响不同所有制股东间的互信程度，最终，国企混改难以推进，陷入僵局。此外，在国资监管体制改革后，“政企不分”的问题仍然存在。随着国企混改的深入，非国有股东参与治理决策会更加频繁，“权、责、利”关系必然得重新调整。国企高管尤其是“一把手”，掌握着分配国企资源的权力，但很少受到约束，② 又常与政府官员交叉任职，薪酬与身份不相称，对国企绩效不敏感，③ 对混改监管积极性也不强，更多的是消极对待。但是，他们会倾向于迎合政府，换取“晋升资本”，而放松经营与监管。

国资监管矛盾，除有直接的经济利益冲突外，还受到诸多制度上的阻力。其主要体现在，国资运营投资的激励与约束机制，落后于社会主义市场经济体制的改革步伐与新时代要求，所以，对国企混改达到预期目标也产生很多影响，亟须对国资监管机制做出适应性革新。目前，国资经营仍采用由政府权威监督主导的奖惩机制。在“管人、管事、管资产”的监管制度下，国资委不仅决定着国企经理层薪酬任免，还掌握着对国企绩效的考核评价，以及重大决策事项的审定监察。政府仍替国企决策，并代市场评价，会存在信息的不对称性，又受限于有限理性，并陷于政企利益关联，很难维持公平公正，

---

① 田兰，高翔．从部门利益到公共利益：我国行政管理体制改革的理念转变与重塑［J］．行政与法，2008（10）．

② 杜兴强．“内部人控制”及其防范：会计人员委派制的作用［J］．经济评论，2000（3）：116-118.

③ Firth M.，Fung P. Y.，Rui O. M. Corporate Performance and CEO Compensation in China［J］. Journal of Corporate Finance，2006（12）：693-714.

造成国资运营偏离市场规律。在国资监管中，政府将部分社会职能与监管责任转给国企承担，将其作为“提供公共服务、执行产业政策、调控宏观经济与实现国家战略”的工具。①

由于薪酬限定且监管规范，即便国资价值提升，对国企经理层的激励也很乏力。少数自利的国资经营者，会倾向于将政府指令而不是市场信息作为决策首要依据。如果不改变扭曲的监管体制，即使引入非公资本，也会与国资运营者在“资金使用、投资模式、利益诉求”等选择上发生冲突，由此引发国企混改后的控制权争夺。其结果大多为，非公资本股东集体撤资，致使多元股权治理结构关系的制衡目标落空。此外，由上至下地推行国资运营与监管改革，政府部门本应发挥更大作用，但因改革并未给予直接利益，以及国资监管“有追责无容错”，部分官员担心改革失误，极易惰于现状。

四、缺乏行业监管法律法规

当然，国资国企改革主要聚集在大多数正发展的省份。② 其各级政府有大量的债务负担③，在混改合同中往往会处于谈判的弱势地位，所以，政府需要技术、资金援助，才可强化监管能力，或者重新组建更适当的监管机构。④ 此外，非公资本也会考虑到运作环境差（洽谈冗长、信息匮乏）、不确定性强（民族矛盾、文化冲突）与各种投资威胁（宗教冲突、治安混乱、政权不稳、产权保护）等而犹豫不决。但即使是在西方资本主义发达国家，政府也往往缺乏有效监管国资运营所需的政策力度与政治经验。政府没能力或不愿意监管国资国企改革，主要是因为缺乏完善的法律法规体系，导致缺少执行确定性及指导连续性。在经济稳定期，便招来非公资本参与国企混改，但

---

① 戴锦．产权改革、竞争环境与政策工具：观照国企改革理论［J］．改革，2013（11）：125-132.

② Eytan Sheshinski, Luis F. López-Calva. Privatization and Its Benefits: Theory and Evidence［J］. CESifo Economic Studies, CESifo, 2003, 49（3）: 429-459.

③ 近年来，政府公共债务也成为国资国企改革的驱动力。基于全球社会福利的相互比较，社会公众对政府的期望日益提高。但在国际普遍降税的浪潮中，政府财力减少。在这种情况下，通过廉价或突破法律限制出售尚有价值的国有资产，来艰难应付年度预算平衡，就会对政府财政有强烈诱惑。这对苦于“外债在 GDP 占比高”的发展中国家，尤其重要。

④ 希望建立互访学习机制，加强技术传授与经验交流，拟出合同条款范本，避免出现类似合同漏洞（联合国开发计划署，2003）。

到经济快速波动期或面临公共问题压力时，政府却因确立太多不切实际的目标，或急于迅速解决债务，或提升政绩，往往又实施资本管制或市场限制，将非公资本赶出门外。因此，在国资国企改革前，应该率先完善行业监管法律和产业监管规制。根据经济转轨国家私有化民营化的经验教训，国资过度分散，就会失去对国民经济的主导作用。国企股权过度多元化，就会失去对国有经济的支撑作用，对行业的控制权力，就会集中到生产供应商、产品零售商手中，就连招投标都无竞争性，使其直接就可获得长期专营权合同①，最终导致产业上下游垄断或行业渠道半垄断等不良后果。②而在自然垄断领域尤其如此，广大消费者在购买关键商品和必要服务时，完全或几乎没有选择余地。而且，行业渠道商一旦确立市场支配地位，往往会提高价格、压低成本。③

所以，对国资运营或国企混改，没有或缺乏行业法律法规监督，会产生诸多社会问题，包括以下四种，一是边缘化穷人。在国资流出公用事业领域后，因非公资本的逐利性，其不会为所有公众提供社会服务，而仅限定在经济发达城市及地区。④ 即使在定价上，按照基础成本价，富人认为合理可接受，但部分穷人依然支付不起，或需花费大量收入来满足该基本需求。全社会将会被非公资本划分为有钱和无钱的两类群体，分别享有不同质量及数量的社会产品服务（如教育、治安、供水供电供暖及社区设施等）。“穷愈穷，富愈富”。二是福利补贴被止。国资国企上缴大量税利补贴医疗、教育等民生福利，混改后企业便不会承担，只能靠政府用所剩不多的财政资源承担，还要大力对其贴补，使其继续能够承担。即国资国企改革市场化后，政府资源稀缺，却还要贴补非公资本或民企。三是转嫁合同风险。即使有严格的国资运营标准，国企混改合同很难一次性完成。在大部分情形下，还会涉及各种

① 在菲律宾水务部门，少数跨国公司联合控制了供水市场，从而可以像一个垄断集团。

② 新西兰空中交通服务私有化，使航空公司获得实质控制权便获得竞争优势，导致空中交通安全隐患增加。

③ 在德国私人家庭强制性火灾保险案例中，即使在国家垄断的保险公司扣除家庭部分收入补贴消防队和修补防火设施的情况下，国有保险公司扣费还是比新进入的竞争性民营保险公司收费要低得多。而且，民营保险公司还会将部分收费分配给股东，或浪费在发布广告竞争客户上。

④ 即摘樱桃竞争策略：在成熟市场中，精心挑选一个高端细分市场，用一种与其他企业有差异的并被顾客视为优于其他企业的产品和服务组合，向该细分市场发起进攻。其中，高端细分市场常被称为红樱桃。

合同关系的不断调整或重议。此过程中，政府[1]及社会公众[2]常常都缺乏经验，也无准确信息渠道，往往处于非常不利的谈判境地。同时，非公资本还会用公关行贿、进度压力等手段，来确保或威胁政府制定出对其有利可图的合同（如会附带有回报率、免受贬值、放松环保、贷款担保、紧急注资等条款[3]）。四是欺诈腐败多发。保障公共服务不再由国企提供，而是由民企承担，并且要求其遵纪守法、操作透明，但前提是法制健全，否则，混改前后都会发生逃税、欺诈[4]、腐败等犯罪行为。在有序公开的公用事业中，政府和民企存在共同利益。只要混改能使经营效率增长，所获收益能够弥补交易成本，而且高于违法经营[5]，那么就能避免形成暗箱操作型经济活动（Shadow Economy）。

---

① 政府无法承受提供必需公共服务的公司崩溃而引发政治风险，所以在很多情形下，政府无法抗拒政治压力，只能帮助该公司摆脱困境，即使问题是其经营不善或在敲诈勒索。

② 政府公共（市政）财政预算决策、公用事业公司发展规划、公益部门负责班子任职等，都会大量听取社会公众意见。当地居民会对供水供电供暖系统、公园广场绿化、交通便民设施等公共部门产生公民权利与维护义务的公共意识（Marquand，2004），是完善国家建设的重要部分。但其私有化之后，政府只能在表面上监督公用事业民企服务评价，无法深层次参与保证服务质量数量，社会公众也不能对带有垄断性且独立的市场主体（民企）"指手画脚"，而不利于社会稳定和国家发展。

③ 合同很少能够迫使民企重视弥补市场外部性，如有毒物排放、空气污染，或是承担公共服务（如公路交通）的文化建设。而且，在缺乏有效监管法规的情况下，民企能够随时或在当地环境变差时，通过随意撤资或转移资产等措施不辞而别，扰乱当地资本市场，带来金融风险。

④ 通常，国企私有化后都会裁员，给社会带来消极的副作用，所以，合同中会约定冗员调整计划（Savas，2000）。而且，为节省成本，私有化后的民企会雇用不熟练的工人并不进行岗前培训。例如，美国私营监狱、巴西中小学校等案例，给社会服务质量数量造成很大不良影响。

⑤ 国企垄断经营时会有腐败行为，国企混改后在市场管制下也会有腐败行为。在出售或出租国有资产的招标或决策过程中，腐败可能性最大。

第三章

经济转轨国家混改

1980年以来，在全球范围内，不断涌现出巨大的国企改革浪潮，不仅席卷英国、法国、德国等西欧资本主义发达国家，而且涉及瑞典、挪威、芬兰等北欧社会民主主义国家，以及巴西、阿根廷、秘鲁等南美发展中国家，还有新加坡、菲律宾、马来西亚、中国等亚太新兴经济体。当然，在经济转轨国家中，最具特色的是以俄罗斯为首的东欧社会主义国家及地区。[①] 一直以来，国企改革都是这些国家经济体制转型的核心工作。由于上述国家经济转型都效仿发达资本主义国家的市场经济体制，所以在国企改革中，也都选择“明确的、有计划的”私有化道路。全球范围的私有化运动，在1990年取得巨大进展。[②]例如，中等收入国家1985年国企产出占GDP比重约为11%，但私有化迅速推进后，1997年该比重就降到5%。[③] 低收入国家的私有化运动更加激烈，国企产出占GDP的同期比重从15%下降到3%。但是，在股权结构、治理体系、决策机制、监督管理、信息披露等机制上，对于“经济转轨国家的国企究竟经历了哪些改革?”还需进行更深入的剖析。

第一节　俄罗斯的国企改制

自1957年起，俄罗斯就一直在探索国企改革的发展道路。其中，具有标

---

① 张文魁．国有企业改革30年的中国范式及其挑战［J］．改革，2008（10）：5-18.

② Nellis J.，Kikeri S. Public Enterprise Reform：Privatization and the World Bank［J］．World Development，1989，17（5）：659-672.

③ Blalock L. D.，Sawyer B. D.，Kiken A.，et al. Cognitive Load while Driving Impairs Memory of Moving but not Stationary Elements within the Environment［J］．Journal of Applied Research in Memory & Cognition，2014，3（2）：95-100.

志性意义的改革，大致可归纳为以下四次：1957 年赫鲁晓夫对工业和建筑业重组、1965—1979 年勃列日涅夫调整经济体制、1982 年安德罗波夫经济发展改革，以及 1987 年戈尔巴乔夫经济制度改革。如表 3-1 所示，虽然在 1991 年苏联解体后，俄罗斯国企改革完全打破原有的苏联经济体制框架，但国企改革探索的方向依然是寻求解决私有化的问题和方法，并且表现出长期持续性的特征。

俄罗斯国企改革可以分为三个历史阶段：叶利钦任俄罗斯总统时期（经济改革实施“休克疗法”，以资产证券化方式实现私有化，分配苏联遗留下的大部分国有资产，内部人控制现象频出，形成金融产业集团寡头，社会大众普遍贫困），普京当选俄罗斯总统的前两个任期（国家加强控制战略性产业领域的国企，并进一步规范和推进私有化改革），以及梅德韦杰夫就任俄罗斯总统与其“王车易位”[①] 至今（国企“第二波私有化”改革计划出台及初步实施）。俄罗斯国企改革，虽然在初期有鲜明的激进性和强制性，也爆发出国有资产流失等一系列问题，但随着国家领导人对国企改革指导思想变化和政策调整，在经济改革的过程中，国家自主性逐步显现出来。而现阶段，随着俄罗斯经济改革的不断深入，以及受到全球化的深刻影响，国企自主性将会在一定程度上得到再强化。

表 3-1　俄罗斯国企改革各阶段情况

历史时点	执政阶段	出台政策	改革内容	实施效果
1953—1964 年	赫鲁晓夫	关于进一步改进工业和建筑业的管理组织	由部门改为地区管理，撤销 25 个全联盟部、联盟兼共和国部以及共和国部；把全国划为 105 个经济行政区，各区设立一个国民经济委员会；把 15000 多个中央直属国企下放给地方管理，扩大加盟共和国和国企经理权限，调动地方积极性，促进同地不同部门国企间协作	改组后的管理体制产生严重地方保护主义、分散主义，各地擅自把国家重点建设物资用于满足地方需要，大搞计划外建设；工业技术政策的统一性遭到破坏；机构重复设置，管理结构极为复杂；国民经济委员会力量有限却要领导不同部门的大型企业，不利于提高专业水平

① 冯绍雷．“王车易位”后的俄罗斯走向及其构想中的对外战略［J］．俄罗斯研究，2011（5）：3-13.

续表

历史时点	执政阶段	出台政策	改革内容	实施效果
1964—1978 年	勃列日涅夫	关于改进工业管理，完善计划工作和加强工业生产的经济刺激；社会主义国营生产企业条例；关于进一步完善工业管理的若干措施决议	恢复部门管理体制，加强经济集中领导；完善计划工作，国家计划机关下达给国企指标数从原来的 30 项减少到 22 项；取消对国企过多规定，用价格、利润、奖金、贷款等手段，加强生产的经济刺激，增强经营者的积极性和主动性；改进管理工业的组织，以块状管理替代条状管理；通过建立联合公司，取消作为中间环节的管理总局，解决管理总局有权给国企下达任务却对国企经营效果不负任何经济责任的问题	国家实力和国际影响力都达到鼎盛；社会总产值、国民收入、工业总产值、农业总产值、基建投资等经济增长指标良好，但也出现片面追求利润、忽视产品质量、盲目滥发奖金、不考虑长远利益等问题，未根本触动苏联高度集中的计划经济管理体制
1979—1981 年	勃列日涅夫	关于进一步完善经济机制及党和国家机关的任务；关于改进计划工作和加强经济机制对提高生产效率和工作质量作用的决议	完善计划体制，把五年计划作为国企计划的主要形式和经济活动基础，改进基建管理体制，改善物资供应制度，加强科技进步，完善经济核算，逐步把重点放在加速科技发展、贯彻生产集约化方针、提高效率和质量等方面	真正得到加速发展的只有军事工业综合体，核武器数量大增，超过美国，成为军事超级大国；大规模军费开支占用苏联经济大量资源，制约民用经济发展；贯彻生产集约方针，使政治上更为集权，以党代政特权阶层扩大、腐败盛行等弊端相结合，造成改革举步维艰
1982—1984 年	安德罗波夫	马克思主义学说与苏联社会主义建设的若干问题	进一步扩大国营和集体企业自主权，推广作业队承包制和家庭承包制，鼓励个体劳动和私营经济，实施物质奖励和惩罚措施	许多理论禁区仍未能打破，市场社会主义仍被批判，官僚主义严重等问题也没有解决，利益更替和权力之争阻碍改革深入
1985—1990 年	戈尔巴乔夫	根本改革经济管理的基本原则；苏联国营企业（联合公司）法	进一步改革高度集中的管理体制，国家主要职能是实现全国性经济战略，为国企有效经营创造条件，不再对国企进行直接控制和监督；国企利润上缴财政税收后，剩余收益由国企支配，开始谈论非国有化，建立生产合作社和对国企租赁经营	重点是优先发展重工业，使业已畸形的经济结构更不合理；国企经营体制改革也流于空谈，不仅没能加强国企经济责任，反而使其处于无政府状态，国家计划得不到实施，职工收入却连年超过劳动生产率增长率，国企改革成政治斗争附属品和牺牲品

续表

历史时点	执政阶段	出台政策	改革内容	实施效果
1991—1996年	叶利钦	俄罗斯国有和市政资产私有化纲要的基本原则；关于改组国企和国企自愿联合体为股份公司的组织措施；关于国企商业化并决定同时改变为公开型股份公司的条例	除不准实行私有化国企外，俄罗斯大中型国企一律私有化，限期改变为开放型股份公司；按照规模大小，俄罗斯国企改革可分为小私有化和大私有化，前者是指职工人数200人以下，1992年1月1日固定资产账面净值100万卢布以下的小型国企通过赎买租赁、竞争性招标和公开拍卖等方式直接变为私人所有；后者是指职工人数1000人以下，固定资产账面净值5000万卢布以下的大型企业，通过股份制把国有大中型企业改造为股份公司，然后使股份公司的股票进入资本市场	改革重点转为投资与改造重组相结合，注重国企技术设备的更新改造；私有化范围进一步扩大，拓展到燃料动力和军工部门以及基础设施领域，如不动产等，方法灵活多样，如招标、租赁、拍卖等；收入主要用于居民社会保障；减少对国企集体与领导的优惠，加强国家对改制过程的监督，但市场法律机制不健全，导致金融欺诈横行、权贵鲸吞国资、内部人控制等，造成社会经济混乱，转型经济存在的所有矛盾总体爆发，导致恶性通货膨胀席卷国民财富的悲剧，出现就业岗位流动性弱，新建和倒闭的企业数量双降，而劳动力流动性强的国企经理则利用掌握的股东登记名册和财务信息，控制职工股表决权，利用工人消极态度及对市场经济的无知，假冒外部投资者持有更多股份，债转股使部分人利用对银行的控制权或特殊关系大量廉价收购国有资产，形成控制经济命脉的少数寡头阶层，同时造成私有化寻租的腐败现象泛滥，大量国有资产被非法转移到海外，但金融工业集团寡头积极吸收先进管理经验，努力使企业具备与国际先进大企业竞争抗衡的实力，成为经济增长的发动机
1997—1999年		俄罗斯联邦国有和市政资产私有化的基本原则	规定成立私有化和股份制改造的国家组织领导机构，实行股份制改造的申请和审批制度，编制股份制改造企业名录，提出选取企业的根据，确定股份制形式、法定资本数额、股票类别和面值、股票出售数量和方式、国企改制享有的优惠等；国有独资企业必须改组为股份100%属于国家所有的开放型股份公司，然后公司股票出售数量和原始价格要符合私有化国家纲要规定，出售方式主要是专门拍卖，决定公开竞争性出售已改组成的国有股份公司股票，有偿转让国有资产	

续表

历史时点	执政阶段	出台政策	改革内容	实施效果
2000—2007 年	普京	联邦国有和市政财产私有化法；国有资产管理和私有化构想；关于联邦总统与政府在国有和市政财产私有化问题上的相互关系决议；国有和市政财产私有化基准价格条例；联邦财产私有化条件决议制定和批准规则；联邦财产私有化计划（纲要）制定条例；联邦关于外资进入有国防和国家安全战略意义之商业组织的程序法	政府制定法律，限制外资进入战略性行业，扶持国企发展壮大，确定重点国有战略企业不得私有化的同时，组建国家集团公司，除加强油气部门的国家控制、扩大出口能力、加快管道和港口建设、开发新油气田、争夺油气价格定价权外，还采取多项措施加快国防和军事企业发展，倡导在高科技领域组建专门的集团公司，并任命政府高官直接到战略性国企兼职，将对国企税收和利润监管经营效果差的国有独资企业和政府持股低于 25% 的股份制企业作为私有化重点，对国有非战略股份公司的股份减持也在有序进行，国企将不允许再参股商业银行	联航制造集团、联船制造集团、俄罗斯纳米技术集团、原子能集团相继宣告成立，并组建公共住宅经济改革支持基金、对外贸易与开发银行，负责具体项目运作，通过国家控制资源来主导发展的方式，确保战略性国企增长，减少国企占经济的比重，创造条件发展中小型私营企业。2006 年所有不履行国企保值增值的财产都被推向市场，逐步改造为国家控股、参股或完全放弃国有股企业，除亏损企业的私有化外，消除自然垄断是深化改革的重头，如成立俄罗斯铁路公司，国企原来在银行法定资本中的股份将转归财政部及有关部门管理，而下一步是使这部分商业银行的国有资产在 2012 年前逐步私有化
2008—2012 年	梅德韦杰夫	关于对战略性企业和战略性股份公司名录进行修改的命令	重组国有部门，研究和实施完善国家控股公司和国家公司治理计划，将国民经济发展模式建立在知识、创新和高科技基础上，同时治理腐败，减少政府对经济干预；大力推进私有化，行使国家职能并承担一定社会责任的国有单一制企业不能私有化，所有涉及国家军事安全的部门都继续保持国有	在不存在竞争且政府参与不会阻碍投资的领域，政府直接控制战略性国企数量从 208 家减少到 41 家，存在金股制，国有股减持后，俄政府仍保持控股地位，在没有金股的国企中，国家可部分出售国有股份，有利于盘活国有资产，引进战略投资者，对大型和超大型非自然垄断且不具有国防战略意义的国有股份公司减持是必然趋势

续表

历史时点	执政阶段	出台政策	改革内容	实施效果
2013 年至今	普京	大行业集团战略	将原属于国家但后来与科研和设计中心失去联系的、分散管理的国有资产整合起来，形成集研发、生产、销售和服务于一身的国有大型企业集团，进军世界市场	以非国有制为主导，混合所有制为基础的市场经济框架基本形成

资料来源：王开轩．俄罗斯私有化十年：历程和现状［J］．俄罗斯中亚东欧市场，2003（3）：20–23.

一、立法保障

在俄罗斯国企改革和治理转型的过程中，重要特征是官商勾结，即以行政掠夺方式获得国有资产，从而缩短寡头资本原始积累的时间，直接进入资本主义经济制度。尽管政府为体现社会化参与及公平原则，在私有化初期给企业中每人发放 1 万卢布的国有资产私有化券，并且对国企内部员工给予优待就业等特殊照顾政策，但由于银行信用、证券市场和实体经济等各级不同类别市场的混乱，以及社会大众普遍缺乏市场意识，私有化证券很快从国企内部员工转移至资本寡头，或被其集中控制。在国企私有化过程中，充满着大量的投机诈骗、寻租腐败和恶势力犯罪。当社会大众还处在懵懂和观望中时，俄罗斯国有资产早已被“原政府官员、外部势力、资本大鳄等”联合瓜分殆尽。新兴资产阶级的原始资本积累，也悄然完成。

于是，通过立法保障国企及国资在俄罗斯国民经济中的重要地位，是普京执政时期对经济改革的主要特色。在国家矿物资源开采领域，采取行政立法手段，将开采审批权收归联邦政府。在天然气开采运输领域，国有天然气工业公司依法获得垄断权。在石油石化运输领域，国有石油管道运输公司和国有成品油管道运输公司依法获得垄断权。在电力、铁路、邮政等领域，俄罗斯拥有一系列核心国企，也都依法获得该产业的经济主导权。在核电建设生产、供热以及海港和空港服务等领域，国有核心企业也相应取得垄断地位。扶持大型国企，是打造国家企业集团、参与国际市场竞争的需要，但并不等于俄罗斯放弃市场经济，也不是说政府就可以随意插手国企经营管理，甚至剥夺私人财产。

此外，还对少量民企实行“再国有化”政策，其特点是有偿性和自愿性。

政府要向民企的私人所有者支付等值代价，才能重新取得其企业财产的所有权。除非惩罚并没收非法企业财产或所得，否则必须依照市场公允价格，经由双方自愿交易，将私人财产转让给政府部门。民企的“再国有化”，仅限于对国家安全战略有特殊意义的某些大型企业，或联邦垄断资源型企业。要么通过合法程序废除原有的私有化合同，要么依据破产规则竞拍私有化企业财产，还有就是国家按市场价格直接向私人购买前期已被私有化的国有资产，或者依法降低新所有者在私有化企业中的份额，并相应增加国有股份。

二、政府监督

自 1995 年起，俄罗斯政府就加强对国企私有化的科学规范与监督管理，具体包括计划筹备、可行性研究、财务调查、资产评估、市场分析、投资前景、出售程序和受让条件等。国有资产转让和出售过程，明显增强了公开性、透明性和竞争性，在一定程度上，提高国企私有化的交易价格与成交效果，在保护国企产权和投资者利益的基础上，为国企战略重组与规范治理提供可能，还增加外部股东持股，促进国企治理结构体系的完善，以及经营管理效率的提升。但是，国企经营者通过内部人控制，窃取其他股东权利的行为仍非常普遍。例如在 1990 年，俄罗斯并没有会计师来保证国企财务信息披露的准确性，也没有律师可以捍卫国有股东的合法权益。在普京上台执政后，就明确要将国企重组完善治理结构作为政府监管私有化的最后环节。通过促进社会投资、提高国企经营效率、提升商品服务竞争力等方式，达到推动国民经济发展的目标。

除不准私有化的国企外，俄罗斯基本完成对所有原国有大中型企业的股份制改造，并且经济成效显著。在私有化初期，依据法律规定，国企改革后会存在一个由 5 名成员组成的过渡董事会①。总经理之前，往往是各生产单位的领导也获得国企控制权。职工集体分得的股权比重大，但工会代表大多数已被总经理从董事会排挤出去，结果还是总经理控制着国企。从对国有资产进行大规模私有化开始至今，俄罗斯政府部门一直都坚持公开买卖股票，不断发展证券市场，以此鼓励企业从资本市场上获得融资。同时，银行可从事股权投资业务，也使俄罗斯商业银行能更多地参与各公司治理。但是，由于社会经济各种初始制约条件，俄罗斯市场经济体系，尤其是资本市场，依然

① 其中，两个席位由董事长和总经理占有，一个由当地政府派驻，一个由联邦政府委派，一个由职工团体或工会代表担任。

发展缓慢，企业经营获得的融资有限，银行提供给企业的贷款也非常少。

三、行政干预

国企公司治理主要在选聘、激励与约束三方面受到俄罗斯政府的行政干预。这严重削弱了国企治理的有效性（Nee et al.，2007），致使俄罗斯许多国企的治理机制只能流于形式。在经营者激励上，国企需要建立适合其自身特点的市场化短期与长期激励机制，鼓励经营者积极提高国企价值。① 在经理选聘上，俄罗斯国企高管至今还保留着各自的国家行政级别，其经营目标就可能只是政治晋升而非国企股东价值最大化。② 在经营者的约束机制上，国企董事会都是由国有大股东或政府主管部门选派的董事组成，其经营决策缺少制衡机制。

因此，俄罗斯政府的行政干预不会给予市场化的职业经理人培养空间，也造成国企绩效与高管薪酬脱钩、内部人控制严重等治理弊端。要有效推进并实施国企改革，首先就是划清政府和国企的治理控制边界，使国企具备其内在的经济属性（Bai et al.，2006）。国企只有剥离政策性负担和政府违规干预，才能还原真实的盈利实力。否则，就无法区分其财务亏损的原因，即无法确定“究竟是政策性亏损带来的还是实际经营不善产生的”。具体而言，在国企混改后，有必要将原来的组织与监管形式从“政府—企业”两层架构，转变成“政府—资本运营平台—实体企业”三层架构，以此实现政企分离。

第二节　乌克兰的国企改制

1991 年 8 月 24 日，乌克兰正式宣布从苏联独立出来。同年 12 月，其原最高苏维埃主席克拉夫丘克，摇身一变为乌克兰总统，遂而在经济上全面倒向美国，并且由其委派专家来指导乌克兰的政治经济转轨进程。于是，激进的全面私有化国企手段作为一服良药，在并无社会经济基础的情况下，被强行植入乌克兰国家体制当中，即实行私有化的休克疗法。这给乌克兰带来的

① Lambert R. A.，Larcker D. F. Executive Compensation Effects of Large Corporate Acquisitions［J］. Journal of Accounting & Public Policy，1987，6（4）：231-243.

② 廖冠民，张广婷．盈余管理与国有公司高管晋升效率［J］．中国工业经济，2012（4）：115-127.

最直接结果是：短短10年里，大量国企被转让，许多国有资产落入极少数寡头资本家私人手里，特别是造就出50多位金融寡头资本家，此后，他们便成为当前乌克兰政治领域内有名的领导人物。2004年，乌克兰又爆发更加激烈的橙色革命，是西方颜色革命的最佳模板，民主自由、公民社会也成为街头运动的最响亮口号。

但实际上，这就是寡头家族的争斗。① 之后，金融产业寡头先进行权力分赃，紧接着是瓜分国企及国资，然后通过立法执政，出售大型国企股权，或干预战略性国企经营决策，进一步加快国家财富向私人转移的速度。例如1991年9月19日，乌克兰就制定法律，将国企当前的董事会视为负责营运执行部门。事实上，由董事长来管理国企私有化和混合所有制企业经营，当然也由其做出绝大多数重要决定。在治理结构的形式上，虽然董事会要由股东大会授权，董事会决定也要受制于股东大会，但在许多方面，后者真正的职权却在治理实践中，未能充分发挥权力功能，反而受到董事会的制约。即便是在遇到重大经营决策时，作为国企最高的决策权力机构，股东大会也只是自动被迫地批准董事会或管理层做出的各项决定。

所以，评价乌克兰国企治理法律框架，以及总结其未来发展态势时，就可以表述为：上述法律框架内形成的治理机制和控制权配置结构，在很大程度上取决于经济上占支配地位的利益相关主体，与现代公司治理体系的预期功能存在很大差异。实际上，既有的法律规定内在的不一致性会导致治理机制不易良好运转，并且难以实现社会监督和国家管理。而且，国企各治理利益相关方，都致力于引入多重的、非正式的控制配置方案。不仅给旧有经营管理模式留下寻租空间，事实上还促使治理主体为牟取个人私利，而更偏好原有治理机制，最终引发控制权力的相互较量，降低国企绩效。于是，在2003年12月之后，乌克兰社会开放式股份公司的治理结构，又转变为股东大会、监事会和经理委员会，呈现出德国模式的基本特征（见表3-2）。

---

① 例如，季莫申科虽自称为清纯乡村女教师，但从1991年私有化开始至1996年，短短几年就控制乌克兰20多家大型国有航空公司及银行。1995年至1997年，其企业年周转金就达100亿美元，曾控制乌克兰GDP总值的20%，并掌控35家报纸、10家电台等信息中心。里纳特·艾哈迈托夫所有资产达154亿美元，居于福布斯2013年全球富豪榜第47位，仅伦敦豪宅就价值2亿美元。2014年亚努科维奇将国家工程50%的招标合同，都承包给大儿子亚历山大，并支付高价。例如，国家石油天然气公司每年被挪走50%本低价卖给社会公众的天然气，以近8倍高价转卖给工厂，使其家族2011年至2014年就收获80亿~100亿美元，而成为乌克兰富商。维克托·平丘克拥有价值32亿美元资产的乌克兰钢铁产业，其50岁生日派对豪掷620万美元。雷纳托·阿克梅托夫利用乌克兰私有化拍卖，获得5家煤炭能源企业，已控制乌克兰超60%的煤炭生产和发电量。

表 3-2 乌克兰国企私有化三个阶段

时间阶段	基本特征
大众私有化（1992—1999 年）	乌克兰民众不了解市场经济现实，在后苏联私有化过渡方案中满腔热忱地预期，对个人和国家都有乌托邦式的幻想。大众私有化，既有小企业私有化，也包括对大中型企业证券私有化：前者免费转交给本企业职工，约占小企业私有化的 75%，真正经过市场议价竞争或货币支付拍卖的仅占 16%，工业、建筑业、服务业、运输业、零售商业等 90%以上小企业进行私有化，居民比较满意；后者分为财产债券和补偿债券两种，1992 年发行财产债券，凡截止到苏联解体在乌克兰居住满 5 年的公民，不论年龄、民族和职业都可以得到财产债券，票面额 3 万库邦，凭证件向政府有关机构无偿领取，禁止私人交易，1996 年初又发行补偿债券，苏联解体后通货膨胀严重，居民储蓄一落千丈，为安抚民心，政府对有银行存款的居民给予保值补偿，自 1996 年 4 月开始实行，不是用现金支付，而是用能够购买私有化中的国有资产股票支付
个案私有化（2000—2003 年）	对尚待实施私有化的大型国企，或对国民经济起关键作用的、经济效益好、在拍卖中抢手的企业，采取单个私有化操作，以货币购买为先决条件，根据生产技术和经营状况、市场所占份额、产品销售规模和潜在消费需求，选择私有化方法；私有化企业独立地按时做好建立股份公司准备，形成大企业集团；2003 年通过单独私有化建立 7 家大公司或企业集团，其资产形式均为开放型股份公司；2004 年建立 8 家，包括 6 家开放型股份公司、1 家国家控股公司、1 家国有股份公司，由 5 家原国有采矿冶金联合工厂组建而成，私有化形成新的社会经济结构，非国家经济已占据优势，2004 年占 GDP 比重 65%，年均雇员占 75.2%，固定资本投入占 64.8%，工业品销售总额占 85.3%，出口商品总额占 91.2%，来自各地的大公司和金融工业集团对战略性企业有旺盛需求，在腐败官员权力支持下，变为预谋定做的私有化，插手私有化企业订单，超出法律范围外急剧地扩大私有化规模，强制降低竞争水平，明显压低价格，进入 2003 年以后，国民对私有化不满情绪和总统选举前对反对派的指责相互交织爆发出来
橙色革命后（2004—2006 年）	对大私有化持消极态度，重新私有化运动遭到西方国家大量批评，极大毁坏私人所有权制度，收缩重新私有化运动的官方措施主要包括：降低政治言论频率和热度，减少参与官员，法律制约。自 2005 年 5 月开始，政府明确反对笼统地谴责私有化，反对生产部门国有化的社会主义计划，主张在加强法定所有权不可侵犯的法律保障前提下，寻求带有反腐败内置控制器的私有化新方法，以继续实施大私有化，对于重新私有化，主张限制幅度，以法律引导向准确领域发展，用协调协定代替强制手段，主张与持有巨额资本的代表进行对话。2005 年 6 月发表关于保障所有权以及维护法律和法律执行备忘录，11 月颁布关于在乌克兰确保提高维护所有权效率的措施总统令，政府对私有化持矛盾态度：一方面认为必须进行，另一方面还要顾及国民深刻的消极情绪

资料来源：丁军．“橙色革命”前后的乌克兰私有化［J］．国外理论动态，2008（4）：40-44.

一、立法肯定

作为一项政治进程，乌克兰国企私有化始于 1992 年，国会通过了一系列的私有化法令。最初，乌克兰民众普遍认为，国企私有化将带来更多经济自由竞争，以及更大的私人经营自主权。资本加速积聚于效率更高的人手中，而且，这是经济现代化的发展进程。在第一次私有化过程中，留下 3000 多家国企，都密切关系到乌克兰民众的基本生活质量。然而，政府通过媒体告诉民众，“私有化正确，国企全亏损，只能贱卖给资本集团，才有利可图”。但经过 20 多年，乌克兰经济转轨的主要内容就是建立与市场经济体制相适应的国企私有化制度，其中一个非常重要的问题是确立本国企业的治理结构。乌克兰国企基本完成私有化，就为其国企股份制提供了实践的经验，然后，相关法律框架也会初步建立起来。在法律上，公司治理结构起码已从前所未有的初始形态过渡到成熟规范的治理形态。但实际上，乌克兰大部分国企都已完成股份改制，也已成为有限责任制的混合所有制企业。与此同时，国家对国企股份制持肯定态度，并且将其作为进一步私有化的重点措施。至于集体企业，虽然也完成了股份制改造，但在许多情形下，由于缺乏详尽的法律依据，更接近于闭锁股份的企业模式。2008 年 9 月，乌克兰立法机构终于通过《股份公司法》，即采用累计投票制的治理机制，使股东（尤其是中小股东）的权利保障获得法律依据。同时，由于证券交易和职业经理人等市场尚不发达，国企内部人控制问题难以解决。治理中的股东主义目标不仅是兼顾相关者利益，还有履行社会责任。就正式的治理结构而言，虽然乌克兰国企治理的许多重要细节使其经营行为与众不同，但其主要特色还是源自模仿发达国家与市场经济相融合的现代公司治理。

国企私有化的基础性立法是《国有企业财产私有化法》，现在被标注为“1997 年 2 月 19 日的法律”，并且仍作为其他私有化立法基础在运作执行。当然，这些国企私有化法律，逐渐调整为所谓的小私有化①和大私有化②。前者包括出售的小型国企，主要分布于贸易服务领域。正如其他许多经济转轨国家一样，乌克兰国企私有化前，通常进行公司制或股份制改革，即把原由国

① 小私有化的对象是小型企业，即账面价值、企业财产的股份不超过 150 万卢布的国有小企业，其中包括未完工建筑，或者是法律允许的重置价值超过上述数额的国有小企业。这类企业主要分布在加工工业和地方工业、建筑材料工业、轻工业和食品工业、居民日常生活服务业、住宅开发和修理业等领域，由商店、理发店、工场和作坊等部门组成，而且可以划分成各个独立的企业。这些构成部门，也是小私有化的对象。

② 大私有化的对象是大中型企业，如企业、车间、生产部门、工段名下的公有财产，以及其他划分为独立国有经营单位，并且是在成为某个财产综合体部门的财产、未完工建筑、经营公司和其他联合公司财产中，属于国家的那部分股份。

家全面控制的国企，先转化为股份公司，然后，由国家将持有的国有股份在证券市场上向私人发售，启动国企私有化的进程。但在股份制改革初期，也就是1997年之前，其运用得最为广泛的私有化形式，是将“能够进一步上缴国库且有支付义务的，或必须无偿上缴国库的”国企的国有资产承包给“特别新设立的集体企业，或租赁给由内部职工或管理层持股的”闭锁型股份公司。该私有化方式也被称为“管理层—员工买断经营权”。自1997年以来，才明显出现“通过商业或非商业拍卖，来出售国企私有化项目”的趋势。2015年，乌克兰政府通过第271号决议，将据此透明地、竞争性地推进国企私有化进程。此次已公布的名单显示，共有286家国企列入私有化计划。例如，敖德萨临海港口工厂、苏梅化工、中央电力等，甚至还有国家控股的热能和地方电力。此外，隶属于农业政策和粮食部的国企，以及国有煤炭矿井泥煤集团、总统饭店等，都被列入私有化名单。许多国企也在国有资产资本化权证的拍卖销售中，改变其所有权的归属结构。于是，国企股份被强行分散于大量民众手中，但实际上，并未出现所谓的战略性投资者。

根据近10年乌克兰私有化法令内容，内阁授权国有资产基金，负责公开报价，并且按照股份制原则，对以上企业进行竞拍。除法律另有规定及正在执行的制裁决定外，对竞拍者资格没有条件限制。乌克兰政府同时授权经济发展部和国有资产基金，在必要时与战略性投资者进行有针对性的会谈。总统波罗申科曾表示，“乌克兰将借鉴法国经验，开展透明的私有化进程”。例如，乌克兰法律允许股东直接或通过被授权的资产管理中介行使控制权。当然，也可将其控制权转让给公司委员会或董事会。① 国企董事普遍运用该规定，从国家获得对国企全面的实际控制。在决策机制上，乌克兰创造了一套治理体制，使得国企在形式上类似于私人控制②，而且，国企被私人控制后，后者在任何情况下都完全无须对其行为承担经济责任。在公司运营的法律形式上，既可以选择公开型股份公司，也可以选择闭锁型股份公司。然而在私有化初期，更偏好于后者，这就会阻碍外来资本机构进入国企股份制后的经营管理层，并且弱化国企发展决策和结构性调整的财力基础。在国企治理结

① 何卫．乌克兰的国有企业私有化和非国有化［J］．俄罗斯中亚东欧市场，1998（6）：54-56.

② 也称为改变所有权的私有化，即主要包括以下形式：在竞争基础上，出售让渡企业财产；实行国企破产保护；国企不还贷、不纳税，就拍卖其抵押财产；实现公司化，进行股份制改造，并重新发行国企股票。

构中，公司委员会或监事会等监督机构的管控作用难以真正发挥，其存在的必要性也变得微乎其微。这可归咎于缺乏法律规范其职责义务，而使其监管缺位。董事会运作不透明，也使得乌克兰国企内部经理选任与监督的程序，存在暧昧不清的关联。

二、利益集团

乌克兰国企私有化最明显的后果是，前国企迅速蜕变成为准私有股份公司①。在国企私有化后，形式上被雇用的董事长，就像真正的所有者一样，具有全面行使决策职能的控制权。另外，国企内部真正的权力结构被扭曲，而且在许多情况下，国企经营属性也与私有化法律规定有重大偏离。这样，乌克兰大多数集体企业，以及许多连锁型股份有限责任公司，事实上背后都由各自的董事长单独或高管联合控制，其他入股的所有者则经常被忽略。总而言之，与国企治理相关的乌克兰法律体系，在很多方面仍陷在传统中央行政计划经济和现代西方自由市场经济之间的夹缝中，难以独立自主，不仅缺乏清晰明确的规则界定，还包含有大量相互冲突的、模糊不清的权责条款，在政府层面与国企内部，都留下许多控制权配置漏洞和徇私舞弊空间。乌克兰现实的经济状况表明，该国市场经济制度仍极为孱弱。其主要事实决定了，作为微观层面经济主体，国企行为要与经济结构在整体上协调发展步伐。那么，在国家行政机器及政府官僚机构的周围，就会自然涌现出各种不同的非正式利益集团。并且，它们在国企私有化进程中，发挥着极大作用。

对绝大多数大型的国企而言，作为经营决策者，董事长或高管与中央或地方政府官员间有着非常亲密的社会关系。在“大量规制国企经营的法律仍然缺位、许多既有国家产业政策与私有化行为互相抵触”的情况下，政府官员就成为国企实际意义上真正的决策者和掌权人，既能以触犯法律为借口，关闭并私有化任何国企，又可通过提供政府无偿保护资金，来制造国企私有化后的各种繁荣景象。于是，在乌克兰，就存在着“政府、金融和产业（农

① 也称为不改变所有权形式的私有化：一是利用国家所有制实现私有化，服务业国企联合体商业化租赁，或将国企交给商业机构管理，或建立混合经营公司和合资企业，或建立国企控股公司，或国企和银行中介等共同组建金融工业集团，防止国企破产；二是利用国家金融工具实现私有化：不支付国有股息，国家对大型国企（如矿山冶金联合体）实施税收优惠，或建立自由经济区对生产经营国企实施税收优惠，或防止国企价格垄断，或适当冲销欠缴税费，或对货币兑换中心实施监控，防止影子经济逃税。

业）集团”（以下简称“政金产集团”）。国企绝大多数重大决定，都是在集团内部做出并得到执行，在许多情况下，该利益集团已完全替代法律，并且，立法反而创设条件促使该集团成为资本集聚工具。各当事方都致力于巩固这种集团关系，原因在于：一是政府能够直接介入国企经营，保证在法律不清晰、不透明的情况下，还能为国企私有化交易提供多重安全控制程序；二是官商间的非正式关系，使国企私有化后的经营更容易获取并延续“政府贷款补贴、保证物资供应”以及“融资储备资源、获取国家重大战略性项目招投标信息”等，是免费取得财政资源不可或缺的部分；三是与政府官员友好往来，易于避税和进行非法资金交易，并以更实惠的条件参与国企私有化进程；四是政金产集团能够影响立法，使政府制定与国企实际经营情况相扭曲的私有化制度体系。

在乌克兰，政商利益集团的广泛存在，经常会人为地留下国企私有化的法律漏洞。在国企私有化后，公司高管与中央或地方政府关系紧密（取决于政府与公司间互惠合作的规模及领域），政府官员对于企业经营管理及未来发展都至关重要，所以，政府官员也不可避免地会在交易中进行寻租腐败。另外，政金产集团总是企图掩盖政商非法勾结行为，即充斥着“后苏联时期的新公司主义”，由旨在组织生产与交换活动、主导着部分重要社会生活的金融机构和大型企业等组成的卡特尔，支配着社会经济发展的总进程，[①] 形成对经济的非正式垄断。所以，乌克兰市场化运作难以规范有序，进而扰乱国民经济发展，抑制自由公平的市场竞争，导致民众怨声载道。那么，政治经济秩序极有可能频繁陷入动荡之中。此外，各种支撑市场经济的基础金融制度（股票交易、投资银行、信托基金、非政府养老保险）所起的作用相对弱小。一方面，整体资本化程度低，证券市场尚未完善；另一方面，早期多家信托基金诈骗过普通存托人资金，给市场造成了不良心理影响。为自由竞争和市场交易创设的正式治理结构，看起来与行政管制下市场环境毫不相关，但恰恰是非正式关系在内部治理中形成的控制权力制衡结构，决定着治理框架中的实际决策。也就是说，公开且正式的治理结构，不得不适应非正式利益集团造就的非正式社会权力关系网络。

① 丁军．转型中的俄罗斯、乌克兰和白俄罗斯［M］．北京：世界知识出版社，2010.

三、缺乏市场

乌克兰国企私有化最显著的特色是，并没有催生出新型的资本市场运行机制，[①] 在根本上，仍然保留着“对国家财政、集体资金进行再分配补充”的资本积累做法。在资金使用中，政府高层官僚对国企私有化的控制地位高高在上，并且，伴随着对法律明目张胆的践踏，以及极为猖獗的社会犯罪活动，国有资产数量和质量也因被肆意耗损而衰减，于是，在整体上，也为后国企私有化时代以及市场经济体制改革带来负面的社会影响。例如在国企私有化早期，集体企业承包租赁及其随后的国有资产买断经营，使原国企全体员工，主要是相关管理人员，既作为发起者，又作为受益者，在国企私有化中发挥着主要作用。固然，这样能确保国企私有化迅速得到内部利益集团的大力支持，但其结果却给国企后续经营继续带来更大的麻烦。独立于国家官僚机构后，乌克兰真正的私人承包租赁企业无法获得融资，几乎不能正常经营。而且，外国投资只是偶尔才有。政府对该类投资者没有提供明确的产权保护措施。国企私有化后，仍然需要国家财政补贴经营，而且在进行再分配的进程中弊病丛生。虽然在国企私有化后，也试图改变其所有权结构，但并未涉及任何外部投资者。国企内部管理层，也不先致力于改善国企运营前景，而仅以排挤员工并争当股东为目标。国企间的兼并和收购，原本是“促使有价值的财产流向效率更高的所有者手中”的再分配机制，但在最初的私有化后，并没有真正地发生。乌克兰证券市场尚未发展，相对清淡。银行金融投资工具也不可信赖，仅极少数公司参与国企股权交易。于是，通过私有化实现资源有效配置的理论，在乌克兰国企改革中彻底失灵。

也就是说，乌克兰国企私有化并没有达到原来的预期效果。[②] 其原因在于，国企私有化欲建立起正式的治理体系，却受制于非正式的官商关系。或者，其控制权配置结构直接被后者广泛地取而代之。国企虽然在形式上由国家控股，但通过大量放松其经营决策管制权，不仅使董事长可自由操控国企，而且所得的垄断收益，也几乎完全归属于国企高管人员，而不是国家所有。相关政府官员也攫取国企的部分利润。但是，国企损失的经济责任，则通常由国家财政补贴来予以承担。实际上，国企整个私有化进程，都是在一种非

① 林治华，李洪江．乌克兰所有制改革模式的特点［J］．俄罗斯中亚东欧研究，2005（1）：21-27.

② 王义祥．乌克兰的经济转轨［J］．俄罗斯研究，1996（2）：42-46.

法或准法律的基础上自发地进行。有些国企在执行私有化时，经常只是变更企业法律名称而已，私有化后企业的运作绩效，并没有显著提升。[①] 虽然也有许多国企采取正规的私有化程序，但仍保留大量原有高管人员，沿袭旧有运作模式，在很多方面，与原国企经营颇为类似，依旧极大地依赖政府补贴和产业政策保护。在根本上，乌克兰国企私有化就欠缺透明度，自始至终都没能为国企有价值的经营性资产提供过公开而自由竞争的市场化交易环境，反而让其经常受制于各种各样的准法律形式化规定和非正式政商关系压力，或者受制于政金产集团，以及垄断产业内部各国企彼此间的特定关系，使得“能够完成国企内部治理全面调整且真正富有竞争力的”投资者（或所有者）几乎不可能出现。

在乌克兰所有制私有化改革进程中，根据不同时期国企的具体情况，其改革模式转变的总体脉络可以归纳为：从转轨模式到传统模式，再到国家模式（见表 3-3）。在传统模式中，私有化的初始条件是私有经济占优势，目的是提高经济效率和国企管理效率。在世界科技进步带来经济迅速发展的条件下，国企不能墨守成规，而是要跟进科技领域中出现的新变化。在转轨模式中，初始条件是，国有经济处于国民经济中的绝对优势地位，改革的目的是实现由计划经济向市场经济转轨，并且建立新型的乌克兰市场经济体系。自乌克兰提出《2000—2002 年私有化国家纲要》后，便转入“战略性国企私有化的国家模式”。[②] 其主要任务是，将战略性企业出售给“最关注该企业经营、有能力搞活企业、坚持国家利益、对乌克兰人民负责的”购买者。[③] 其基本特点是，国企控股权转让于工业投资者，即出售国家对战略性企业的控股股票，私有化采取公开竞争拍卖，同时，必须在企业自有资产的基础上，寻求合作伙伴，以此建立混合经营的合资企业，在采取防止破产的措施后，出售国有股份。尽管乌克兰国企私有化后的经济提速步履相对迟缓，但乌克兰社会主流观点认为，“相对于经济法律制度变革而言，国企私有化速度过快，未能与原有社会经济制度基础及未来变革潜能相匹配，或未能保持同步改革”。[④]

---

① 如销量下降、存货加剧、工资拖欠及投资停滞等。

② 林治华，李洪江．乌克兰所有制改革模式的特点［J］．俄罗斯中亚东欧研究，2005（1）：21-27.

③ 2000—2002 年私有化国家纲要［J］．乌克兰最高议会公报，2000（33-34）.

④ 帕夫洛夫斯基．过渡时期的宏观经济——乌克兰的改革［M］．何宏江，译．北京：民主与建设出版社，2001.

表 3-3　转轨模式、传统模式与国家模式的特点比较

比较准则	转轨模式	传统模式	国家模式
初始条件	国有经济居绝对优势	私有经济居优势	有具体的整体规划方案
经济目的	计划经济转向市场经济	促进经济增长和企业效率	建立合资企业债务重组
主要动因	化解经济危机并实现根本改革	加速科技进步	优化现有组织管理机构
基本目标	广泛建立私人企业，开展经济结构改革，在新市场中保证企业发展	减少国家预算支出，建立良好市场竞争环境	发展战略性企业，采取反垄断措施，防止企业破产
实现条件	经济形势要求迅速私有化，政府作用受限制	总形势无须迅速私有化，政府确定开始期	允许外国资本竞争购买，国家不掌握控股权
改革速度	快速，经济缺少合理性	循序渐进	根据具体经营状况出售部分资产
涉及规模	绝大多数国企	数量不大	战略性企业的某些部门
社会方向	私有化社会目标重要	经济利益主要，社会利益次要	监督股票配额 ，实施经济集中管理
管理机构	建立专门管理私有化进程的机构	不增设机构，国家现有机构代行	私有化前一般不改换领导班子
支付手段	有价证券支付	货币支付	多余资产支付

资料来源：[乌] 尼·班达尔．战略性企业私有化模式与原则 [J]．乌克兰国家私有化通报，2001 (1)：7.

于是，正式的私有化进程就远远地将“涉及治理机制与政府管理间关系的制度变革”抛在身后。另外，同样被落在后面的是，没有构建充分竞争的市场基础设施，以及必要的法律标准指引。① 与新设立的私人企业相比，国企私有化后企业表现相对糟糕。在很大程度上，都可以在“对旧有社会经济结构的惯例适应”上找到原因。因此，只有投入大量的时间和资金才能予以克服。至 2017 年，乌克兰总理格罗伊斯曼还认为，“将国有股份转到私人手里，对乌克兰经济依然很重要”。② 国企私有化得到的资金会上缴国家财政，再用于多个领域的国家预算。但问题的实质在于，价格只能由市场决定。例

① A. 普留什科，王英杰．市场改革——乌克兰政策的优先方面 [J]．俄罗斯中亚东欧市场，1996 (1)：7-9.

② 驻乌克兰经商参处．乌克兰总理称进行大规模私有化需修订法律 [EB/OL]．[2017-08-01]．http：//ua. mofcom. gov. cn/article/jmxw/ 201708/ 20170802619022. shtml.

如，国家能源公司实行私有化，出让价格只能由市场机制来调节，以确保来接手的是能取得成效的所有者。目前，乌克兰国企的经理都很有经营能力，要参与国企私有化的投资者也都有资金实力。但是对国家来讲，除战略性国企外，其他国企都在亏损。2017 年，乌克兰国企亏损额达 900 亿格里夫纳，乌克兰现有 3500 家国企都未得到有效管理。所以，国企私有化就是要让企业家有机会参与购买国企资产。在此基础上，有机会创建能成功运营的企业。

第三节　保加利亚的国企改制

1991 年，保加利亚开始经济改革，私营部门份额仅占 GDP 的 6.4%，但 1995 年就比 1994 年上升了 25%，在 GDP 中约占 13%。1997 年，私营部门产量在 GDP 中已接近 50%。在私有化开始前，政府就于 1992 年 4 月制定出有关法律，只涉及现金私有化。国家私有化署于 1992 年 10 月成立。如表 3-4 所示，虽然开始是现金私有化，尤其在大众私有化上已取得部分进展，但国家所有权私有制转换的整体进程却相当迟缓。基金证券、股票交易和投资银行等相关法案，构成保加利亚私有化法律框架。之前曾被国家没收的不动产以及被认为是不当侵占的企业收益，也基于 1992 年通过的《不动产清偿法案》予以规制。政府还明文规定，有些部门不能实行私有化，如供水供电、海运铁路、冶炼采矿等。1993 年 7 月，议会硬性规定，军工类近 3 年全部暂停私有化，但 1996 年 9 月，政府又制定“加快私有化计划”，卖掉 62 家国防企业。此外，国家为国企雇员提供法律优惠。例如，在现金私有化进程中，可获得 20%以上的国有资产，只需支付每股份额价的 50%；在大众私有化计划中，可用股权凭证无偿获得私有化资产的 10%。国外信贷者也只需以债券形式支付商定价格的 50%以上即可。但是，地方企业只能进行现金交易。自 1994 年《私有化负债互换管理规定》出台后，绝大部分交易改用内外部债券支付。1996 年，国家对资产私有化达 6%，而且对拥有国外投资的企业采取税收优惠。私人投资者可在价格上享受 30%以上让利，在投资经营后的头三年完全减免税收，随后的两年内税收减半。

表 3-4　保加利亚私有化方式及其效果

主要方式	基本特征	实施效果	经验总结
清偿工作	恢复 1946—1962 年被极权政府收归国有的不动产，清偿索赔由部分私有化的政府资产出售收入来支付	至 1996 年 10 月，私人手中 87%的国有资产均以清偿方式私有化	土地清偿 60%物归原主，20%仍为悬案，另 20%因评估困难未着手，已私有化农场太小，多数农机却为大规模作业设计，难以应用，在世界市场竞争中无法生存
现金私有化	既从法律分析，也要按当前市价变动评估，涉及费用很多，各国企内部差别很大，评估标准无法统一，已延误私有化进程	1993—1995 年的私有化进程没取得飞速发展的预期成果，1995 年 12 月，政府只批准 70 家企业实行私有化	在官僚体制下，关卡林立，手续繁杂，计划有点不切实际，无果而终，大国企没被纳入计划，衡量有关私有化决议、交易量及从中所得财政收入，并未取得喜人成果，并未根本触动所有权重组
职员买断	国企内部私有化更能照顾雇员利益，但经理真正拥有支配权，经理有充分积极性，满腔热情地参与私有化准备及进程	至 1996 年 9 月初，总计有 203 桩交易以买断方式成交，又有约 20 家企业拟作为 1997 年经理买断的企业，主要是中小企业	在各种私有化基金开始出售其购得的股票之前，不能确切推论员工和经理参与私有化的程度，真正的企业所有者也不得而知
大众私有化	重视大众股权凭证私有化，政府于 1995 年 12 月通过该计划，1996 年 1 月着手实施，拟定年满 18 岁公民均有资格投资，也可转让给亲属或兑换成私有化基金，国外投资者可通过设立私有化基金来参与	40%的国企私有化使用投资凭证，效益好的大国企占 25%，其余由国家控股，中等国企占 60%~80%，小型国企占 80%~90%，剩下股份将现金私有化和清偿费用支付，1996 年首轮拍卖所有国企资产的 1%，初期就有 42%被买走，私有化基金买断 3 家，个体控制 5 家，390 家国企完全由个人投标独享，1997 年第二轮，91 家国企所有权转给私人，政府最多只控制 33%，拍卖结束 6 个月内，新企业或基金的股票上市	虽已取得实质性进展，但参与面不算大，尽管媒体大量宣传，公众却并不急于拿到股权凭证，而是观望，开始后 1 个月，只有 4%~5%的合格公民登记参与，原计划 650 万有资格的人中，只有 300 万人独立地或通过私有化基金参加，公众对私有化国企名单的实际运作一无所知，对投资本地区国企有误解，对程序也不清楚，货币大幅度贬值，普遍疏远私有化，最积极的也仅是养老金领取者，占总人口的 20%

资料来源：米哈伊洛娃，邹玉峰，陈威．保加利亚私有化进程中的得与失［J］．现代外国哲学社会科学文摘，1998（6）：29-32.

如表 3-5 所示，保加利亚经济转型及国企改革的实践表明，被称为“私人所有制的经济主体演进”尚未完成。预期的国企私有化改制绩效也未见到。

私有化成败与否，在一定程度上取决于与私有化相关信息的透明程度与披露质量。在国企改制初，代表国企进行私有化合同谈判的责任人，经常感兴趣于从国企中直接攫取财富，而不是关心改制后企业的未来发展。对参与国企改制的新所有者的私有化行为有以下两种解释。一是许多在私有化前或国企改制第一阶段，就已通过众所周知的转移国有资产方式，吸干国企财富，以此积聚大量国有资产，用于创立私人企业，并获得自然垄断资源，在私有化改制末期，又购入部分其他企业，以并购重组原国企资产。所以，再投资于已被吸干的国企早已失去任何意义。很显然，聚敛国有资产的私有化方式，严重恶化原国企的处境。二是国企私有化改制持续数年之久，国企有经济价值的主要资产，要么被掠夺吸干，要么被搁置老化，降低了国企的生产能力。特别是，在面对潜在的国际竞争者时，为顺利进入国际市场，需要巨大的投资金额，参与国企私有化的新所有者却通常缺乏足够资金。可以推论出，购买国企转为私人企业的目的，并不是规范经营模式，以提升国企产品服务的国际市场竞争力，而是只为吸干国企，低价购得国有资产，再高价转卖，以赚取巨大的差额利益。

表 3-5　保加利亚国企私有化历程

执政时期	私有化特征
安德烈·卢卡诺夫政府（1990 —1991 年）	1990 年外债总额 90 亿美元，占 GDP 的 25%，超过国家外汇总收入，政府无法利用苏联资金缩减外债，国家信用崩溃，境外资产遭到冻结，亟须与国际金融机构进行债务再融资，在国际货币基金组织和世界银行的强大压力下，启动和实施私有化进程，并加快步伐
柳本·贝罗夫政府（1992—1994 年）	1992 年政府通过国有和市属企业改造法，国企突然转变成股份制，1500 家完成改造，1993 年完成首批 4 笔出售国企交易，比利时阿米卢姆公司和美国卡夫食品公司分别收购国家玉米制品和共和国公司，1994 年共出售瓦尔纳大酒店、化工进口集团、扎戈尔卡啤酒厂和国家运输公司等 25 家国企，资产总值超 1000 万列弗
然·维德诺夫政府（1995—1997 年）	私有化步伐放缓，出售 69 家国企，总资产 2200 万列弗，阿斯提卡、卡梅尼察、布尔加斯、瓦尔纳等啤酒生产企业以及喜来登酒店等国企出售数量增加，但速度明显低于国际货币基金组织和世界银行要求，后者无意继续向由政府充当亏损企业赞助人的国企投资，便强迫政府批准一份问题最突出的待售企业名单，包括 64 家应清算公司和 71 家需整顿公司，几乎包罗所有大型国企

续表

<table>
<tr><th>执政时期</th><th>私有化特征</th></tr>
<tr><td>伊万·科斯托夫政府
（1997—2001 年）</td><td>最大限度地推动私有化，抛售大量国企，资产总值近 1.5 亿列弗，转让国企占总数的 50%，包括克雷米科夫齐钢铁联合体（社会主义时期黑色冶金巨头）、克尔贾利铅锌联合工厂、索佐波尔杜尼疗养中心（黑海沿岸大型疗养综合体）、弗拉察化工联合工厂（最大化肥生产厂）、莫斯科宾馆、代夫尼亚水泥厂等，仅 1999 年就有 130 多家国企被私有化，大力推动公共财产向私人转移，但相当多私有化交易饱受诟病，非议浪潮迭起，超半数交易缺乏公开性，而且条件明显对国家不利，存在大规模腐败</td></tr>
<tr><td>西美昂·萨克森—科堡—哥达政府
（2001—2005 年）</td><td rowspan="2">出售的国有资产规模很小，私有化企业总值 4000 万列弗，为杜绝私有化交易不透明，2002 年通过私有化法，禁止与潜在购买人谈判或秘密招标，公开招标和交易所上市成为公共财产私有化机制，但是，不良交易依然存在，如 2004 年国家电信公司私有化</td></tr>
<tr><td>谢尔盖·斯塔尼舍夫政府
（2005—2009 年）</td></tr>
<tr><td>博伊科·鲍里索夫政党时期
（2009—2013 年）</td><td rowspan="2">出售国有资产总值不超 2000 万列弗，与之前历任政府相比简直微不足道，虽然保加利亚欧洲发展公民党定位是右翼保守党，但新国企数量不断增多，2013 年 11 月，仍有 249 家国有控股企业收入占 GDP 的 10%，但债务超过 90 亿列弗，只有 92 家盈利，尽管国有资产的职能大幅萎缩，但至今国企仍是国家经济的重要部分，2015 年，国企收入已占 GDP 的 13%，国家财政对公共企业补贴和转移支付资金 27 亿列弗，占 GDP 的 3.1%，国企在能源供水、铁路运输等关键领域占主导地位</td></tr>
<tr><td>奥雷沙尔斯基时期
（2013—2014 年）</td></tr>
</table>

资料来源：伊·玛尔切娃，佩·季米特洛娃，陈晓棠，等．保加利亚社会转型分析——基于农业改革与国有企业视角 [J]．俄罗斯学刊，2019（3）：101-117.

一、自发非正式的分配联盟

审视许多失败的私有化案例可知，保加利亚国企改制中存在自发非正式的分配联盟（以下简称“分配联盟”），但并不是“有稳定性、能协调多重参与方关系、可理性决策、有可预期利益的层级型社会网络”。轻易将其与苏联政治组织架构关系相类比，有可能被误导。分配联盟的运作，主要是以“操纵保加利亚政治经济动荡期的投机”为基础，给民众留下强烈的不稳定感。身处其利益博弈的社会大众及企业主体，无法合理地预计并安排近期的经济事务。在保加利亚社会体制改革后，分配联盟得到迅速蔓延，层层叠叠，并且与不同社会团体、经济组织和政治派别盘根错节地关联起来。即便采取某些政策措施，以调和联盟间的经济行为，但这种“混杂的、以减少不确定性为目的”的努力，也非常不稳定。即追寻一种前所未有的制衡状态，而不是有引导性的关系协调。在分配联盟作用下，随意进行任何国有资产的分配安排，都会使保加利亚私有化的积极性变得脆弱，从而被一再延误。但是，作为获得国有资产及国企的准所有者，分配联盟并非缺乏理性。简言之，通过保加利亚国企私有化获取财富，是由政治力量驱动的。国企被私有化后，其经营状况及管理绩效不会马上改变，分配联盟也面临经营风险。所以，其很快攫取并取代私有化企业的控制权，以成为公司管理者。

在分配联盟非正式的层级结构中，只有极少数私有化后的公司管理者能上升至更高层级。分配联盟主要由来自政党或与政府行政部门（而不是私营企业）有来往的国内外关系人所主导。即便其中有部分从事私人经营，其在分配联盟中的最初角色，也不是独立地从事各自的商业活动。从表面上看，保加利亚私有化后企业的管理者拥有无所不包的经营控制权力，但是也仅与雇员有关，而且这种控制权力需要遵循“企业经营之外的、通常并不具备任何正式产权的”代理人指示，管理者职位也经常伴随着保加利亚执政团体的更迭而被不断地变更。就此而言，在以往苏联体制下，保加利亚国企管理者的地位反而更加稳固。虽然必须尊重占统治地位的政治团体（有时是两派互相竞争）意志，但事实上，国企董事在负责企业日常运营上还是相对自主的。在经济转轨初始阶段，保加利亚国企私有化后，公司管理者似乎保有很多控制权力，也很独立。其原因在于，国家政治团体及社会大众还处于沉睡状态。其结果是，在很大范围内，公司管理者仍有权分配私有化企业的经营收入。由于待遇舒适且有控制地位，公司管理者大都竭力反对后期私有化可能造成的权力重新分配，而宁可维持现状。然而，随着保加利亚政治局势发展，这种稳态依然会被打破。一方面，执政高层不断涌现出新的政治团体，政治角逐的紧张局势与日俱增，另一方面，私有化中存在着大量金钱的诱惑，使更多个人或团体加入“通过私有化来分配国企收入”的争夺中，加之，国际或利益团体或多或少存在非正式协调行为，外部人能轻易夺取控制权，公司管理者也就受制于前者。

在分配联盟内，保加利亚国企管理者被迫在私有化之前或之后，将部分收入转交外部代理人。当保加利亚私有化开始时，国企管理者通常会取代所有者，掌握控制权，但随后，新的投资者会强势介入企业运营，夺取控制权。若因此就认为，新的所有者会遵循市场化产权的私人公司路径①来运

① 作为国企创办人，通常由所有者负责日常经营管理活动。然后，随着公司成长，所有者逐步赋予管理层雇用工人的权力，最终只保留有选择的战略决策权，而将其他事项委派管理层执行。所以在市场经济体制下，管理层着手筹集新资本，而新股东经常对决策并不感兴趣。

营控制权，便已被其误导。保加利亚国企原来的管理者既极不独立，又桀骜不驯。过去数年来，在国企私有化中，新的所有者会严苛控制管理者，使其做出的决定必须符合股东利益。所以，其与市场化治理间的互相抵触，会使分配联盟以一种有利的经济方式，为与新的所有者确立关系而设计新的治理机制。私有化开始时，便会将有影响力的参与方拢合在一起，国企董事就被包括在其中，他们一方面会试图将当前激烈变革的不确定性降至最低，另一方面则从中谋利。当然，分配联盟的网络层级架构，也会强大到足以将外部相关者排除掉，并使透明度降至最低。或者，最大限度地降低利益博弈的开放性，却无法确保其内部真正意义上能协调合作。同时，分配联盟核心人物也会随保加利亚政坛变动而走马灯似的更换，其内部纷争从未停歇。所以，其主要收益并不是简单地吸干国企，而是通过私有化榨干国家经济。

二、以贝多普铜业公司为例

保加利亚国企私有化是在“从中央计划生产方式的国营单位，转型为资本主义自由市场经济主体”的过程中最引人注目的部分，以此改变政府对经济领域的指挥与控制。在一定程度上，部分私有化对地区发展有必要，但是，私有化不可避免地会对当地社会经济环境状况产生负面影响。以保加利亚贝多普铜业公司为例，其于1993年进行国企私有化改制，56%的股份给私人企业，44%的股份以凭证式私有化方式进行换股。通常，私人投资者会带来资金技术和环保规范，当然，也带有获利动机，时常会做出污染环境的决策。跨国公司往往缺少与当地社会公众的联系，但却又直接影响着当地居民的生活环境。在很多保加利亚的国企私有化案例中，私人企业总按照其利益诉求，操纵社会法律规则。正因如此，政府依据并执行法律法规，以及依靠良好的市民社会监督，来对国企私有化后的经营行为进行监督与协调就显得尤为重要。作为保加利亚国企，联合矿山（Union Miniere）赢得私有化招标，其后改名为优美科（Umicore）。1997年，贝多普铜业公司及其周边地区污染严重，包括优美科在内（Synovia，2000）。令人担忧的是，其重要污染源——含有50吨砷和金属污泥的“蓝色氧化塘”水库，只用一个很不牢固的水坝来阻拦。一旦水坝出现缺口，将会给该地区农业及整个环境造成毁灭性打击。同时，重金属毒物废渣会使工厂周围土壤受到污染。

缺乏生产污水处理制度导致了水污染的发生，所以政府与公司签署环保协议，规定优美科需向政府支付购买贝多普铜业公司股权的8000万美元，而且从中扣除2500万美元，由第三方保管，以便用于环境污染的补偿费用。环境补救项目计划是在保加利亚政府签约环境影响评估（EIA）基础上逐步形成的。按规定，优美科需亲自负责项目执行，并接受保加利亚国家信托生态基金的部分管理。同时，优美科和保加利亚政府间的私有化协议还增设一个条款，即工厂必须在5年内（即2002年之前），完全遵守保加利亚与环保相关的所有国家立法。严格的环保立法与执法，与当地拥有健康的自然生存环境紧密相连。私人企业必须由强有力的政府机构来制约，才能全面保护当前全体居民的生活环境。这也给优美科带来注重环保的企业文化，并使其将环保考虑到购买贝多普铜业公司的决策中。针对跨国公司的主要批评，往往使其不能融入当地社区生活，即决策来自国外，利润也流向国外，所以对当地居民缺乏关心。当然，优美科也试图避免发生这种情况。其做法是，通过已建立的社会责任计划，每年会向当地社区投入15万欧元（Nikolov et al.，2003）。例如，在贝多普镇安装节能街灯，修缮贝多普医院，以及负担困难少年学习费用等。

第四节　捷克的国企改制

国企私有化作为捷克经济转轨的最重要部分，始于1990年秋，1991年大规模推行。第一阶段结束于1993年夏，第二阶段于1995年春完成。经济转轨前，捷克国有经济在国民经济中占绝对统治地位。1989年，在GDP中，公有经济达95%，私营经济仅5%。[①] 捷克国企多数为大中型联合企业，[②] 产权改革难度较大。而且，由于长期处于公有体制，民众几乎都没有积蓄，无力参与私有化。同时，作为一流工业强国，民族历史自豪感强，无法接受外资大量控股国企。但是，当时认同“要搞市场经济就必须将公有制改为私有制，使个人对自有财产行使完全支配权”[③]，于是政府选择休克疗法，进行彻底的

① The World Bank. World Development Report 1989 [M]. Oxford University Press, 1989.

② 例如，俄斯特拉发冶金联合体、比尔森斯柯达汽车厂、布拉格奇卡德工厂、乌斯季的斯波莱克化工冶金联合体等世界巨型企业。

③ 张颖．中东欧走向市场经济 [M]. 北京：社会科学文献出版社，1998.

国企私有化改造。1990 年初，成立私有化政府部门，并且相继通过《非垄断化法》《国有企业法》《股份公司法》《财产归还法》等数十项法令。1992 年，又通过《财产转移法》《财产退赔法》《小私有化法》《大私有化法》等。①

捷克小私有化始于 1990 年 10 月，主要通过公开竞价拍卖。② 其范围为服务业和小工厂。凡符合条件的公民都有权参加，但禁止外资。1991 年 1 月到 1993 年 12 月，共有 2.22 万个小额资产被拍卖，底价合计 210.28 亿克朗，政府获得 316 亿克朗的财政收入。小私有化比较成功，进展快且顺利，拍卖有透明度。1992 年 5 月，捷克开始第一次证券私有化浪潮，每位公民支付 1035 克朗登记费后，就可得到 1000 点的投资券。政府把经估价分股后的大中型国企 1492 家（总资产 1000 亿克朗），一次性供公民以投资券选购。到 1993 年 6 月，第一波圆满结束，拟私有化资产的 93%顺利售出。公民投资券全部兑换为股票，出现 700 万股东。1993 年 11 月，捷克开始第二波私有化。在有权得到投资券的 1030 万公民中，至 12 月已有 60%支付登记费，获得第二期投资券，并且从 1994 年 4 月起购买资产总值 1550 亿克朗的 862 家大中型国企，至 10 月顺利完成。捷克国有资产私有化率达 85%~90%，私有经济占 GDP 比重达 94%。到 1996 年 6 月，捷克正式宣布国企改制结束，工业国企 92%已私有化。

一、证券私有化具体操作

对大中型国企改革，捷克采取证券私有化政策。即满 18 周岁公民，有权获得投资券，并且无偿分得国有资产而成为国企股东。捷克证券私有化程序是：成立国民财产基金，把国企产权尽快转给私人主体，然后，国企申请登记私有化，政府审核清算，予以批准，之后，将国企产权转到国民财产基金中。每位合法公民，以当时月均工资的 25%得到一张投资券（面值 6 万克朗，拥有不同国企股份）。为防止股票被少数富人和机构抢购，政府制定法规限制购买数量。持有人可在证券交易所买卖股票，也可通过国民财产基金来保值升值。③ 两次证券私有化后，约 1200 万公民成为国企股东，约 72.2%的投资

① 以下资产不被列入私有化之中，主要包括：政府机构、机关团体（法院、国家银行、科学院、出版社）、各类院校、某些博物馆和文化机构（如国家博物馆和国家剧院等）、铁路、邮局、油气管道、两个公用电视频道（另一个全国性频道已经私有化）、一些医院及卫生保健机构等的资产和设施。

② 具体做法：一是对服务网点公开拍卖或归还给 1948 年以前的原业主；二是进行拍卖的商店饭馆一旦成交，购买者可在 30 天内交完现款。如果是服务网点职工购买，可交 50%的现款，其余 50%可在 5 年内支付，不计利息。

③ 崔宏伟．捷克向市场经济转轨之举措［J］．今日东欧中亚，1998（6）．

券集中在国民财产基金。1991 年 1 月，国有经济还占 GDP 的 98%，到 1995 年，75%的国有资产已实现非国有化。

证券私有化形成广泛的股东阶层，以此使广大公众获得利益，赢得对私有化的政治支持。私有化后，企业努力按市场需求经营管理，最终国企产权由资本市场来配置。至 1995 年 12 月，私有化国有资产管理部共收到申请 2.79 万件，涉及 5087 个项目。其中，已通过 7367 项私有化方案，40.5%由企业管理者提交，37.9%由有兴趣购买产权的个人提交。国企私有化主要采用自由转移（占 89.5%）方式，国有股销售（占 10.5%）次之。后者采用国内直接销售的占 32.7%，而配股私有化（占转移股份 80.6%）18 岁以上公民均可参与。由此可自由转移有关国企发放的配股。第一次配股私有化高峰是从 1992 年 2 月到 1993 年 1 月，涉及捷克境内国企 988 家（总价值 2125 亿克朗）。第二次从 1993 年 10 月到 1994 年 12 月，发放国有资产项目 861 个（总价值 1550 亿克朗）。表 3-6 为捷克国有资产已通过转移私有化项目分布。表 3-7为 1990 年 10 月至 1995 年 12 月捷克组建合同公司情况。

表 3-6　捷克国有资产已通过转移私有化项目分布

转移形式	商业		工业		农业		其他生产部门	
	数量（个）	金额（亿克朗）	数量（个）	金额（亿克朗）	数量（个）	金额（亿克朗）	数量（个）	金额（亿克朗）
拍卖	642	40.05	204	20.16	1193	28.75	27	2.17
公开投标	432	27.42	432	213.31	261	50.25	17	5.98
直接销售	1091	118.63	1425	399.72	4944	263.22	80	20.12
合股公司	252	292.22	865	5133.16	546	1037.61	66	542.49
自由转移	630	205.62	1120	79.81	1998	214.95	128	6.41
合计	3047	683.94	4046	5846.16	8942	1594.78	318	577.17

资料来源：元红．捷克共和国的私有化改造［J］．欧亚经济，1997（4）：14-16.

表 3-7　1990 年 10 月至 1995 年 12 月捷克组建合同公司情况

	提交方案（个）	提交资产（亿克朗）	完成方案（个）	完成资产（亿克朗）
国企转为混合所有制	1415	536419137	1398	535343635
国有股份制转为混合所有制	309	214998760	306	214799019
合计	1724	751417897	1704	750142654

资料来源：根据文献整理得出。

针对国有工厂和生产设备（总价 9760 亿克朗）的大规模私有化，是为潜在的新所有者而准备的国有资产私有化项目。如果存在竞争，则由私有化部评估并最后拍板（Buchtikova，1996）。在被私有化的所有国有资产中，27.5%直接销售，58.6%无偿分配，13.9%存为国民财产基金（Jeek，1994）。在无偿分配的国有资产中，820 亿克朗给政府，4070 亿克朗进行证券私有化（Mejstrik，1997）。通常，局部企业间的结构性重组，也伴随着私有化进行。其必须由新的所有者实施，并需打破地区垄断。捷克私有化的目标是广泛吸纳不同竞争性项目，并且优中选优，但该目标无法彻底被实现，所以，国家政府在私有化重组初期，有意识地发挥着调节作用，而不是消极的不作为（Pistor et al.，1994）。即政府规定国有总资产中无偿分配（证券私有化）比例、出售份额，以及保留国有部分份额。其中，3%必须拨付国民财产基金，以应对后续未偿付的返还请求，国家仍保留金融部门 43%的份额。显然，捷克“大众私有化”很实在。其证券私有化进程具有速度快、更广泛、操作透明等特点。第一阶段交易期 14 个月，第二阶段交易期 7 个月，均按期完成交易，进度相当均匀。第一阶段，领取私有化证券交纳的登记费，按当时月均工资的 25%收取，第二阶段则不到 18%。由于收费少，仅约 20%符合条件的捷克公民未领，或自愿选择退出，或弃权。[①] 国企折股上市，按政府统一规定进行，不涉及与内部人讨价还价的问题。虽然也采取了有偿私有化、退赔式私有化等其他方式，但证券私有化才是捷克国企产权改革的主流。

二、私有化后的直接结果

1991 年 10 月，捷克公众对证券私有化反应有限，只有 25%的合格公民有参与意愿（Cofe，1996），原注册截止期被迫延长。财政部为使民众知晓其获利机会，允许第一个基金，即哈佛资本咨询（HC & C）发起广告攻势，促使超 98%的合格公民参与。后来，许多基金纷纷效仿，甚至在获得民众投资后，就立即给予回报。最终，这些基金获得超 70%的国企证券。然而，基金被要求投资必须多元化，并不适于成立控股公司。几乎在一夜之间，基金和管理

---

① R. Egerer. Capital market, financial Intermediares, and Corporate Governance: A Empirical Assessment of the Top Ten Voucher Funds in the Czech Republic [C]. Policy Research Working Paper, the World Bank, 1995.

层在没有投入一分钱现金的情况下，就拥有大量私有化国有资产，降低了其在外资心中的可信度，从而引发欺骗所有小股东的嫌疑。证券私有化并不会像管理层收购或员工持股那样会给公司带来债务，而且，政府期待其对国企重组会产生“新的所有者，以及制定破产法律、建立透明股票市场与设计债务人惩罚间”的互动机制。然而事实上，其直接结果却相左。很多国企（大批控制权股份）被卖给小经营公司（完全由原国企经理人所有），由于股本金少，吸引不到外资，只好用银行贷款来收购，甚至没有资金来维持日常运营。新的所有者只对收购有兴趣，对改善财务状况并不关心，从而引发道德风险，原本感兴趣的外资也不再来投资，私有化后企业的负债增加，而实际上却未有破产发生。

至 1995 年，超 1/3 的基金股东还出售国企股份给基金。1996 年，很多基金决定转变为控股公司。虽然其目的是逃避管制和政府监督，但却促进了股权集中。在证券私有化结束后，一些基金明确不愿参与公司治理，仅想保留证券，并在资本市场进行柜台交易。所以，其对被私有化后国企不采取干预措施，使管理层缺少高效运作压力。基金有充分激励来改变经营现状，公司管理层也不必付出超常努力来推进重组。所以，既无破产，也无债务人受罚。但这种情况增加了管理层后期的道德风险。在私有化初期，虽然捷克议会公开宣称，不会关注国有资产私有化，《大规模私有化法》也获得通过，但其只提及将要被私有化的公司名称，而没有为其私有化程序设定任何指引，给政府留有极大的自由空间。政府对认定要私有化的领域，尽可能快地推进，但银行、公共事业单位和一些大型国企并不在其中，结果是，某些部门迅速进行制度改革，但没有得到其他部门相应的变革，来予以支持和回应。在政府盲目追求私有化速度的情况下，新的所有者不向国民财产基金支付产权私有化对价就可处置国有财产。此外，由于欠缺制裁规定，许多拒不付款者的合同也得到签署。

从 1991 年成立到 1996 年撤销，私有化部共持续 5 年。捷克国企产权份额发生极大变化，存在私营、混合和国有三种经济成分。到 1993 年 12 月，捷克有 2500 家大中型国企实现私有化，65% 的国有资产转给私人或基金，35% 由国家控制。在 GDP 中，私有成分已由 1991 年的 10.6%、1992 年的 19.5% 增加到 1993 年的 67%。[①] 通过改革，国家职能从低生产效率部门退出来，转

① 数据来源于 1996 年 8 月原载于捷克工贸部的《捷克简介》。

向宏观调控。国家财政已取消对国企补贴，私营企业也为政府提供可观的税收，使赤字得到扭转。1992 年预算赤字 17 亿克朗，1993 年就盈余 11 亿克朗，1994 年盈余 104 亿克朗，1995 年盈余 72 亿克朗。通货膨胀得到基本遏制，通货膨胀率 1994 年为 10.2%，1995 年为 9.1%。并且，保持低失业率，1994 年为 3.2%，1995 年为 2.9%。但自 1996 年捷克经济陷入停滞，增长率骤降（同比差 2.5%），而且，宏观经济陷入困境，企业国际竞争力下滑，失业率增加（到 3.5%）。① 到 1997 年，捷克被迫出台振兴经济措施。例如，削减预算支出 5%，达 225 亿克朗；限制工资增长，将增长率由 11.9%降至 7.3%；限制进口；加快国有控股大型企业私有化；鼓励出口；规范金融证券市场；成立政府跨部门组织；惩治经济犯罪。然而，这些措施并未奏效。

私有化投资基金是捷克私有化的制度创新，目的是解决大众持股后，股权高度分散导致的治理真空问题。捷克基金多数由国内银行发起，公民将私有化证券投入基金，便成为其股东。基金用私有化证券购买国企股份获取回报，然后再通过基金给股东分红。同时，基金按合约收取佣金。在第一次证券私有化中，出现 439 只股份制基金，所有公民持有证券的 72.5%都投入其中，未使用证券购买国企股份的仅占比 0.33%，作废 3.25%。第二次共有 353 只股份制基金，占总投资的 44.8%，公民投入 64%，未使用 0.15%，作废 1.2%。② 由此可见，证券私有化确实给绝大多数捷克公民带来实惠，于是出现了起点平等的“全民皆为股东”，在基金份额中，个人占 39.8%，小基金占 44.1%。③ 根据捷克私有化部统计，两次证券私有化共转给 620 万捷克公民总价值 3430 亿克朗的股份，折合 340 亿美元，即平均每人分得 5000 多美元的国有资产。④ 每份私有化证券所兑换的国企股份，平均约给持有者每年 300 美元收益，盈利率 15%，比发达国家还偏高。⑤ 1995 年 12 月，经合组织（OECD）对捷克的市场经济转轨给予肯定，并正式承认其为成员国。

---

① 元红．捷克共和国的私有化改造［J］．欧亚经济，1997（4）：14-16.

② J. Coffee. Institutional Investors in Transitional Economies: Lessons from the Czech Experience［A］//Frydman, Gray and Rapaczynski ed. Corporate Governance in Central Europe and Russia［M］. Budapest: Central European University Press, 1996: 138.

③ 张春霖．以捷克为例看大众私有化以后的公司治理问题及投资基金的作用［J］．改革，1999（4）：104-112.

④ 金雁，秦晖．捷克：起点平等之后［J］．改革，2001（2）：112-117.

⑤ 张树华．私有化是祸？是福？——俄罗斯经济改革透视［M］．北京：经济科学出版社，1998：125.

三、引发的公司治理问题

经济转轨开始后，捷克议会制定《商法》，规定的股份公司治理结构与德国双规制相似，即实行董事会和监事会并行治理，但最高机构是股东大会。与德国双轨制治理不同的是，捷克法律提供更多模式选择。① 例如，股东大会可选举或撤销董事会或监事会内的代表，但公司章程也可规定，由监事会选举董事，所以股东可直接控制董事会或通过监事会间接控制。这反映出捷克政府不愿意给出固定的治理框架，更倾向于各企业尽可能对经济结果负责。绝大多数私有化投资基金为新的所有者，主要由银行创建，并将股东代表直接派往董事会。由于其急需了解高管能力和经营情况，所以与经理组成决策权力集中的董事会。监事会实际功能有限，仅为小股东和债权人提供信息。然而，股东代表往往不愿与雇员讨论重要决策，在私有化企业重建时，许多股东力图将雇员排除出监事会，以避免共同决策。1996 年，政府仍未对银行进行彻底的私有化，并保留其大股东的地位。银行拥有私有化基金，拥有每家私有化后的国企股份，即便政府只间接持股，管理层、股东及利益相关者仍认为其意见至关重要。执行经理层拥有信息优势，所以有机会来说服董事会接受其提议（Mertlik，1997）。

捷克最大的两家基金，在董事会中往往占有两席位，经理排第三位，剩下的由国民资产基金代表占有。1996 年，捷克最大的基金在私有化后企业中平均持股不到 10%（见表 3-8），而且，私有化投资基金与股东间没有委托代理关系。尽管基金积极委派代表参与董事会和监事会，但代表更感兴趣的是企业给予的高额报酬（即每月 2 万克朗，仅需参加 5~6 个小时会议）。基金用此收入除支付代表工资外，还能弥补其他开支。为此，不同行业多家企业的基金派驻代表为同一人。在缺乏专业知识和管理经验的情况下，其无法代表股东利益。私有化后，股东对治理很消极，特别是一些非银行建立的小型私人基金，其持股不够集中，又缺少重组控股企业所需资金，因此着力于短期市场操作，获取交易溢价。一方面，企业经理对董事会中控股股东的频繁换人有意见，并认为治理不稳定的原因是董事会对重组无作为。另一方面，经理往往又能利用控制权力，在所有者缺位条件下，大量侵吞企业资产，进

① 冯舜华．转轨经济中公司治理的模式问题：从捷克共和国的公司治理中得到的启示［J］．世界经济，2003（2）：3-9.

行“隧道挖掘”。

表 3-8　捷克证券私有化公司的所有权结构平均占比

单位：%

	1993 年 1 月	1995 年 4 月	1996 年 2 月
私有化投资基金	39.39	39.65	28.00
第一大基金	13.42	12.20	9.30
前两大基金	22.20	20.48	16.30
个人	36.53	26.58	23.50
政府部门	8.37	18.21	18.40
国内公司	3.25	8.71	9.70
外资	1.34	5.07	8.60

资料来源：Schutte Clemens. Privatization and Corporate Control in the Czech Republic [J]. Edward Elgar, 2000.

证券私有化分散股权，使经理层控制公司资产。在公司章程中，也规定高管是更高控制机关，并遵循股东大会投票等正式决策程序，来运营公司（Coffee，1996）。董事会更多承担监事会功能，而监事会则成为摆设。由于法律规定监事会必须有员工代表，所以通常不经其讨论公司的重大事项。然而，捷克《商法典》要求，董事会成员必须参与公司日常运营。董事会外部股东不经常碰头，缺少内部消息，往往表现得很消极，不但无法参与对公司运营的日常监督，而且也不愿费时费力去构想公司战略（Mertlik，1997）。为减少经理拥有几乎等同于股东的控制权力而导致的潜在损失，捷克通过921991 法案，以此将国企私有化事务在法案通过的瞬间冻结。例如，从 1991 年至今尚在进行私有化的所有大规模兼并、资产重组和出售不动产等事项都被禁止。私有化对于经理最有利，其通常能掌控已正式私有化的企业。一方面，经理对所在公司垂涎已久；另一方面，经理在政府部委或机构任过职，还维持着行政人事关系。在首次证券私有化过程中，银行股份被社会公众分散持有，但其实际控制权却仍在政府手中。所以，私有化银行的控制权需战略性外部融资机构介入。捷克国内银行虽已设基金，但无法担此重任。其结果是，部分银行间通过基金互相持股，有些银行股份，甚至由其发起的基金来持有。

所以，为杜绝此弊端，捷克政府规定，基金对任何某家企业总投资不得超过其私有化总股份的 20%。同时，不可集中投在 1～2 家国企，而必须分散投入多于10家。但是，这也造成股权双重分散。一方面，多数公民持股基金，其拥有极多自然人股东；另一方面，基金又拥有大批国企股份。任何一家企业都面临“不但自然人股东极为分散，而且法人股东也很分散”的境遇。硬性规定削弱基金对企业的控制权，等于强化国家的控制能力。国家银行在1991年改组后，继承了1400亿克朗债权，已成为大部分私有化企业的债主，又通过国民资产基金和4家银行控制75%的经济部门，但在股权极度分散的情况下，国有股仍是多数。1996年初，捷克私有化企业便形成特殊的产权结构，具体表现为以下三个方面：一是约200万直接投资者；二是前10家最大基金控制2/3企业；三是300家中小型基金从事股票交易。“小股东缺资金、小基金缺乏专业知识、大基金对治理不感兴趣、国家只管控大战略”，都很难有效参与日常治理，控制权自然旁落于经理层。1996年，捷克政府提出“第三次证券私有化”，即资本重新组合。通过中小股东出售股票给新投资者（含外资），使分散股份集中，以此为企业注入新活力。一些基金可转为控股公司，并不受20%限制，这样就在企业中占控制地位，对重大决策施加影响。

第五节　波兰的国企改制

波兰国企私有化主要采用两种方式：公开破产清理和股份转让经理。1990年10月，波兰政府成立所有制改造部，随即开始大规模的国企私有化，缺乏竞争力的国企则被配给、转让或并购。外资可购买49%的私有化国企股份，或者根据租赁法，将国企转让给职工集体。其中，国企价值评估不由专家进行，而是在证券交易所完成。另外，波兰投资委员会决定国企出售的条件。此外，对7家有竞争力的国企进行股份制改造，然后通过资本市场，将股份出售给个人和机构（有三家银行认购）。原国企经理则成为董事长，再承诺改组国企，使其有竞争力并盈利。1995年11月，波兰又实施整体私有化计划，即建立15家国民投资基金，并将512家国企（总产值占GDP的10%）60%的股份（约30亿美元的国有资产）分配给基金。每位成年公民可象征性地缴纳20兹罗提（约合8美元）来购买一份私有化股权证，每张证可换一家基金的一张股票。1996年，在2700万有权购证的公民中，有1660万人参与，每张权证的市场价约为100兹罗提，以此将国有资产较公平地分配给所有公民。这样，就能够保证私有化的顺利进行，以防止极少数人暴富和滋生腐败。

在波兰，对国企私有化的社会讨论发生于其政治巨变的前两年。1989 年以来，特别是在 1990—1993 年，劳资委员会和工会都对私有化持反对态度。总体上来看，国企私有化在一定程度上改变着现有劳资联合委员会的社会网络运作方式。一方面，使其显得不够强大；另一方面，对于在一个成长中的私企中寻求新的领导位置不是很感兴趣。甚至可将“在私有化后公司的监事会中，职工代表占 1/3 席位”写入《商法》的方案，也未对其有过认真考虑。曾经在国企公司化改制后，国家仍保留所有者地位，其监事会中就已被强制要有 1/3 为职工代表。但是，当国有股降至 50%以下时，该规定就不再适用。一方面，内部竞争加剧；另一方面，政治经济环境改变属性。所以，这也推动着公司治理的制度变革，与此同时，还重塑着不同治理主体在争夺控制权上的各自定位。例如在波兰，国内缺乏足够自有资本，难以购买国企股份，但又不能大量出售给外资（当然，外资也不会为帮助波兰而慷慨解囊，也只想尽量利用其自然资源攫取最大利润）。同时，又没有任何客观标准来确定该私有化项目的定价。所以，不论是在制造部门，还是在金融部门，国企私有化方式都是由各治理主体决定，试图保持或取得国有资产的控制权（见表 3-9）。①

表 3-9　国企私有化的法律制定进程

发生时间	具体法规	实施内容
1988 年 12 月 23 日	经济活动法	议会对建立企业规定宽松的规则，为公有企业和私有企业提供平等的待遇
1989 年 6 月 10 日	国企私有化重要议程	以团结工会为首的政府成立
1990 年 7 月 13 日	国企私有化法	为原国企国有资产私有化奠定法律基础，规定可通过各种途径使国企私有化，包括资本私有化、雇员租赁私有化、大众证券私有化等
1993 年 2 月 3 日	银行和企业融资重建法	实行债务转变为资本金的私有化
1993 年 4 月 30 日	国家投资基金法令	经过政治上的反复讨价还价，议会最终通过关于国家投资基金的私有化法令，约 450 家国企加入计划，等待大众私有化，但该部分国企私有化并不顺利

① Marek Belka, Anna Krajewska, Stefen Krajewsk. Corporate Governance and Economic Performance in Poland [J]. Eastern European Economics, 1999, 37 (1).

续表

发生时间	具体法规	实施内容
1994 年 9 月 1 日	资本私有化计划	大中型国企先转变为国家独资的商业性公司，再改造成股份制企业或其他私有企业，具体方式有以下三种：一是通过拍卖或直接谈判向外部战略投资者出售；二是通过国家投资基金实行大众私有化；三是债务转变为资产。656 家原国企已转型为国家独资公司（公司化且商业化），即已完成实际私有化的第一步，只有 123 家国企股份出售给战略投资者
1994 年 9 月 25 日	国企私有化法第 19 条	大多数中小型企业可直接进行清偿私有化，财务状况恶劣的国企清偿私有化 1202 家，一般都卖给外部投资者或合资企业
1994 年 9 月 30 日	国企私有化法第 37 条	财务状况较好的国企清偿私有化 1003 家，其中通过租赁实现的绝大多数国有资产转入原国企职工和经理手中，进行得相对顺利
1994 年 11 月 1 日	大众私有化计划	其采取三种措施：一是国企商业化；二是用股份公司形式建立 15 家国家投资基金；三是分给每位成年公民 1 份基金所有权证，约 2700 万人向国家投资基金支付 20 新兹罗提注册费，获得一份所有权证书，到 1997 年末全部完成

资料来源：程伟，冯舜华．波兰“混合型”私有化与企业重建［J］．俄罗斯东欧中亚研究，2003（3）：24-32.

一、国企私有化法

自 1989 年 11 月起，波兰通过各种私有化形式，对国企进行改革。当时正值新政府中的新自由主义改革派，努力减少或清除劳资联合委员会的影响（Federowicz et al.，1995）。1990 年 3 月，波兰政府将关于《国企私有化法律（草案）》递交国民议会。该草案源自 1981 年已在形式上完成的《国企治理结构法律框架（修正案）》。其明确规定，劳资联合委员会承担着任免董事的职责，也要尊重公开竞聘管理层职位的法定程序，并且必须经主管部委默示同意（见表 3-10）。按照波兰政府 1990 年正式生效的《国有企业私有化法》，以及在 1991 年波兰提交给国际货币基金组织的“备忘录”，从 1990 年起，3 年内将私有化 50%的国企。也就是说，1991 年私有化 15%的国企，1992 年、1993 年各 20%。5 年内，使经济微观所有制结构接近或类似于西欧国家。

表 3-10　国企私有化法律草案

涉及方面	具体内容
现实权利基础	除国家自然资源外，各国企出售股份和国有资产均向除政府外的第三方开放，国企有自由出售权
开放式私有化	拥有现金的任何个人都可购买处于私有化中的任何国企股票，工人也有权购买大额股票且可转卖他人，任何人都有平等竞购权，无特权
职工购股优惠	股票减价出售，已购买一定数额股票的职工，可无偿另外分得一部分追加的股份，可分期付款，首付 20%，其余可按月交付
分配出售原则	股票出售不能全部无偿转让
无偿转让可能	在任何情况下，股票无偿转让须经波兰部长会议批准
外资购股前提	如果外国投资者要购买价值超过国企资本金 10%的股票，须经波兰外国投资委员会主席批准
后续所得处理	国民议会受部长会议委托，按年度确定要私有化的国企财产总额，并决定将私有化所得资金用于何处
私有化的资质	所有制改革委员会主席提出申请，由部长会议做出决定，或国企经理和工人委员会提出申请，由所有制改革委员会主席做出决定，或在国企经理和工人委员会均已同意的前提下，由基层部门（工业部或地区工业部门）提出申请，由所有制改革委员会主席做出决定
集中管理原则	对拥有高额国有财产的大型国企私有化，其有关决定由国家管理的中央机构做出，小型国企私有化则由该单位（如商店、生产部门等）职工自行决定，允许个人直接承购

资料来源：克利希，波兹南斯卡，肖虹．波兰所有制结构的变化——实行企业私有化[J]．中共中央党校学报，1991（23）．

1990 年，在波兰共有国企 8441 家，其中，工业国企 2860 家。到 1994 年 12 月，有 2862 家国企已改变所有制，401 家破产，281 家转为集体财产。在大众私有化实行前，仍有大约 21%的企业为国企，8%处于破产清算中。[①] 由于政治经济改革也遇到很多困难，所以大众私有化推迟到 1994 年才正式实施。1992 年，第一次大众私有化计划由所有制改革部提出，但被当时的议会否决。直到 1995 年 12 月，仍有 60%的国有工业企业，特别是大中型国企未得到组织和技术上的改造。为尽快加入欧盟，从 1995 年 7 月起，左派联合政府就为“新一轮国有资产全面改革”做好了准备。1995 年 12 月，克瓦希涅夫斯基当选总统，为实施已被拖延 3 年之久的大众私有化计划创造了有利条件。1996 年 10 月，对国有资产的改造步入攻坚阶段（见表 3-11）。

① George Blazyca, Rys zard Rapacki (edited). Poland in to the New Millennium [J]. Edward Elgar, 2001 (145).

表 3-11 大众私有化措施

涉及方面	具体内容
指导原则	加强国家宏观调控，防止国有资产过分流失，吸收全民参加，实行自愿私有化，先征得国企领导和职工同意，因地制宜，没有固定模式，可采取多种途径
主要任务	组建 15 个国民投资基金会，以及有外国银行基金监事会（或跨国集团）参加的资产管理公司，吸收 2700 万公民参加，拟用 6 年时间，将 512 家大中型国企（占工业资产 10%~15%，1994 年销售产值 65 亿美元）改造为不同形式的股份公司
组建基金	国民投资基金会作为独立法人，是国有资产的拥有者，也是 512 家国企股票的发行者，没有任何行政领导权，只起协调作用，首届基金会法人代表由政府任命，基金监事会对国企股票的发行工作进行具体指导，基金会向监事会缴纳相当于其掌握股票价值 15%的管理费
资产评估	对 512 家大中型国企固定资产，先按国际通用方法（重置成本法、分离估价法、利润倒推法及衍生法）进行评估，并划分为股份，再按照规定的股份比例分配给 15 个国民投资基金会
股票分配	每个国企股份的 33%分配给一个牵头基金会，27%平均分配给其余 14 个基金会，15%分配给国企职工，25%留由国库掌握，政府按照机会均等、好坏搭配的原则，规定基金具体挑选国企的程序和办法，1997 年起，经过两年半，股票可以全部上市
相关领域	涉及冶金、机械、仪表、化工、电子、食品、建筑、运输设备等行业
公民选购	每位公民在 1995 年 10 月至 1996 年 10 月的 1 年期限中，以 20 个兹罗提印制成本费，到有关部门领取 1 张股权证，然后凭证分别从 15 个基金会各换取 1 张股票，60%面向国内外投资者

资料来源：高中毅．初访波兰的思考和判断［J］．俄罗斯东欧中亚研究，1997（2）：84-89.

实际上，大众私有化的内容非常广泛，不仅涉及国企制度改革，还涉及政府职能转变、中央与地方关系调整，以及对外经贸开放等，所以具有广泛性、系统性的特点。其直接目标是，通过国企私有化，获得改造重组企业的资金，提高其经济效益。其最终目的在于，加速建立现代企业制度，尽快实现向市场经济过渡，在经济制度上与欧盟接轨。在苏联和东欧剧变初，波兰政府就已拟定中东欧最早的大众私有化计划，即全体公民以证券方式平分部分国有资产。但是，这与其工会运动中的“职工是工厂主人”观念相悖，在团结工会占多数席位的议会中，该法案始终未能通过，在第二届团结工会政府时期也被议会否决，直到团结工会政府下台，才在民主左派政府主持下通过。但已过去 5 年，国企私有化大势早已形成。通过分配投资券，建立“起点平等”的私有化，已无法发挥积极作用，而且，即便国企私有化立法框架获得通过，在其具体实施的每个案例中，也必须与不同利益相关者及工会组织进行反复磋商。例如，国企森吉米拉冶金的第一个私有化方案由原国家工业部与加拿大公司谈判拟定，却被该企业工会拒绝。后来，由政府、工会、企业的代表与国外专家组成委员会反复协商，私有化于1994年通过，但1996年才完成第一阶段改制。

二、国际金融收购

国企私有化前，波兰民众储蓄率低，手持现金不多。因此，波兰政府在很大程度上寄希望于外资购买国企私有化证券。转轨之前，为振兴国家经济，加速国企改革，波兰每年需外资20亿美元，1989—1996年共吸收外资101.5亿美元。在波兰大众私有化计划实施前，外资已建立2万多家独资和合资企业，其中资本金100万美元以上的企业就有429家。欧美跨国公司或资本集团不断进入波兰资本市场，对参加国企大众私有化有浓厚兴趣。为吸收更多外资，波兰也在不断改善投资环境，不仅取消各种限制，而且提供许多税收减免政策。例如，外资参与200万美元以上项目，3年内可减税25%；出口收入占销售额50%或出口额超800万美元的外资企业，可减税50%；外资进口基础设施免税，国内购置可抵50%所得税；外国独资或合资企业纳税后利润和投资清算后资本，以及外籍职员纳税后收入，可在银行或外汇兑换处自由汇出境外。实际上，外资参与国企私有化更有利。所以，越来越多的外资去购买私有化国企股份。

为与欧盟接轨，波兰在私有化中还加大对经贸关税的改革力度，将平均进口税率从40%降到32%。欧盟进口税率从年60%降到1/3，而且三年后全部免税。虽然波兰国际贸易公司暂时丧失其垄断地位，但并没有丢失其外贸经验和客户关系，也维系着国内非正式社会网络，而不受任何正式制度的约束。在私有化初期，绝大多数国有的国际贸易公司，在外汇上都拥有金融资本，可充当外资在国内购买私有化国企股份。这样，几乎在一夜之间，价值就翻3倍。虽然法律禁止所有国家控制的企业部门和金融机构购买私有化国企股份，但国有股低于50%的已被私有化公司，在购入新的私有化国企上却不受任何限制。国际贸易公司广泛地利用该机会，稳步地构建大股东地位，特别是收购原专业领域内的同类制造业国企（Romanowska et al.，1998）。当然，有些国有的国际贸易公司在私有化早期，只收购售价低的国企股份，也未形成真正健全的发展战略（Dabrowski et al.，1993），导致其在私有化开始仅两三年后，就出现严重的金融财务问题，破产清偿[①]紧随而至（Federowicz et al.，1998）。

此外，国企私有化所需金融资本在很大程度上来自银行信贷。在收购私有化国企股份并推行股权融资多元化政策前，银行可随意地向私有化国企发放贷款（Boguszewski et al.，1993），私有化的金融资本也有部分来自国企私有化融资后的资本滚动积累，所以，国内外机构投资者参与国企私有化的程度也越来越深。当然，政治介入也非常重要。在波兰，私有化国企控制权的社会网络主要形成于1987—1992年。国企私有化主要面对以下两个困难：一是不可避免地要参与国际市场竞争；二是经营赖以发展的金融资本极为欠缺。在私有化第一阶段，唯一的资本来源只能是国家财政。所以，国家政府机关及其代表就会被纳入私有化国企控制权的社会网络中，确保从公共财政及国家资源中获得维持经营活动不可或缺的金融资本。然而，在大多数情形下，私有化后的企业管理层就要或多或少地减少甚至消除政治关系对其控制经营的影响。

三、治理机制变革

1996年，在已转变为国家独资公司的所有原国企中，仅183家通过出售证券的形式完成私有化，另有512家进入大众私有化阶段。但不管是否实行私有化，都被要求进行治理机制改革。1980—1981年，波兰团结工会组织全国性罢工，迫使议会通过《国有企业活动法》，以此确立工会在国企重大决策中的控制地位。其结果是，大中型国企在私有化后，其经营管理及治理机制都陷入政府、工会与经理间不清晰的责权利关系中，使国企私有化工作常处于停顿状态。因此，在规定国企私有化制度时，政府要求撤销工会，同时，建立董事会（由高层经理组成）代表股东利益，建立监事会（由7名国家私有化部代表和2名职工选举代表组成）代表国家利益，大大减轻了企业决策的多中心治理问题。波兰国企私有化的商业性公司一般会采用新会计准则，所以会使经营的透明度增强，并且改善控制权的治理机制，以有利于硬化其预算约束。加之，外部经营环境不断变化，也迫使大中型国企在私有化后便开始进行市场化经营。国企私有化首先带来的重要结果并不必然是可以计量

① 所谓清偿私有化，不是简单地出售倒闭国企，而是不经过将国企转变为商业性公司，就直接出售。清偿，可以是全部或部分出售，也可以是租赁。

的直接产出，而是公司治理的变革。是否构建有健全决策机制的公司治理，会使国企表现出不同的绩效水平。同时，公司治理也将各类股东参与国企私有化的经济理性与决定“资本流动、产业审计和国家干预”的社会制度紧密地联系起来。

在波兰私有化模式中，原国企经理和职工的作用非常关键。在波兰议会中，工会有强大力量，代表职工利益来讨论并审议各种私有化方案。同时，在各国企内部，对“私有化是否应该”及“采取什么私有化方式”，经理和职工能发表决定性的意见。一方面，减轻或避免私有化中的利益冲突，使产权改革在当下“工人联合思潮”中也得以顺利进行。国企经理和职工都从集体利益出发，要求新的所有者在购买国有资产时，必须承诺追加投资，予以改建而盈利。另一方面，弱化国家统一管理私有化的权力。经理和职工会都要求无偿或低价得到原国企15%的股份，还迫使新的所有者保障其岗位就业。这样会增加所有制改变成本，往往使潜在投资者望而却步，尤其是工会组织力量强的重工业大型国企，私有化极其缓慢。为排除上述障碍，1996年8月，政府通过新的《私有化法》，为职工提供更加优惠的股份分配条件，对负债多或战略性的国企制定专门的私有化程序，而且不必再寻求内部人的批准。①

波兰私有化的主要目标是提升国企市场竞争力，振兴国家经济。这样，有经营管理经验和雄厚资本实力的战略投资者，在购买国企私有化股票中，就有优先选择权，尤其是在资本市场中进行公开竞标时。1990—1997年，有228家大中型国企通过直接出售国有资产给机构投资者的资本私有化方式实现产权结构改造，完成公司治理体系的重建。当然，与潜在的机构投资者谈判，关键在于签订一系列附加协议。例如，社会保障、就业保证、投资承诺、环保义务等。为保证公正透明，其招投标全过程要在国际顾问参与下完成，以增强外资信心。因此，在1991年私有化中，约50%的资本来自外资。这对波兰经济恢复起到重要作用。但至1997年，资本私有化规模还是很有限，主要集中在消费品行业，1998年以后才扩大到通信设施、能源钢铁和港口运输等领域。②

---

① Major Iván (Ed.). Privatization and Economic Performance in Central and Eastern Europe: Lessons to be Learnt from Western Europe [M]. Edward Elgar Publishing, 1999: 305-306.

② Robert Cull, Jana Matesova, Mary Shirley. Ownership and the Tem Ptation to Loot: Evidence from Privatized Firm in the Czech Republic [J]. Journal of Comparative Economics, 2002 (30).

波兰的国企私有化法律规定，根据公司规模，监事会可分别设5~9名监事。其中，拥有33%股份的主导基金，可占有监事会不超过50%的席位；其他14家基金在监事会中可得到1~2个席位；基金代表占有总计50%的监事会席位；政府主管部门和职工也是主要股东，也可担任监事（见表3-12）。很明显，为使监事会发挥足够的影响力，各基金间的利益协调很有必要。因此，在大众私有化后，各国家投资基金间就存在合作默契，主导基金也被授权代表少数股的基金，双方在决策投票中成为一致行为人。当然，这也会增加主导基金投机谋利的道德风险，只有在涉及增加资本或出售股份等重大决策事项时，基金间的利益矛盾才会加深。基金联盟控制监事会，决定公司长期战略和短期政策。其首要任务是组建董事会。波兰的《国家投资基金法》对董事会的组成没有设定任何专门条款，由监事会决定即可。所以，几乎所有公司都由监事会组成新的董事会。大多数情况是，根据市场拓展需要，增加负责营销的经理做董事，或设置新的董事会主席。

表3-12　公司监事会名额分配

主导基金	2名（含监事会主席）	3名（含监事会主席）	4名（含监事会主席）
少数股基金	1名监事	2名监事	2名监事
政府主管部门	1名监事	1名监事	1名监事
职工集体	1名监事	1名监事	2名监事
总计	共5名监事	共7名监事	共9名监事

资料来源：Iraj Hashi. The Polish National Investment Fund Program: Mass Privatization with a Difference?［J］. Comparative Economic Studies, 2000（1）.

四、权力配置问题

事实上，国企通过私有化改制后，从以往计划经济规制中转移至适用于市场经济的新商法下，但并不足以建成现代公司治理机制。即便国有股比重被降到50%以下甚至更低，如仅占25%等，也远远未能呈现出运行良好的治理绩效，还是取决于所有者、经营者及其他利益相关者的治理角色和权力配置。从投资者视角，公司治理应着眼于确保资金供给者获得投资回报（Shleifer et al.，1997），但从管理层角度，公司发展必须吸收外部资本。所以，管理层会以低价格寻求融资，包括政府支持。在波兰，新的所有者经常缺乏足够资金，使其注入的资源通常来自管理层与国家控制银行间的某些特权关系。这样一来，机构投资者的真正作用就很难发挥出来，实际的治理结构就不再是《商法》所确定的正式关系，而且还不必然会反映在所有权结构中。形式上新的所有者处于资金窘困状态，致使各种治理主体（如管理者、股东，以及政府部门等利益相关者）保持掌控或强势夺取对公司的影响力，而且不断构建社会关系，以形成整合外部资源的网络。其所具有的繁衍扩展力，也取决于私有化企业所面临的政治经济环境，以及在既有网络外，各方参与博弈所面临的进入壁垒。

控制权争夺开始时会非常激烈，不同利益代表关系很紧张，但在相互博弈中，却会越来越趋近于势均力敌的平衡状态。所以，国企向全社会及外资敞开私有化，将有助于规制国内利益集团直接的政治操纵。实际上，多元化股权结构并未给暗箱操作留下空间，新兴的控制权市场极大地改变了原先既存的管理层资源网络，同时也强化了对企业资产被“隧道挖掘”的信息披露。例如，通过金融资本，输送给在外部虚假设立的准私人公司。在波兰，私有化动力不仅来自立法执法强度，而且取决于政治经济各方的不断参与，不仅填补法规，而且创新制度。在波兰公司控制权配置的演进过程中，境外资本也发挥着根本性作用。毫无疑问，给波兰国企私有化带来最大帮助的，是境外直接投资。由于外资并不一定能将其国家中特定的治理机制传递进来，所以对波兰国内建设更透明的法定治理制度安排，也有迫切的需求，以期能获得控制权。鉴于此，通常会避免模糊不清的法律颁布。

1990 年之前，《国企私有化法》尚未通过。议会在新自由主义政府和表达员工期望的工会间，达成部分国有资产可非常规转让的妥协，也使某些内部人享有特权。工会加入国企私有化的利益博弈，不仅有权解聘现任董事，还有权审批私有化项目。管理层制定何种经营战略，以及能在多大程度上动员雇员，主要依赖工会有特定声誉的委员。这引发了一系列内部冲突。在外资进入前，工会参与私有化已使控制权博弈越发激烈，大型国企私有化后，会凸显出严重的治理问题。虽然劳资联合委员会能借助当前国内控制权市场来缓解这些问题，但对“拥有数千名职工或巨大国有资产，或行业垄断性强”的超大型国企，该机制几乎无法继续维持。如果管理层在控制权上占优势，工会就要排除威胁其利益的外部投资者。那么，面临竞争及缺钱的管理层更愿意接受工会的内部控制，然后再寻求外资帮助（Blaszczyk et al. , 1993）。

然而，在寻找可行私有化项目的过程中，新的所有者、老管理层通常会和工会共同根据企业规模来寻求国内外投资。其结果是，内部人并不必然能够主导新的控制权配置。尽管会有部分特权者，但内部人财力并不足以满足法律设定的最低要求，但是也并不等于说，会存在能自发协调配置控制权的内生机制。事实上，每年都会发生“工会撤换董事”，1990—1992 年，有超过 70%的董事被撤换（Pakow et al.，1993）。然而，也经常发生“原董事说服工会，并重新获准回到原岗位”的情况。有时工会也将曾被解聘的董事再委派进管理层，许多有经营能力的委员也可自行从事管理岗位。最后，工会都会控制国企私有化。

第六节 匈牙利的国企改制

作为苏联后社会主义经济体，匈牙利的私有化是将国有资产转让给其他私人所有者，形成新的投资创业活动，产生以跨组织公司股东为主导、国家与私有的混合产权主体（Sark et al.，1997）。1990 年 1 月，在匈牙利共有 1848 家国企。1992—1994 年，国企私有化采取集权方式出售，以获取现金。推出的自我私有化项目涉及 500 家中小型国企以及其他特殊项目，国家财产局只保留控制权。并且，将销售国企的权责都交付给咨询公司，后者有清晰的私有化激励计划，其收入取决于卖出国企的价格与速度，国企职工有机会在有优惠信贷支持的雇员持股计划中购买国企。1993—1994 年，国企私有化转而采取“分散决策并优惠出售”的方式。其目标在于，增强公共机构（地方政府、社保、教堂）自行筹集资金的能力，以此形成广泛而强大的中产阶级。由于考虑到议会选举，政府将社会目标放在财政收入最大化之前，并且采取“主动向某些类别的机构或个人免费分配国有资产”的私有化模式。

1994 年新政府上台，随即中断私有化，而且宣布推行 1995 年新的《私有化法》，主要采取出售方法而不再是派送。到 1995 年 4 月，国企数量已减至 9 家。在此期间，关闭国企 451 家，新建 266 家，全部实现私有化 695 家，经济所有制结构也随之发生重大变化。1995 年 4 月，国内居民财产在国家财产管理股份公司中的比重由 1992 年的 6%增至 16.1%，在国家财产局中的比重由 1990 年的 7.2%增至 31.44%。同时，外资财产在前者中的比重由 1992 年的 0.2%增至 5.72%，在后者中的比重由 1990 年的 7.36%增至 14.57%。1997 年，匈牙利私有化临近尾声，其微观企业部门的基本特征是，股权高度集中、外资大量持股，以及政府间接持股，似乎在构建一种稳定的控制权配置。然而，这并不意味着个体公司在合并或分立中不会发生变化。在私有化的数年间，匈牙利国有资产比例显著降低，绝大多数公司实际上已被掌握在个人或外资手中。

一、私有化进程

1998 年，匈牙利国企私有化运动完成。国有资产占 GDP 主导地位的局面被彻底打破，原国有资产的 80%以上成为私人财产或归外资所有，国有资产低于社会总资产的 20%，与西欧混合所有制经济结构相类似。国家只保留核工业、发电网、交通设施、广播电视以及 27 家农经国企和国有森林产权，其余产业基本完成私有化。匈牙利选择私有化，一方面，基于国家财政预算资金缺乏，通过出售国企来改善，同时不再继续对国企发放财政补贴；另一方面，经过 1968 年以来的经济改革，匈牙利大国企已实现市场化自治，通过建立以私有财产为基础的市场经济来提高国企经营效率。此外，匈牙利长期对外资采取优惠政策和多边合作态度，已将现代化的科技和管理引入国企，强化国际分工。

1988 年，中央直属国企就已开始法人治理结构改制，国企重组已不可避免。为解决原计划体制改革后产生的隐性失业，通过私有化加速企业发展，会增加劳动就业机会，提升社会购买力。而且，国内外专家都极力推荐非国有化改革，欧共体及周边国家也努力促成匈牙利国企私有化。当然，通过私有化造就强大的新生资产阶级，是 1990 年后匈牙利政权要实现的重要政治目标（见表 3-13）。

表 3-13　私有化法律及领导机构

时间	法规与机构	具体内容
1988 年	公司法	宣布私人可成立公司，并允许国外投资
1989 年	8 号法律	规定所有制改变细则
1989 年	24 号法律	明确保护外资，禁止对外资企业实行国有化，外汇自由，利润可转出境外，可由国外财务公司评估
1989 年	宪法修正案	对国家所有权、所有制结构、国企自主权等都做了新的规定，特别是宣布各种所有制在法律上平等，消除私营经济发展的法律障碍，已不再是中央集权经济
1990 年	小私有化法	对国有小商业、服务业、小旅游业实行私有化，卖掉小企业 4066 家，总价值 50.9 亿福林
1990 年	7 号法律	成立国家财产局，负责保护和管理国有资产

续表

时间	法规与机构	具体内容
1991 年	补偿法	补偿历史上因实行国有化给公民财产所造成的损失，发放当年有利息的补偿券，利率为发行银行基准的 75%，不能兑换货币，但可作为有价证券购买土地和其他国家财产，也可顶替自有资金申请贷款，国营农场和合作社土地可自由买卖，但必须用于农业生产
1992 年	合作社法、国家财产法、劳动法	对国企、经济公司、合作社强制私有化，制定统一规范和日程，完善私有化组织体系，组建国家财产托管单位，采用股份公司运作方式，设立董事会、监事会，依法负责私有化事务，对重点目标实施国企财产战略，依法对国有资产实行适当的市场交易，卖掉 3571 家国企，价值 61 亿福林
1994 年	第 39 号议案	建立国家私有化和财产托管公司，加速实现私有化，卖掉 805 家国企，价值 21.3 亿福林
1995 年	私有化法	规定私有制财产组织形式，明确国家私有化和财产托管公司与负责赔偿的国库董事会间的权限划分，规定对现存国有资产出售的原则，又卖掉 156 家国企，总价值 4 亿福林，缩减 1992 年拟定的长期保留部分或全部国有产权的公司名单（见表 3-14）
1997 年	公司法	对各种形式公司的设立及其运作做进一步规定，已形成完整的私有化法律体系，1857 家大型国企已有 1299 家得到私有化

资料来源：纪军．匈牙利的私有化及其后果［J］．理论前沿，2000（8）：14-16.

1990 年 3 月，匈牙利建立国有资产私有化组织机构，即国家财产局，试图控制自发私有化进程，并协调国企转型。国家财产局的最高决策机构是董事会，由 11 人组成。其日常事务由经理负责处理，受国家审计署监督。根据私有化部长提议，由总理任命和罢免董事，任期四年。但随着《宪法》和其他私有化法规的修正，国家财产局已从协调机构变为国家强权单位，即匈牙利私有化的国家全权代理人。

表 3-14　将长期保留部分或全部国有产权的公司数目

国有产权的权力执行者	根据 1992 年立法国有股权（政府文件 126 号定义）		根据 1995 年立法国有股权（政府文件第 39 号定义）		拥有特别股权（黄金股）
一、国家私有化财产托管公司名下	5%～100%	51%及以上	25%～100%	51%及以上	—
能源部门	22	17	2	1	20
国际运输	4	2	2	1	—
地区公交汽车公司	0	0	29	29	—

续表

国有产权的权力执行者	根据1992年立法国有股权（政府文件126号定义）		根据1995年立法国有股权（政府文件第39号定义）		拥有特别股权（黄金股）
自来水工业	5	5	0	0	—
基础服务部	2	2	4	2	—
制造业	12	1	1	0	—
国营农场	26	19	28	26	—
林场	21	20	19	19	—
研发公司	33	2	0	0	—
文化机构	20	4	1	1	—
银行与金融	11	3	2	0	—
其他领域	18	8	2	2	—
国有财产局总计	174	83	90	81	20
二、运输电信自来水经济部	32	31	11	11	—
三、司法部	12	12	1	1	—
四、国防部	9	9	9	9	—
五、社会事务部	1	1	0	0	—
六、财政部	3	3	16	13	—
七、国际经济部	2	2	0	0	—
八、农业部	3	3	16	13	—
九、工业部	0	0	16	14	—
十、环境与地区发展部	0	0	2	2	—
十一、文化教育部	0	0	2	0	—
十二、内务部	0	0	1	1	—
十三、总理办公厅	1	1	2	1	—
部委办总计	62	61	60	55	—
以上所有的总合计	236	144	150	136	20

资料来源：Peter Mihalyi. Privatisation in Hungary：Now Comes the Hard Core［J］. Communist Economies and Economic Transformation，1996，8（2）：210.

如表3-15所示，其主要任务是设计、组织和监督实施国企私有化。在国企中，落实政府经济政策，并代理国家行使所有者权力，通过负责私有化事务的政府部长的指导和帮助，对国企的自行私有化实行监督。按法律规定，国家财产局有权否定国企做出的任何有关私有化决议，但其也可被司法程序否定。

表 3-15 国有资产私有化机构绩效

	国家财产局	国家财产管理股份公司
1990 年私有化收入	6.7 亿福林	—
1991 年私有化收入	303.7 亿福林	—
1992 年私有化收入	748.2 亿福林	36.3 亿福林
1993 年私有化收入	818 亿福林	926.3 亿福林
1994 年私有化收入	97.27 亿福林	295.2 亿福林
1995 年 1—4 月私有化收入	132.5 亿福林	0.43 亿福林
外汇收入所占比重	10.61%	9.3%
福林收入所占比重	25.9%	90.7%
补偿券收入所占比重	50.63%	—
合计出售国家财产	4239 亿福林	

资料来源：马一峨．匈牙利国有企业的改革和新私有化战略［J］．东欧中亚研究，1996（2）：15-21.

1992 年 4 月开始，匈牙利国家财产局专管私有化事务，将长期运营管理国有资产的任务转交给新成立的国家财产管理股份公司。其作为国家控股公司，通过企业制注册建立，公司章程的制订和修改归属于政府权利，专门管理国企，也改造部分国企。其股票为记名不可出售股票。领导机构为董事会，有 11 名成员。董事长由总理任免，期限四年。董事及其亲属在任职期及解聘两年内，不能与下级国企及国家财产局有工作关联，并且不能购买下级国企股份，甚至不准董事亲属担任下级国企领导、会计师或监察委员。匈牙利国家财产局的经营任务是：出售部分国企资产，但不能超过 10% 的国有股份，须保持国家规定的最低国有股比重；建立经济公司，但政府决定国有股权比例；有权将下属经济公司自有资本和部分可流通股，通过公开或封闭式招标竞争的方式，委托给国有或非国有的财产管理人。当然，会优先考虑原财产管理人、职工参股 25%以上或有股份制计划的经济公司。目前，该类公司控制着 50%以上国有资产，约 150 家国企。①

二、主要改制方式

匈牙利国企改革的基本方向是将以国有经济为主体的社会主义计划经济，

① 一类是国有股份占 50%以上企业，如民航、煤气、多瑙河航运等能源和基础设施企业；二类是国有股份在 50%以下企业，如伊卡鲁斯大轿车制造厂、拉鲍机车车辆厂等生产加工企业；三类是国有股份在 25%以下但不允许私有化的企业。

改造成以私有经济为主体的社会市场经济，即国有资产占社会总资产的比重降至 50%以下。国企私有化改制的一般规则大致有以下七点内容：一是国家财产局对国企行使所有者权力；二是国企确定改制条件，征求私有化部长及环保和地区发展部长意见；三是将国企改造成经济公司，由职工代表大会委员会决定；四是行政管理监督下的国企改制，由企业经理或政府代表决定；五是创建子公司的国企须对子公司改造做决定；六是已决定实行改造的国企，需制订详细计划[①]和资产平衡表；七是经改造创建的新经济公司，是被改造国企资产的全面法定继承方。匈牙利私有化以出售国企为基本形式，但对不同规模不同行业的国企有所区别。其中，垄断性的国企底价最高。国内购买者资金不足，主要是外资公开竞价。为鼓励更多本国居民参与，政府推出“国家银行私有化贷款、中小企业抵押信贷、职工参股计划和小投资者参股计划”等优惠，并且通过制定赔偿法，使 1948 年后经济国有化和政治迫害造成财产损失者，可获得其财产原值乘以历年通货膨胀率后的赔偿券，但是只能购买中小型国企股份。

（一）拍卖竞价

在大中型国企中，以谈判竞价购买的方式出售 1599 家（合同总价值 1.32 万亿福林）。在私有化前期，谈判和拍卖各占 50%，后期则全改为以公开竞价为主，仅面向公民进行小私有化。1990 年，对 10 人以下的小型国企及 15 人以下的小商店、小服务业、小旅店等整体出售。到 1996 年，共售出 1.02 万家（总价值 1930 亿福林），获得实际溢价 46%。其中，大部分以赔偿券、优惠贷款交付，纯现金收入仅 200 亿福林。1992 年，“54 号法律”规定了参与竞购的规则程序。国家机构托管的 42%国有资产都是竞价出售。大型国企和银行的竞买者主要为外资，小型国企的竞买者多为国内居民。

（二）职工参股

1992 年 7 月，国有财产局提出职工参股方案，并规定“总资产 10 亿福林以下、职工人数 1000 人以下”的中小型国企都可以此实现自主私有化。其具体操作程序是：由 40%以上工人参加的职工代表大会，依法确定法人代表、履行登记手续及建立股份制。其参与条件是：必须是工作满 6 个月，并有合

① 改造计划应包括“改造所要达到的目标、未来的经营和市场关系、资产盘点情况、公司合同草案、就业计划、社会福利计划以及治理环境污染计划”等内容。

法劳动合同的职工。为鼓励公民购买，国家特设立银行优惠贷款，但是，申请者必须先给首付，即总额的 2%~25%。1992—1998 年，共有 284 家国企进行职工参股私有化。其出售资产账面总值 722.5 亿福林，实际收入 685.5 亿福林。1993 年、1994 年是高峰，达 210 家，以后逐年递减，1998 年仅 2 家。并且，将国企种类限定在特种工艺品制作、外贸企业、设计院所等。同时，允许内部职工以优惠价（50%）或分期付款来购买另 15%的股份。对濒临倒闭的工厂，经国有财产局批准，企业可使用优惠利率的银行专项贷款，去购买 25%的股份。

（三）经理买断

由总经理或管理层共同购买国企产权，购买对象大多为“经济效益差、改制困难”的国企。经理层必须保证有一定的资金来源，并且以不解雇职工为前提。经理也可获得优惠贷款，去购买国有资产和国企股份，还款期最高 15 年，利息 7%。经理购买 500 万福林的国有资产，可获得 10 万福林、利息 2%的优惠贷款。此外，经理买断也可用赔偿券。国家出台多重政策，既可分期付款，又可优惠贷款。但对经营差的国企来说，经理难以投入很多，更无法与外资抗衡，所以政策推广受限。而且，经理至少要买下国企 5%~25%的股份，或者由高层领导共同购买，以建立无限责任股份公司。在总经理购买一定比例股份后，作为多数股份的持有者，国有财产局便会放弃选择国企领导的优先权，只保留作为国有资产所有者的收益权。

（四）小投资者

为加快私有化速度，并有利于多数公民参与，匈牙利法律还规定，在大型投资机构已购买国企 51%的股份后，剩余部分可向分散的小投资者优惠出售。凡是永久居民，有 10 亿福林资产，就可购买国有财产局出售的大型国企股份，赔偿券也可使用。

三、治理权力错配

匈牙利国企改革的目标是将国家财产权从政府逐步分散至经理层。1985 年，就引入自治分权形式。2/3 的国企都建立理事会，且只由内部人组成。事实上，是由经理层主导，拥有控制权，并且有权确定组织结构、委派总经理、决定企业合并分立、寻求与其他国企合作。这样，匈牙利的计划经济并没有强大而稳定的国家所有权，而是处于很分散的状态，国家财产权也在企业与政府间进行切分，使国企在缺少政府支持的压力下产生生存动力。随着市场份额下降、债务螺旋上升及政府补贴削减，数十家大型国企组成若干集团，剥离亏损企业，为剩下的可盈利单位寻找新的所有者，或实现银行的债转股，从国有大工厂转变成新公司，理事会仍居于大股东地位，所以仍保持着传统社会主义国企经营及国家所有权。如果没有私人资本参与，则该自发的私有化并不是真正意义上的私有化，① 而是组织形式上的商业公司化。

虽然，出售股份被认为是第一步，但国有资产价值被任意低估，甚至无偿地转化为企业资产（至少占比 30%）。估计有 100 家国企和 300 ~ 400 家经济公司实行自发私有化，超过 1.5 亿~1.7 亿元国有资产受到侵蚀（或被称为公开的偷盗和抢劫）。第一届经自由选举产生的政府，继续推行放松管制的自由化政策，试图阻止自发私有化和重建国家所有权，并且将私有化决定权集中于国家财产局。于是，政府把所有国企强制转换为公司，废除原理事会，而且坚持硬化国企预算约束。所以，重组无须中央提供资金支持，而是直接出售股权。但是，减少国家所有权、集中私有化决定权，以及严苛的财政补贴，都被证明是失效的。国企经营管理者维系着对公司化改制和私有化项目的控制影响力，甚至还可以选择所有者（Antaloczy，1999）。而且，国家优惠补贴政策也没有减少过。

为扭转亏损，新的所有者要对国企进行重组。例如，增加资本金、重构产品市场以及设计组织架构等。也就是说，其也会“集中关注于核心经营、外包出次要业务、减少内部层级，以及引入新会计准则、增加治理透明度”等。但是，国内资本稀缺，政府又急于出售国企换取现金，最后造成外资支配着大型国企和银行，绝大多数匈牙利公民和公司只能通过股票交易成为股东，而且处于小股东地位。外资被当作新兴的投资者受到欢迎，并且被允许参加所有的私有化。在匈牙利采矿业、加工业等，外资已占绝对主导地位，在建筑业，也居于主要地位。不仅如此，外资还控制匈牙利信贷银行、国家储蓄银行、布达佩斯银行、匈牙利外贸银行、流通银行等主要商业银行。到 1998 年，在匈牙利银行资产的构成中，国内资产占 36.9%（含国有的 21.7%），而社会团体、经济组织和个人资产共占 15.2%，外资占 60.4%，董

---

① 自发私有化有以下三种主要形式：一是国企变成空壳，只有账面价值，而机器设备等国有资产就变成新建公司的资产；二是企业名义上存在，但其利益被一个关系极为密切的股份公司逐渐侵吞；三是大部分国有资产留在国企，只有一部分转到公司。

事会大部分由外部人支配。然而，虽已设定新的经营框架，但经理更了解国内市场，所以外资董事经常或至少部分仍会被匈牙利董事替换掉。

作为占支配地位的国企股东，国家通常会委派代表进驻董事会。① 在持股分散的公司中，投资基金作为所有者也会出现在董事会中，但绝大多数董事都是独立的个人，因此，董事会几乎无法控制经理层，甚至更为普遍的情形是，董事心系两头，疑惑“是代表所有者或公司利益，还是代表国家利益”。董事在谈及任职目标或公司战略时，总与公司所有者存在差异。显然，董事职位很不稳定，需忠于各自的所有者。在匈牙利国企中，要成为董事，竞争很激烈，打入内部圈子非常不易。一旦被解聘，收入和声望都会损失巨大。此外，国企倾向于组建大规模董事会，许多独立的董事不是股东或不在法人股东中任职。国家所有权代表在提名董事会下设委员会时还考虑政治标准，而且经常在不同层面上，显示出其非正式的影响力。在股权分散的公司，董事会还有来自经理层的 1 名以上代表，对于雇员—经理层主导的国企，董事会倾向于成为形式上的监督机构。

四、水务国企案例

国企私有化使经济生活有更多自由，也减少了中央计划体制的干预。例如，布达佩斯市政污水排放工程（Fovarosi Csatornazasi Muvek Reszvenytarsasag，FCSM）与两个跨国公司（法国通用水务公司和柏林水务公司）组成的企业集团，签订 25%加 1 股的股份转让协议，于 1997 年 11 月实行部分私有化。1989 年，欧洲复兴开发银行（European Bank for Reconstruction and Development，EBRD）投资 270 万欧元后，新成立一个特殊目的公司（Special Purpose Corporation，SPC）。2003 年，大部分公司股份仍掌握在布达佩斯市政府手中。之所以 EBRD 会支持本次私有化，是因为其相信富有经验的私营企业在公用事业管理上能够提高效率，减少经营成本。而 FCSM 私有化仅将 25%的股权转让给私营公司，并给市政府控制权来保护公共利益。但是，私有化协议将经营权转交给私营公司，限制市政府的控制权。一方面，减少政府从销售收入中的获利比例；另一方面，削弱中小股东扩大经营的资本投资意愿。

① 持国有股 10%～50%的公司，要有每季度报告。国有股 10%以下的，必须报送年度资产负债表。政府监督部门每三个月编撰一份报告摘要，以引起各董事注意。

1998 年是私有化后的第一年，FCSM 的污水排放价格比 1994 年增加了 350%，引起民众对难以支付的担忧（Hal Lobina，1999）。对此，FCSM 辩解说，提价完全有必要，是为了给急需的投资项目筹集资金。但是，市政府议会和市民都对提价深感沮丧，并认为在污水处理系统缺乏实质性改进的情况下，提价很不公平。两个跨国公司更名为威望迪（Vivendi）和柏林瓦色尔（Berlinwasser），都在公用事业管理上有丰富经验，但唯一的经营业绩评优就是支付大量股利及提高现金股利比率，而在现在乃至未来，能否使消费者得益却不得而知。

作为排污工程的最大股东，布达佩斯市政府进行大量投资，并且指出 FCSM在 2002 年已完成的大部分项目都是来自市政府的投资。2002 年，市政府共提供约 11.6 亿福林（折合 464 万欧元）用于北部废水处理工厂的重大改造，但两个跨国公司的投资却相对很少。尽管两个跨国公司有经营权并从中取得报酬，但投资却仅限于其在 SPC 的最初数量。1998 年，EBRD 向 SPC 增加投资，被认为是帮助两个跨国公司进一步削减投资成本的一种途径，以此使其以低于市场的利率有效地获得财务再融资。也就是说，EBRD 的投资，与其说是向 FCSM 提供资本金，还不如说是为了改善两个跨国公司的财务状况。FCSM 私有化后，在改进污水排放管理、增加排污管网、强化污水处理能力的同时，也大大提高消费者的收费标准，同时，还向两个跨国公司支付大量的管理费用。事实上，很多改良项目的投资，主要还是来源于政府补贴和优惠贷款，而不是出于私有化后的经营绩效。

第七节　其他国家的国企改革

无论是西方资本主义发达国家，还是经济转轨的发展中国家，国企都在国民经济中占有重要地位。自 1980 年起，以英国、法国、德国、意大利为代表的西方发达国家，都实施大规模的国有资产私有化运动。虽然国企在发达国家经济总量中的数量和资产比重都有所降低，但其地位仍依然显著。经济合作与发展组织（OECD）2018 年的统计数据表明，在其 34 个成员国中，共有 2111 家国企，总资产超 2 万亿美元，雇用员工 600 万人。① 在各国的能源交通、邮政电信、电力天然气、大众传媒和金融服务等基础设施领域及重要战略性新兴产业中，国企仍占有较高比重。而且，国企对国家竞争环境和整个国民经济都有重要的影响。但是，国企具有反映国家经济发展意志的特殊性，国家所有权被复杂的委托代理链条层层下放，使国企治理与民企相比，面临更多的严峻挑战。不当的政治性干预、闲置的董事会决策及缺乏透明的信息披露等问题广泛存在，已引起各国社会公众的密切关注。国企治理好坏，与国资运营效率及国有经济功能有直接关系，也影响国家的公共财政状况和经济增长情况，因此受到各国政府的普遍重视。最近 40 年来，在改善国企治理上，有不少国家进行了诸多探索，并积累了很多经验（也有一些教训）。这些对我国下一步深化国企混改，特别是改革治理控制权配置机制有重要的启发意义。

一、玻利维亚

第二次世界大战后，受世界性私有化浪潮冲击，玻利维亚政府也开始推行国企私有化计划。1995 年，已有 49 家中小型国企被私有化，总价值 9748 万美元。② 但是，大型国企私有化面临巨大的政治阻力。玻利维亚石油通信、冶金电力、铁路航空等工业及设施，是在 1952 年民族革命对外国公司进行国有化时建立的。国民革命运动党上台执政后，同类行业就各自形成强大的工会力量，也都是为了抵抗外资侵入。另外，玻利维亚经济面临着“储蓄率和投资率都太低”的问题，仅占 GDP 的 10%。③ 所以，大型国企私有化只能交给外资，但是，再将这些行业的大型国企卖给外资的话，民众会很难接受，工会也坚决反对，认为必然会回到过去。1994 年 3 月，玻利维亚总统签署“第 1544/94 号法令”，正式颁布实施《资本化法》，并将对国家石油矿藏管理局（YPFB）、国家电力公司（ENDE）、国家电信公司（ENTEL）、国家铁路

① 鲁桐，党印. 改善国有企业公司治理：国际经验及其启示［J］. 国际经济评论，2015（4）：134-149.

② Pedro Raventos. Capitalization of Bolivia's Telecommunications Sector ［A］ //In Margaret Peirceed. Capitalization: A Bolivian Model of Social and Economic Reform ［M］. Woodrow Wilson Centre and North South Centre, 1997 (192).

③ Yves Guerard, Martha Kelly. The Republic of Bolivia Pension Reform: Decisions in Designing the Structure of the System ［A］ //Margaret Peirceed. Capitalization: A Bolivian Model of Social and Economic Reform ［M］. Woodrow Wilson Centre and North South Centre, 1997 (316).

公司（ENFE）、玻利维亚航空公司（LAB）和国家冶金公司（EMV）6家大型国企（占GDP的12.5%）实行资本化。1993—1997年，玻利维亚政府的资本化改革超越传统的私有化模式，更具创新性。

（一）资本化做法

归纳起来，大致有以下三种类型：

1. 建立混合资本公司

通过评估国企资产，确定账面价值，并且将其转变成混合股份公司。职工以优惠价格购买股份，原国企被改组为国家和职工共同持股。每位职工按股票面值支付现金，可购买不超过其已积累社会福利数额的股份。最终，有76%的职工购买了该6家国企的股份。由于国企资产规模大，职工所占股份比例极低。1995年6月，国家电信公司（ENTEL）被改组成混合资本公司后，国家持有651万股，而职工仅持有1542股（仅占0.02%）。按照玻利维亚法律，只有公司才可发行新股，原国企并非公司，所以要先改组成混合资本公司（即国企混改）。另外，让职工持股，显然是要争取职工支持，因为按票面价值购买的股份，在引入战略性投资者后，都会显著增值。

2. 引入战略性投资者

在改组成混合资本公司后，经过针对有价值的国有资产进行必要的重组，各国企就可通过发行新股，进入公开的国际招标程序。新股只能是普通股，而且发行数量不能超过原有股份。实际上，各公司向战略性投资者发行的大多是新成立公司的50%股份。到1997年，6家大型国企中有5家已完成资本化，国家持股50%，新加入的战略性投资者则持有另外的50%。但是，原国企债务可部分或全部转由国库承担。然后，中标公司与玻利维亚政府签订合资经营管理合同（Management Contract），获得经营权。一方面，规定公司控制权移交给战略性投资者；另一方面，规定在有效期内，战略性投资者所持股份不能超过50%，也不能出售手中股份。①

3. 向全体成年公民分配国家股份

国家将所持有的50%股份交由国际托管公司，再由其将股份转入新成立

① David Cole, J. Blanco. Assessing the Feasibility of the New Bolivian Pension Program [A] //Margaret Peirceed. Capitalization: A Bolivian Model of Social and Economic Reform [M]. Woodrow Wilson Centre and North South Centre, 1997 (297).

的公共资本化基金（Collective Capitalization Fund，由两家私人养老基金管理）。65 岁以上公民从 1997 年 5 月起，就可从任何一家基金逐月领取团结金（Bonosol），每年 250 美元，相当于城市居民户均年收入的 17%。在 1995 年 12 月 31 日前满 21 岁的合格公民，到 65 岁时，均可领取团结金。此外，所有领取团结金的合格公民，在去世时都可得到一笔丧葬费。在战略性投资者投标后，国家持有的 50%股份相应升值，达到 17 亿美元。其中，1 亿美元将用于丧葬费，16 亿美元用于团结金。若团结金发放到最后一个有资格公民去世才能结束，预计需 60 年。基金负责在 60 年内将 16 亿美元及其增值分红全部发给玻利维亚公民。

（二）控制权转移

玻利维亚国企私有化类似于直接出售模式，明显不同于认股权证的私有化。[①] 通过国际招标后，企业控制权被转移到战略性投资者手中，而没有经历“先分配给全体公民再重新组合”的过程。其实际结果是外资取得控制权，但这并不是该模式的真正意图，而是国内居民现有资金短缺的结果。如果国内投资充足的话，控制权就不会被外资拿走。玻利维亚国企私有化的重要功能就是，将控制权转移到最有效率改造重组和经营管理企业的投资者手中。如果国内没有，就转移给国外，于是引入大量外商直接投资。理论上来说，玻利维亚可仿照捷克和波兰，将控制权转移给养老基金。另外，玻利维亚又不同于匈牙利，当引入战略性投资者时，玻利维亚政府并没有出售全部国有资产，相反，通过竞标使剩余国有资产实现最大限度的保值增值。这在政治上更容易被民众接受。

在利益分配上，玻利维亚国企私有化又接近于证券私有化，政府也是将国有资产分给全体公民，但是，玻利维亚政府分配的不是现金，也不是股份，而是团结金。实际上，其考虑过以下三种选择：一是出售后所得直接纳入国家财政预算，然后再减税，或增加教育卫生等民生开支；二是分配现金；三是分配国民财产共同基金股份，由基金持有国企股份。与基金相比，团结金不能预支，领取权利也不能转让与变现，只有到老年，才能逐月支取。这样做有以下四点好处：第一，有利于帮助占人口 60%的低收入家庭脱贫，每年 250 美元，相当于最低工资的 46%，对贫困人口生活是很大的资金支持。第

① 张春霖．超越传统的私有化模式：评玻利维亚的资本化改革［J］．经济社会体制比较，1999（2）：32-39.

二，有利于增加长期储蓄，相当于政府将1700亿美元国有资产分配给全体成年公民，要求储蓄到65岁再支取。第三，有利于养老保险体制转轨，显然会减轻个人账户缴费增高10%的压力。第四，有利于争取长期改革的政治支持，每位公民在60年中有领取团结金的权利，从而变成改革的利益相关者。

同时，控制权转移与利益分配相互分离，与直接出售国企相类似，但与证券私有化有所区别，其控制权转移结果往往依赖于证券流动性、重组过程，以及建立新的金融机构，因而利益分配也变得有很强的不确定性。认股权证或证券之所以必须交易流动，是因为涉及利益分配；之所以重组，是因为涉及控制权转移。于是，流动与重组相互牵扯，使控制权转移与利益分配交织混合。结果，在这种流动和重组中，将认股权证变现用于其他开支的公民，总会认为原属于自己的国有资产被廉价收购走了，因私有化而受到损失，但是，玻利维亚团结金模式就避免了政治上的复杂性和矛盾性。

（三）失败的案例

1990年，玻利维亚政府实施拉巴斯供水计划。但是，作为主管市政水务的国企，市政自来水处理公司（Servicio Autonomo Municipal De Agua Potley AlcáNtillado，SAMAPA）建设进度比计划滞后两年，仅1/3家庭有排污管道，而50%的管道有裂缝渗漏。同时，市民并没有付费，该公司缺乏资金来源，难以投资贫穷地区供水系统。而事实上，SAMAPA监事会由政府官员组成，所以缺乏相应的激励机制。1997年，世界银行将SAMAPA私有化，作为提供贷款的前提条件。同年4月，其30年特许经营权开始招标，并且要求5年后，供水效率有实质性提高，定价公平合理，同时接受国家监管。最后，法国—玻利维亚—阿根廷组成的企业集团，即伊利诺伊州水资源公司（Aguasdel Illimani S. A.，AISA）中标。其中，法国苏伊士公司拥有59%的集团股份。AISA开始的业绩远超过SAMAPA，并且将大部分收益用于补贴水价，以保持其5年内不变，同时，专注于投资新管路的连接上，而不是压低水价。此外，合同中的帮扶脱贫义务条款，如至少50%的新管路必须供应贫穷地区等，也有助于确保AISA尽可能多地向低收入家庭供水，以此实现拉巴斯水务的社会目标。

但是，玻利维亚政府过分强加的刻板条件，干扰到AISA自由经营的机动性。例如，国家监管机构规定所有新的饮用水管路必须高质量地连接到家庭屋里，这样，会将更为廉价简单的过渡性解决方案，如连通社区等毫无必要地排除在外，从而使得新管路铺设非常昂贵，最高价为 150 美元（Arévalo Correa，2000）。另外，有些管制却又赋予 AISA 太多灵活性。例如，AISA 拥有整个地区的供水专营权，即便对某些地区还尚未给予供水服务时，就有权要求该地区关闭其他供水设施，如管体式水塔等。区域人口如果达到合同规定密度，AISA 就必须给该区域内的所有家庭接通水管，但是，区域划分很不固定，有许多非法定居点，人口增长很快，合同评估非常困难。

AISA 要求与政府在 2002 年重新协商合同规定的价格标准，但政府推迟谈判时间，AISA 收入情况受到不良影响，因此，独立评估机构建议其提高平均水价的 22%。即使提价后，拉巴斯水价仍处于玻利维亚国内的最低价，但是，提高水价被视为高度敏感的政治事件，引起当地居民的强烈反对，最终失败。一方面，管制合同条款要深思熟虑并严谨措辞，极小的细节都会影响私有化结果；另一方面，对投资者从招标开始就要激励得当，如玻利维亚第三大城市圣克鲁斯（Santa Cruz）改善穷人境况的供水计划就吸引大型民企参与，与政府性供应商也形成高度透明的合作组织，并且取得很好的成效，现已建立了 25 年的强大社会纽带关系。

二、菲律宾

1986 年 2 月，菲律宾政府将国企私有化作为重要国策。到 1994 年，应实行私有化国企有 20 家，国有股价值 22.5 亿比索。此外，菲律宾政府拟出售联想银行（国有资产价值 10 亿比索）、国内通信卫星公司（国有资产价值 3.08 亿比索）和多家旅馆（国有资产价值 1800 万比索）。为此，政府成立国家私有化托拉斯。从 1987 年至 1993 年 12 月，出售资产总额 356 亿比索，共计 313 家国企。仅 1993 年，出售资产总额就达 23 亿比索，包括 30 家国企。

（一）操作问题

菲律宾国企私有化依靠大量举借外债来进行，以发展后续生产力。但是由于缺乏对投资项目必要的绩效评估与监督机制，外债急剧膨胀，与之相应的国企偿还能力却并未增长，仅够维系低效率国企生存。国际货币基金组织和外国民间债权银团对菲律宾国企私有化提供融资，但却附带许多政策条件，其中就包括以下三点内容：一是取消政府对金融市场的干预，以及对砂糖等初级农产品市场的垄断；二是缩小财政赤字，提高行政运营效率；三是吸收过剩流动资金，防止通货膨胀，谋求社会稳定等。因此，菲律宾国企私有化政策以国际金融机构为主导，政府权力过分集中于总统，导致其强力干预市场经济（金融、农产品），并且非法占有国有资产。政府私有化政策还包括打破垄断经济体制，纠正政府金融机构的风险债权处置，以及对政府官员非法资产进行冻结、没收和出售等。此外，在政策中，利用民间活力进行私有化。例如，废除外汇管制、降低商品关税、减少农作物补贴等。即以民间投资为主，提高私人经济的运营效率。

1986 年，菲律宾政府设立国企私有化专职机构，即民营化委员会和资产民营化托拉斯，处理非效率国有资产的出售问题。前者以财务部长为委员长，委员包括工商部长、国家经济开发厅长、预算与行政管理部长和总统行政改革委员长；后者由理事长和 4 名理事组成，目标是处理原政府的非法资产。同时，菲律宾政府还成立行政纪律委员会予以监督执行。归纳起来，菲律宾资产民营化托拉斯规定出售的资产为：从政府金融机构转由政府管理的非效率资产与国企，以及行政纪律委员会冻结、没收的原政府官员非法资产。截至 1987 年底，菲律宾出售非效率资产共 96 项，总额达 46. 11 亿比索，而且，计划出售总数 132 家，1988 年初已出售国企 5 家，尚未完全出售 9 家，准备出售 10 家。但是，菲律宾私有化的主要问题是：进展缓慢、难以找到投资者、售价不易确定。此外，菲律宾中央银行于 1988 年 4 月停止办理债务股份化业务，导致向海外投资家拍卖部分国企的计划也难以进行，因此，出售国企也会给政府带来一定的经济损失，增大外债负担。而且，菲律宾新议会反对以世界银行为主导的市场经济政策，并且抵制私有化计划。但是，菲律宾国企私有化已走上正轨，难以逆转。

（二）典型案例

1995 年，作为发展最快的定居点，马尼拉大都市区拥有 1200 万居民，但有 1/3 人口尚未连接公共用水管网，也缺乏公共排污系统。同时，管道渗漏致水浪费，非法取水增多。贫穷人口需依赖水井、水站及收费高 10 倍的“水贩儿”。当地政府官员收入不高、服务意识差，导致供水设施投资不足。即使从亚洲开发银行（Asian Development Bank）获得项目贷款资助也无济于事，反而给国有的都市供水污水系统（Metropolitan Waterwoks and Sevsewerage System，MWSS）留下 8. 8 亿美元的债务负担（Esguerra，2001）。但在 1995 年，菲律宾议会通过《水源危机法》，授权总统与私营公司签订供水建设合同，而外资参与股份被限制在40%，同时，报价最低的投标者赢得竞争。

随后，马尼拉水务公司（Manila Water Company，MWC）成立并服务于东部占该市1/3的人口，由美国贝克特尔建筑公司以及英国水务公司联合菲律宾公用事业公司和菲律宾阿亚拉家族公司共同持股。[①] 同时，马尼拉德国际水务服务公司（Maynilad Water Services International，MWSI）也被授权经营拓展该市西部的供水排水服务，由菲律宾洛佩兹家族的本普雷斯控股集团（Benpres Holdings Corporation）（股权占比59%）和法国苏伊士水务公司（股权占比41%）共同拥有。预计10年内，市区每户家庭都将有公共用水，MWC和MWSI甚至还承接MWSS的所有外债。两个私有化项目的竞标报价，也使MWSS工会和市民都不再反对。

但是，合同仅签一年，MWSI就要求提价。2001年，水价被提高到12美分，随后沿着20美分、21美分和28美分一路攀升（Publiccitizen，2003），然而MWC和MWSI均未履行合同，由于两者的仓促投标、公司治理长期混乱，以及当地政府、援助财团和贷款银行间的利益博弈等，马尼拉城市公共供水项目私有化最终失败。

三、墨西哥

墨西哥国企由来已久。1934—1940年，墨西哥政府就根据1917年《宪法》将英美、荷兰等外国开办的17家石油公司收归国有，并在此基础上，建立国营的石油公司。第二次世界大战后，在进口替代型工业化发展模式下，墨西哥政府创办了许多国企，归纳起来，具体包括以下三种类型：一是政府直接拨款兴建，如钢铁冶炼厂、高炉厂、柴油机厂、火车车辆厂和化肥厂等，都具有“资产规模大，但见效很慢”的经营特点。因此，私人资本不愿或无力承担其投资风险。二是在国内私人企业经营不善的情况下，资产重组成立的国企。例如1964年，由于国际市场剑麻价格急剧下降，私人加工企业即将破产，为保住上千名工人的工作，并避免当地剑麻种植农户破产，政府接管并改建其为国营的绳索公司。三是将外资企业收归国有。例如1960年，政府购买两家外国电力公司的全部资产，实现全国电力行业国有化，此后又逐步国有化全国矿业。

---

① 阿亚拉家族和洛佩兹家族，都是菲律宾最富有、最有资本势力的家族财团。

（一）私有化措施

1983 年，墨西哥修改《宪法》并重新规定政府参与及干预经济活动的国家权力，为国企改革奠定法律基础。新条款明确规定，国家以排他方式确立战略性产业，以及希望政府与社会组织（如工会、合作社等）、私人企业共同参与的优先发展产业。其中，战略性产业包括造币发行、邮政电报、卫星通信、石油开采、石化产品、放射性原料、核能电能及铁路运输等；对于优先发展产业，政府可依据《宪法》，通过产业政策重新界定并修改其范围，使其在未来经济发展中发挥补充作用。

1986 年，墨西哥又通过《国企联邦法》确定协调国企及国资管理机构间关系的法律框架，并且规定监管国企及其私有化步骤，以及国企改革目标和转让标准等，目的在于使国企拥有更大的经营自主权。因此，墨西哥政府在“如何划定优先发展产业”上有很大的灵活性，在“对该产业领域内国企采取私有化措施”的基础上，也不必拘泥于法定的时间表。这有利于政府掌控国企改革进程。同时，在修改《宪法》后的新法律框架内，墨西哥政府有权发布行政命令。例如，将国企私有化的优先产业领域改划为非优先，进而确定将私有化的国企数目与类别以及转让方法和步骤等。

（二）分两个阶段

自 1982 年起，墨西哥政府就开始实行国企改革，以缩小其国有资产规模和垄断经营范围。其大致可分为两个阶段。

1. 第一阶段（1983—1988 年）

政府先对中小型国企实行私有化。它们基本上都是建立于 1970 年或被国有化的国企，社会经济效益很差。其主要方法是将国企直接出售给国内私人企业及社会组织（如工会等），涉及领域为旅馆、制糖厂、小型钢厂、纺织厂和汽车配件厂等。例如 1985 年，政府将全国旅馆连锁店（即国家整个旅馆业）廉价出售给旅游资本集团（图尔纳尔）。在纺织业，90%的工厂被出售给工会和内部职工。1987—1991 年，又廉价出售 30 家制糖厂。国家财政曾负担沉重的国企补贴也得以减轻。

2. 第二阶段（始于 1989 年）

政府先对战略性且无国际竞争力的大型生产国企（含提供社会产品和公益服务的国企）进行私有化，后来又于 1990 年开始对港口、公路、机场、发电厂及监狱等基础设施进行私有化。至 1992 年，共有 706 家国企被廉价拍卖处理、出售资产、合并重组，或转交给地方政府管理。从 1990 年起，墨西哥政府还通过取消物价调节，改善现有国企竞争环境，促使其提高经济效益。鉴于国内缺乏足够资金购买国企的现实情况，墨西哥政府还鼓励外资购买国有资产或投资私有化国企。同时，政府下属银行也开始对国内外投资者重启债转股业务，但是限制在 1000 万美元及最多 50%的股权售价范围。此外，对墨西哥电话公司等垄断性国企，政府采取“在证券交易所出售股票”的私有化办法，对渔业、制糖业和银行业等国企，则先组建成企业集团，再进行证券私有化。

（三）治理的问题

墨西哥国企严重亏损的原因是经营管理不善。在国企改革中，墨西哥政府采取以下措施：加强财务纪律，控制国企借贷规模，完善财务报告披露，增加透明度；对管理人员严格考核，增强其责任感，设立绩效奖金；扩大企业经营自主决定权；通过租赁制或管理合同制，鼓励私人资本参股；裁减冗员。此外，对国内外私人资本，转让国企所有权，实行私有化。

墨西哥国企私有化主要有以下途径：在资本市场上公开出售国企股权，如国营电话公司等；以优惠价格向国企内职工转让股权，如 90%的纺织业国企被卖给雇员或工会；债权与股权互换，即债转股。但是，墨西哥国企改革存在以下局限性：经营自主决策权得不到长足扩大，如《公共企业联邦法》规定董事会无权解雇或聘用工人，以及经理和厂长不能确定工资额等；高管人员任免尚未彻底摆脱任人唯亲的束缚；一些国企仍受到政府非常规庇护。

（四）重点案例

1990 年，作为垄断性国企，墨西哥电信国营公司（Telmex）实行私有化改革。这一改革在 1982 年就已被提出，并试图进行大规模的现代化改造，特别是要引进数字技术。但是，Telmex 缺乏资金支持，无法满足猛增的电话安装需求，更难以支付数字通话技术的研发成本。快速增加的需求及大量投资，最终引发 Telmex 决定私有化。

由美国西南贝尔公司（Southwestern Bell）、法国电信公司（France Telecom）和墨西哥电信公司（即卡索集团，英文：Grupo CARSO）组成的联合集团，以总计 17.6 亿美元的价格获得 Telmex20.4%的股份，这也是购买墨西哥国企（部分股权）的最大交易数额。而且，职工也争取到用政府补贴的低息贷款来购买 Telmex 股份的权利，并得到相应承诺：一旦工会持有 10%的股份，就可推举 1 名代表担任 Telmex 的董事。但是，工会持股从未达到过 10%，因为许多职工更愿意将所持股份拿到资本市场上出售，以兑取现金。当然，作为公共服务机构，不仅是消费者受益，Telmex 的职工收入也高于同行业其他国企职工的平均收入。

四、阿根廷

1958—1962 年，阿根廷私有化就已提上政府议程，但一直未付诸实施。1976—1983 年，政府宣布解除市场管制，实行私有化计划，但目标以缓解债务危机为主，出售的国企规模相对较小，初期仅对 32 家国有企业进行私有化。① 除政府直接出售外，国家开发银行与国家储蓄和保险银行也在出售其国企股份，通过证券交易所定期出售小宗股票和拍卖大宗股票。两家金融机构共处理 200 家国企，同时减少其他国企股份。新的私有化计划将公益服务行业，如电信电力、铁路航运和石油化工等列入改革对象，由此极大地扩大范围，并且规模大、执行快。其原因大致为以下两点：一是政府态度坚决，决心通过兑现在进行改革和实现变革上的承诺来提高公众信心，这对扩大私人投资和加快增长也至关重要；二是由于前阶段局部改革执行不力，迫于国内私人利益集团压力，只有进行彻底的大规模私有化，才能使国家发生变革。1989 年，国家依然掌握着石油煤炭天然气、发电供电、银行保险、钢铁石油化工、公路航空港口、海运电信军工、铁路地铁、电视广播电台等主要大型国企。

1990—1998 年，阿根廷私有化全部金额 194. 91 亿美元。其中，石油业 57 亿美元、交通运输业 55 亿美元、通信业 22 亿美元、邮政业 20 亿美元、水电业 19 亿美元。在大规模私有化前，阿根廷梅内姆政府先由议会通过相应法律文件，对私有化目标、手段等做出规范，尤其是石油天然气等重要大型国企。阿根廷议会还通过专门决议，授权政府可通过实行紧急必要的法令，无须经议会批准便可采取私有化措施，为政府大规模、激进的私有化创造条件。但这也造成一些违规操作。仅在 1990—1994 年，政府就先后 300 次动用该法令，绕开议会，进行私有化，例如，1997—1998 年对阿根廷邮局和阿根廷航空公

① Paul H. Booker. Latin America's Turn around Privatization［J］. Foreign Investment and Growth, ICS Press, 1995 (75).

司的私有化。此外，当议会通过的法律不利于政府实施私有化措施时，梅内姆政府就会动用总统否决权，对议会决议全部或部分否决。法律对政府私有化行为失去约束，腐败时有发生，也为爆发社会经济动荡埋下隐患。到1999年，大部分公用设施和公益企业被转移到私人手中，国家掌握的仅剩下国家银行、造币局、核电站以及与巴拉圭合资的亚西雷塔水电站、电视七频道等少数重要国企。[①]

（一）私有化进程

1976—1982年，政府共出售130家小型国企，资产仅占同期国企总资产的5%，其中大部分是“1970年，政府为防止被廉价处理，导致大面积失业而购买的”国企。一些大型国企，特别是军工企业，属于战略性国企，不具备实行私有化的条件。同时，由于大型国企财务状况不好，担心被出售价格太低，只有很少的大型国企私有化。实际上，通过购买私人企业和创建新国企，阿根廷国企数量不减反增。私有化在政府经济计划中处于次要地位。

1983年，阿根廷拥有的305家国企，只有5家被私有化，金额不足3200万美元。

1989年，从梅内姆总统执政起，为改变国企战略并推动改革，阿根廷制定大规模私有化计划。通过《国家改革法》[②] 和《经济紧急状态法》[③]，赋予政府对国企进行兼并改组、私有化或廉价拍卖等职权，并且取消对国企的大额补贴。但是，阿根廷新法律未明确规定国家应该干预的战略性行业，使政府在推进私有化上有活动空间。这次涉及被出售国企资产的市场价值达到220亿美元（不包括办公建筑、土地、银行和保险公司）。

1990年，由于发生恶性通货膨胀，私有化速度减缓，仅实现私有化国企11家（如国家电信公司、国家电视频道、阿根廷国家航空公司、石化企业、

---

① 方旭飞．阿根廷国有企业私有化［J］．拉丁美洲研究，2004（6）：20-25.

② 1989年8月颁布《国家改革法》，政府有权对所有公共机构（除大学外）实行私有化，采用分离、合并、撤销和改造等方式，出让全部或部分国企，可削减国企和国家机关工作人员，以便减少财政赤字和提高效率，把资金用于国家面临的严重社会经济危机上。

③ 1989年9月颁布的《经济紧急状态法》规定，政府有权把国家电视台、国家电信公司、阿根廷航空公司、阿根廷石油矿藏管理局所属公司、商船队、天然气公司、布宜诺斯艾利斯供水系统和电力公司等国企私有化。随后，政府依次颁布一系列法律，把所有国企及有吸引力的公用设施纳入私有化范围，包括公路，电力设施，碳氢化合物的生产、提炼和销售，铁路货物运输部门，城市铁路和地铁，港口，粮食加工企业，地方供水系统，邮政服务，货币印制，运输船只，储蓄和保险公司，宾馆，赛马场，石油化工厂，钢铁制造厂，飞机组装及其他军事硬件设施和各种与国防有关的工业。土地和建筑物也计划出售。

部分公路和铁路网等），共涉及金额 8.9 亿美元，但是其中总资产超亿美元的国企就有 4 家，为满足经济体制转变和改善公共部门财政状况，政府对一些公共服务业国企，如最大的国家电信公司和阿根廷航空公司进行私有化，以此增强实行自由市场经济政策的决心。同时，这也说明了政府对国企私有化的急迫性，政府希望尽快增加财政收入，稳定经济形势，因此在私有化中，实行许多优惠政策，确保买主能获得高额利润。

1991 年，私有化金额达 18.2 亿美元，最大国企规模超 8 亿美元，出售电信、旅游、石化和石油等部门的 10 家国企。

1992 年，私有化国企 41 家，总金额超 26.5 亿美元，总资产过亿美元的有 6 家，最大国企资产达 12 亿美元，还有石油化工 8 家、电信 2 家、国防工业 2 家、水电系统 8 家、交通运输 5 家，以及煤气业 10 家。

1993 年，私有化国企减少到 33 家，但规模却达 38.23 亿美元。其中，最大石油国企的总资产为 30.4 亿美元。并且，出售占国企总产值将近 25%的石油矿藏管理局和钢铁企业。

1994 年，私有化主要集中在水电、交通、保险、天然气、采矿和房地产等部门，共有 26 家国企被出卖或转让，并扩展到社会保障领域。同时，政府对国家邮政局进行私有化改革。

1995 年，梅内姆连任，进一步加快私有化步伐。

1996 年，政府决定尽快出售国企剩余股份和现存国企，以弥补金融危机出现的财政赤字。有 5 家国企被私有化，主要集中在地方公共银行、发电和配电、供水和水处理系统以及地方国企上。

1997 年，在证券市场上，拍卖梅特罗加斯公司的剩余股份，并转让 1 家邮电国企。

1998 年，阿根廷国家机场被转让，获得 51.3 亿美元现金收入。

1999 年，作为国家最大的国企，石油矿藏管理局 98.02%的股份以 150 亿美元价格被卖给西班牙雷浦索尔石油公司，也标志着阿根廷私有化已基本完成。

（二）部门及方法

阿根廷政府于 1978 年成立私有化专门委员会，负责把部分国企转让给私人企业经营。其主要工作内容包括以下六点：一是减少国家对经济干预，国家不再垄断粮食的国内外贸易，国内市场价格自由化，逐步放松并取消外汇管制，放宽进口限额和限制；二是整顿改组国企，提高劳动生产率，消灭或减少经营亏损，将国企改组为股份公司，取消或减少国家对国企的经营补贴，扩大国企经营自主权，并实行自负盈亏；三是对基础设施、战略性工业等重要部门的某些国企实行部分私有化，如把部分油田勘探和开发权转让给私人，并把所属运输设备维修等辅助性生产活动交给私人资本经营；四是将属于非关键部门的国企全部转让给私人经营，如斯维夫特食品冷藏公司、国家糖业公司、冈塔勃里卡冶金公司等；五是将1960年国家接收、接管和干预的原私人企业全部归还给私人经营，并计划在1980年全部完成该私有化工作；六是将国家开发银行和国家储蓄与保险银行掌握的140家私人企业部分股票出售给私人资本，但是，该委员会并无实权，对私有化不施加实质性影响，形同虚设。对具体行业或有重大影响的大型国企私有化，由总统发布行政命令，经议会批准，然后，授权政府成立单独委员会，对私有化进行监管，避免腐败。一般情况下，国企私有化程序主要包括：企业重组，如自愿退休、削减债务等；准备招标文件和转让合同；投标人的资格审查；竞标及转移资产；分配小股权，组织职工参股计划。此外，阿根廷国企私有化的主要方法大致有以下四种：

1. 直接出售国有资产或国企股份

从1983年私有化初期到1994年，由于国内缺乏成熟发达的资本市场，政府基本上不能以公允价格发售国企股份，所以，直接出售是最可行的办法，但也规定国有资产或国企股份的出售必须经过公开竞标程序。前者是国有资产向私人转移，适用于商业性国企或公用事业中非核心国有资产，如国有轮船运输公司的轮船出售。后者是竞标出售国企股份，转移经营权、控制权及所有权，尤其常用于大型国企股份出售。投标资格①要经过严格筛选，具备一定资金和技术条件才可参与竞标。国内外投资者享有同等待遇。

2. 在证券市场出售国企股份

阿根廷金融市场逐步稳定后，通过证券市场出售国企股票已成为私有化的常用方法，但仅局限于少数大型公共服务类国企。例如1991—1992年，政府出售阿根廷电话公司剩余30%的股份。

---

① 投标人必须具备以下三个条件：有技术专长和管理能力的大型知名企业、少数阿根廷本国企业、资金雄厚的外国银行作担保。报价最高的才能竞标获胜。如果只有一个投标人，就可与政府直接谈判。政府将投标人能认购的（政府和企业）债务数额作为综合考虑因素。投标人竞价必须包括政府规定的最低现金数额和政府债务本息。虽然被私有化国企债务由政府承担，但政府要求投标人出示认购的债务转给私人，以减少政府财政开支。

3. 特许权转让与租赁

按照阿根廷的法律规定，特许权转让与租赁有以下三种：政府赋予私人使用某些国有资产的权力，在契约到期后，归还使用权；赋予私人经营某公用事业国企的权力，使用属于政府的资产或代表政府的权力；赋予私人矿藏或石油的开采权。在公路、铁路、邮政、运输等公用基础设施部门和石油、煤矿、天然气等自然资源勘探开采领域，政府经常会采用租赁的私有化方法。同样，受让人也通过公开竞标，在使用期内缴付租金，并且要承担经营管理和投资的义务。

4. 职工股权参与计划

在私有化中，国家保留国企的部分国有股，在职工中进行分配，换取工会对国企私有化的支持。

（三）公共私有化

阿根廷政府对公共事业型国企进行大规模私有化，具体措施大致可以归纳为如下四点：一是电信私有化。之前，阿根廷国家公共电话公司是全国主要电信服务商，1990 年，政府将拆分成北方电信和南方电话，两家公司 51% 的股份被公开出售给外资。在转让合同中，要求电信服务资费只能 5 年调整 1 次，并且要有相应的服务质量提升。被拍卖后，两家公司均有 10% 职工持股，5% 为合作方持股。而北方电信大股东来自法国（32.5%）、意大利（32.5%）和美国（10%）；南方电话大股东来自美国（20%）和西班牙（10%）。两者的其他股份由大众持有。其私有化收入总计 29.82 亿美元。[①] 二是电力私有化。改革前，阿根廷发电、输电和配电全部由国企提供，各地配电也由当地政府控制。1991 年，无论是发电、输电和配电都引入市场机制，监管部门规定电价只能 5 年调整 1 次。经私有化后，全国 70% 的配电业务（占总用电人口的 60%）由私人公司提供，最大的 3 家公司占有 50% 的市场，而且，60% 用电由私人生产，其中最大的 3 家发电企业市场份额为 30%。三是供水和污水处理私有化。按区域转让特许经营权，由国家污水处理工程基金向全国的供水和污水处理项目提供资金。四是燃气供应私有化。私有化前，全国的天然气主要由国家燃气公司供应。1992 年，其 35 年特许经营权被拍卖，并成立

① 黄志龙．公用事业私有化对社会领域的影响——阿根廷案例研究［J］．拉丁美洲研究，2008（1）：54-58.

新的监管机构。天然气供应的总业务也被拆分成生产、运输和配送三项具体子业务，其价格由监管机构来决定。同时，另设零售和批发等子业务，但其价格由生产商、配气商和消费者决定。

如果公用事业私有化由私人经营，以经济利益为主导，而不考虑社会责任，则是普通居民难以接受的（Galiani Petrecola，2000）。以阿根廷航空公司（Aerolineasar Agentinas，AA）为例。1989 年 12 月，政府将 AA 的 85%股份拿来出售，仅保留 5%的股份，员工保留 10%。AA 总价值确定为 6230 亿美元，其中，至少 2200 亿美元要用现金支付，余额以承担外债的方式支付，但只有西班牙一家信托公司竞价，而且，该公司已控股两家航空公司，即伊比利亚航空（IBERIA）和塞洛德南航空（Cieldo Sur S. A.），因此，议会想终止出售程序，但被最高法院驳回。1990 年 11 月，AA 私有化完成。但是，西班牙信托公司没有能力按价格协议的 2620 亿美元予以支付，最终在 1992 年，政府仍拥有 AA 的 43%股份（Valenzuela，2003）。但是，第一个月的通行费就涨了 50%，而且，原计划的 8900 亿美元收入从来就没有达到过。相反，政府还得继续给予补贴，并且降低有关的企业税率。

五、新西兰

新西兰国企私有化前，国有经济约占 GDP 的 40%，经营范围广泛，不仅有保险、银行、房地产、旅游、商业，还包括广播、电信、运输和采矿、能源等加工业，以及研发机构和咨询服务业等。1970 年，两次石油危机使新西兰经济遭受沉重打击，国企大多亏损。由于对国企给予大量财政补贴，政府赤字高昂。新西兰人均 GNP 由 1950 年的世界第 5 位下降到 1980 年的第 20 位，政府净债务占 GDP 的比例由 1976 年的 9%上升到 1985 年的 41%。国企改革是解决经济危机和避免政治动荡的必然选择。在 1986 年《国企法》的基础上，新西兰政府又颁布《就业合同法》《国有部门法》《财政责任法》和《公司法》，为国企改革铺平道路。

（一）方针路径

新西兰政府对国企改革的指导方针大致包括以下五个方面：一是政府不参与国企经营以及其他有效益的商业活动；二是进一步明确政府执行的经济职能，提高运作效率；三是在工业交通、金融电信等领域进行公司化经营，强调效率、效益并重；四是推行综合财政责任制，并实行分散管理；五是按真正的市场机制进行国企成本核算，以及确定国企产品质量、数量和销售费用。政府对国企私有化改组的具体原则主要有以下三点：一是明确权责关系，国企的国有资产归国家所有，内部可发行股本债券，持股人参加分红，但不出席股东大会，董事会负责决策，国家派股东代表行使所有权；二是建立全面监督制，由国家审计局负责对国企及其附属公司审计，由国家股东代表负责监督国企商业行为，由环保部和劳动部监督国企环境卫生和职业安全等标准执行情况；三是国企自行负责生产再投资，需以法人名义借贷，政府不提供担保或信贷支持。

新西兰国企基本遵循“先公司化，后私有化”的改革路径，大致分为以下两个方面：一是公司化。将从事商业活动的政府部门改组成国企，并将经营控制权交给其内部新成立的董事会和管理层。以获利为运营目的，取消政府各种保护及其特权，然后，交纳税金和国有股红利。政府不再附加公益性要求，除非确有必要，则需单独通过明确协议，并给予对应补贴。政府每年通过《目标报告书》，对各国企经营范围、绩效目标、财务比率、会计信息、股息政策等做出规定。财政部和独立的会计机构，共同监督国企绩效。国资部部长负责管理政府所有的商业性投资。剥离商业性职能后，政府转为精于执政，与国企的关系主要体现在国资监督和宏观调控上。但是，政府并不能充分满足“国企为适应竞争而对资金、技术、管理等资源所提出的新要求”。在本质上，国企商业风险并没有降低。二是私有化。国企产权从集体所有制向私人转换，经营权从集体决策向私人自主转换，也就是国有公共资产向私有资产转变。所以，私有化不仅局限于产权转移，还包括放松规制、打破垄断、加强竞争、合同租赁、公共承包、混合投资、减少补贴、增加税费等制度创新。新西兰政府坚持“凡私人企业能办好，国企就要退出”的原则。到1991年底，私有化总额已达130亿新西兰元，占GDP的16%。

（二）典型案例

以新西兰航空公司（Air New Zealand，ANZ）为例。该公司1940年成立，当时为塔斯曼帝国航空公司（Tasman Empire Airways Limited，TEAL），以新西兰为基地，主要经营定班客运，有很多国内外航线。TEAL的股权结构为：新西兰政府（20%）、新西兰联合航空公司（19%）、英国海外航空公司（38%）和澳洲航空公司（23%）。并且，TEAL以奥克兰为起飞基地。1947年，新西兰政府成立国家航空公司（Neuro Associative Conditioning，NAC）。

1953 年，澳大利亚政府使 NAC 的 TEAL 股份增加至 50%。1984 年，新西兰政府从经济干预转向自由市场，主要措施包括：废除融资监管、实行浮动汇率、放弃价格控制、取消农工补贴、发展人力市场以及国企私有化。由此，为准备 TEAL 的私有化，政府起草其“公司章程”，并且允许设置黄金股由交通部持有，即交通部不参与分红利，但拥有特别表决权，可否决所有权或公司章程的变更。

在 ANZ 被卖掉前，新西兰政府已同意澳大利亚航空公司（Ansett）购买新西兰 100%的国内航空线路控制权。1989 年，ANZ 私有化，通过公开招标出售，由布莱利投资有限公司（65%）、澳洲航空公司（19.9%）、日本航空公司（7%）和美国航空公司（7%）组成联盟进行购买。ANZ 被准许发行大比例 A 股（即仅限于销售给新西兰公民），首次公开发行即全部售空，又于 1991 年发行 B 股（外资可购买）。1996 年，ANZ 宣布有条件收购 Ansett 的 50%股权，但未对 Ansett 的账目进行例行检查，就仓促达成交易。结果，Ansett 累积的财务问题，导致 2000 年 ANZ 停飞。于是，Ansett 试图大宗买进布莱利投资有限公司和新加坡航空公司所有的 ANZ 股份。但是，新西兰政府对此有所顾虑，如果该笔交易达成，则 ANZ 和国内航空线路的控制权都会进一步落入 Ansett 手中。2002 年，新西兰政府果断接盘 ANZ，使其又重新被收购为国有。2003 年，ANZ 净利润增至 1.657 亿新西兰元，比 2002 年增加 152%，全球员工数也超 1 万人。

因为收购 Ansett，ANZ 私有化失败。也就是说，股东忽略合理计划，未确保有足够权益来应对风险，管理层更忽视用必要的领导权来解决随机问题。为与世界 20 强竞争，ANZ 急于集中国际化资产，显然已超出其财务能力，也未能及时关注 Ansett 的财务基础。虽然通过收购，消费者有更多选择，服务水平也有所提高，但从财务上不可持续。正如新西兰政府估计，如果仅由市场调节，ANZ 极有可能已沦为外资收购的对象。因此，政府出手干预。这也再次证明了“新西兰政府认为，保持本国身份和维系本国控制，比取得财务回报或市场效率更为重要”的正确性。其原因在于，首先，在对 ANZ 提供紧急援助时，政府表达出其财政拨款或补贴服务的对象，必须是以归属本国为必要前提的。其次，ANZ 被私有化前，在国家拥有所有权时，经营也算成功。因此，政府认为其接手后所承担的经营风险不会太高。在此案例中，国家利益理所当然要高于在国际市场竞争中获得巨大利润。所以，当参与私有化的股东利益错综复杂时，随后进行的经营管理就未必能够获得改善效果。

第四章

新加坡淡马锡治理

新加坡淡马锡控股公司（以下简称“淡马锡”）由新加坡财政部监管，是最大的国有投资控股公司，管理并运营着新加坡政府在国内外的各类投资。自成立以来，淡马锡的发展战略就与新加坡国家政策密切相关。淡马锡对不同行业、各类产业的投融资，或进入及退出各企业的股权结构都能够反映出新加坡的产业结构调整政策，以及其国内经济与全球价值链的衔接情况。淡马锡可以成功运用其独特的投资组合能力和组合管理能力，并且灵活采用地区协同、行业融合、资本流动、货币组合和企业联合等形式，在资产价值总量上，实现投资的高收益、高回报。淡马锡投资组合的总价值从 1974 年起始的 3. 54 亿新加坡元增加到 2013 年的 2150 亿新加坡元。淡马锡股东的复合年度总回报率达 16%。① 作为一家政府控股的国企，淡马锡独特的治理结构和管控模式，为解决国企“管理难、效率低”的全球性难题提供了非常宝贵的投资运营经验，也为探索我国国企混改提供了有价值的启示与借鉴。

第一节　与政府股东的关系

在 2002 年制定的《淡马锡宪章》中，淡马锡的角色定位及其与政府股东的关系是“淡马锡负责持有并管理政府在各企业的投资项目，以保护国家长远利益”，以及“为协助政府进一步扩大、强化和深化整个国家的宏观经济架构，淡马锡致力于不断培育旗下企业，促进其发展壮大，进而成为蓬勃出色

① 骆家駹，李昌振．国有企业改革：分类、设计及实施［J］．经济与管理研究，2016（5）：35-40.

的跨国企业集团”。所以，淡马锡掌控的新加坡企业涉及电信、航空、地铁、电力等几乎所有国内最重要的大型企业。

一、淡马锡义务

作为按法律规定注册的有限责任公司，淡马锡完全根据商业性原则来管理投融资运营。如图 4-1 所示，政府对淡马锡的影响力或控制权主要表现在：派出股东代表参与董事会决策；建立协约机制，及时了解经营绩效。国家财政部是淡马锡唯一的股东，对其拥有 100%的股权。

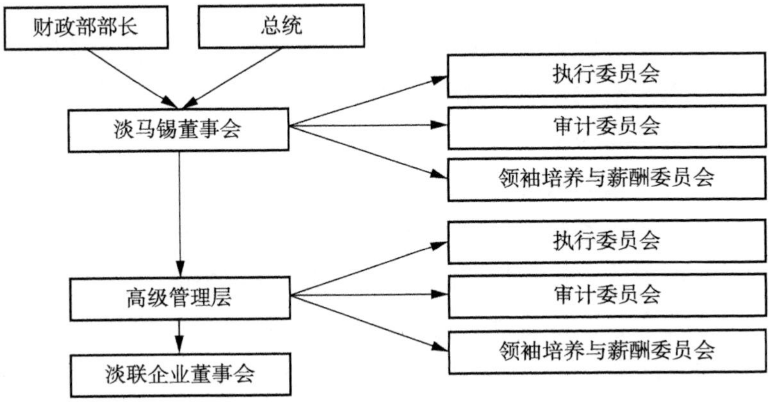

图 4-1 新加坡权力机构对淡马锡及其联合企业的管理

资料来源：根据文献整理得出。

因此，淡马锡必须定期将财务报表上报财政部，在此之前，还必须经国际权威审计公司评阅，以便于财政部了解并掌握淡马锡的经营状况。另外，凡涉及淡马锡及其旗下公司的重大投资决策与重点经营事项变更，如首次公开上市、改变经营范围或海外投资并购等，均须上报财政部审批与备案。淡马锡每年需要从赚取的利润中派发股息给财政部，而且，派息方案要由董事长建议，并在年度股东大会上提交财政部考虑。当然，在“持续向股东上缴回报”与“保留收益进行再投资”之间，董事会寻求平衡点。淡马锡向财政部上缴的股息就构成新加坡政府的投资收益。财政部对淡马锡董事会成员有任免权，但是，财政部对董事任免或续任的决定，需得到总统同意。同样，董事会对首席执行官的任免，也需获得总统同意。

二、股东的权利

作为股东，政府通过控股淡马锡，希望其所投资的企业能够给予可接受范围内的回报，并且持续推进其不断通过再投资创造出新的价值。这与股份制公司的股东要求并无任何差别。新加坡政府刻意避免参与淡马锡及其所投资企业的各项商业决策，基于充分授权、精于执政、保持中立、无为而治的控制原则，确保淡马锡及其所投资企业能够完全自主地依据商业规则，进行资本运作与经营管理，使其不受任何行政性干预及政府公益性指令干扰，不断积累价值。该管控模式使淡马锡及其控股的新加坡国企在与世界其他国家及地区同类型国企相比时，绩效水平总能脱颖而出。尽管“无为而治”是新加坡政府对淡马锡及其控股国企治理的基本态度，但淡马锡毕竟还是由政府出资设立的，所以，政府是委托人，淡马锡管理层是代理人。因此，通常会在公司治理中出现的委托代理问题，在淡马锡中也同样会存在。表4-1为淡马锡控股与总统的关系。

表4-1　淡马锡控股与总统的关系

具体关系	内容形式
董事与总裁的任命	新加坡《宪法修定案》第五章规定，淡马锡及其控股公司的董事或行政总裁，在得到财政部的委任或卸任前，必须由总统全权批准，除一般的信托责任外，淡马锡及其控股公司的董事会要向总统负责，确保每项投资在市场公允价值的基础上进行交易
储备金的动用	新加坡历届政府长期积累的储备金在动用前必须得到总统批准，淡马锡公司章程也同时规定，其年度运营预算或任何被提议的交易，如需动用或削减淡马锡过去长期积累的储备金，也必须获得总统批准
确认结算报告	淡马锡董事会主席和行政总裁需要每半年向总统报告淡马锡储备金结算情况，以及历届政府长期积累的储备金结算情况
明确责权	无论是总统，还是新加坡政府，都会以淡出决策及避免行政干预的方式，不参与淡马锡具体投资活动

资料来源：根据文献整理得出。

为降低委托代理成本，新加坡政府严格把控对淡马锡管理层主要高管的选任程序。新加坡《宪法》规定，淡马锡的公司章程或备忘录条款要符合《宪法》。即任何淡马锡及其下属控股公司董事或首席执行官的任命和免职均应征得总统同意，否则将被视为无效，但具体人选名单，则由财政部下设财长议会中的任命委员会来确定。财长议会是对国有资产监督与管理的最高代表机构，任命委员会则由新加坡财政部长牵头成立，由财政部长、各部长及行业专家组成，财政部长任主席。在任命委员会内，各部长与财政部长是同样的行政级别，而非隶属关系。而且，任命委员会不仅要选定淡马锡及其控股公司的董事，还要选定淡马锡向其控股公司派出的董事长。① 淡马锡的股东大会由财政部长、董事与高管等人员参加，议会和总统均不参与淡马锡任何投融资及商业运营决策。新加坡财政部负责联系淡马锡，其职责也仅限于接收淡马锡经审计后的财务报告，以及为财政部长准备接受议员质询的经营资料。

第二节　董事会组成与职责

1985 年，受东南亚私有化浪潮影响，新加坡政府尽管被迫将其持有的国企部分股权转让给私营企业或外资，但也帮助大量国企建立起规范的公司治理结构。例如，将董事会独立于经理层，并对后者实施有效的监督。特别是，在董事会结构中，独立董事要占多数，有助于国企做出科学的经营决策，从而避免利益纠纷，也可促进绩效水平的提高。

一、董事会组成

新加坡政府监管整个淡马锡及其控股的淡联企业的关键在于其董事会。淡马锡董事会是政府与淡马锡经理层之间的防火墙，有效实现了政企分开。淡马锡董事不仅来自各种行业和各类公司，甚至还来自不同国家。每名董事都在不同领域内发挥着各自的特长，并且拥有着丰富的从业经验及明确的任务使命，致使淡马锡也始终具有清晰的战略目标、准确的投资定位与有效的执行能力。董事长和首席执行官不能兼任，而且，首席执行官的任免要由董事会决定，并经总统同意，以保持董事会的独立性（见表 4-2）。

① 胡改蓉．新加坡国有控股公司的制度设计及面临的挑战［J］．法学，2014（6）：81-91.

表 4-2　淡马锡控股董事会成员简介

姓名	国籍	董事会职务	执行委员会	审计委员会	领袖培育与薪酬委员会	其他职务
林文兴	新加坡	董事长	主席		主席	新劳动基金副主席、智总创优合作社主席
郑伟强	新加坡	副董事长	委员			永泰集团主席及董事总经理
柯逢豹	新加坡	董事		主席		康福德高集团董事总经理、新捷运公司及维康有限公司副主席
吴友仁	新加坡	董事		委员	委员	吴控股有限公司董事总经理
连宗廉	新加坡	董事		委员	委员	华兴公司执行主席
张铭坚	新加坡	董事	委员			新传媒集团主席
马库斯・瓦伦堡	瑞典	董事				瑞典北欧斯安银行主席
黄鲁胜	新加坡	董事		委员	委员	新海事及港务管理局主席
罗伯特・佐利克	美国	董事				高盛集团国际顾问委员会主席
何晶	新加坡	执行董事	委员		委员	

资料来源：根据文献整理得出。

淡马锡董事会向总统负责。其董事成员分为非执行独立董事和执行董事，两种董事都是行业领袖，由董事会按照招聘流程在全球范围内选聘，具有多元化与国际性的特点。代表股东的董事来自财政部或其他政府部门的高级公务员，并且由新加坡政府授权委派，代表国有资产所有者的权利。淡马锡独立董事由商业经验丰富的社会私人企业或优秀跨国公司企业家担任，以此确保淡马锡在全球范围内进行资本运作，使各项战略性投资都变得精准有效。执行董事来自淡马锡经理层或其控股的淡联企业领导层，并负责执行公司发展战略。

二、董事会职责

淡马锡董事会要向经理层提出总体的战略方针和发展政策，分配各项职位权力与安排任务内容，以及对淡马锡控股淡联企业进行监管，并任免其经理人员等。作为最高决策权力机构，淡马锡董事会必须保证独立性和权威性，即不受政府或外界社会干涉，对经理层经营管理行为进行有效监管，由此确保其能够高效运作。所以，在淡马锡内部，会形成团结有力、专业干练的经理层。淡马锡及其控股的所有淡联企业，对董事会成员的选聘都极为慎重。成员要么是新加坡政府里有卓越功绩的高官政要，要么是曾任职并直接掌控世界顶级跨国公司的总经理。对“经理层候选人是否有正直的品格及经过考验的办事能力”等其他方面的条件，淡马锡董事会也非常重视。

淡马锡董事会下设三个专门委员会，即执行委员会、审计委员会和领袖培育与薪酬委员会来协助工作。在 2005 年 9 月前，除以上三个委员会外，淡马锡控股董事会中还有一个专门委员会，即资本资源委员会，但后来其被并入执行委员会内，由后者接管并负责制定有效管理淡马锡所有资本的运营政策和指导方针。审计委员会通过各项会计制度和控制流程，主要审查其内部控制体系、财务报告流程、审计监督流程及法律条例合规度等，还要检查淡马锡在证券市场买卖股票等投资活动，协助董事会履行其监督职责。同时，根据淡马锡整体业绩表现，来确定其经理层、管理层和淡联公司领导层的薪酬奖励方案，并且对执行总裁及执行董事的薪金进行审核，以便与同行业的奖酬水平保持同步，来吸引并留住最出色的管理人才。

三、董事会特色

（一）事项决议的独立性与民主性

为防止淡马锡及其控股公司受到唯一股东（政府）的过度行政干预，新加坡《宪法》赋予淡马锡董事会极大的经营决策权，最终形成“董事会中心主义”的公司治理机制。因此，作为消极出资人，新加坡政府便不会介入淡马锡及其控股公司的具体经营活动。同时，为保障董事会正常行使职能，淡马锡及其控股公司极为注重完善并保障其决议机制能有效发挥，以促使董事积极履职。

例如，2013 年，淡马锡共举行过四次董事会，每季度一次。为方便参会，各董事可通过电话或视频会议方式进行讨论，并予以表决。为提高决策效率，避免出现僵局，当赞成票与反对票在数量上相等时，董事会主席有二次投票权，或决定性投票权。若董事的私人利益与淡马锡特定项目利益相冲突，就会被要求回避相关投票流程、不得参与商议或制定决策，以保障董事会决议的独立性和公平性。对于董事会在其权限范围内所做出的合法决议，政府股东不得随意撤销或否决。

（二）内控机制的高效性与安全性

淡马锡独立进行商业投资，必须既注重效率，又注重安全。对此，淡马锡及其控股公司往往有一套行之有效的内控机制，能够实现效率与安全间的平衡。淡马锡董事会授权经理层在一定范围内进行决策，如投资、脱售及运营等。但是，超出规定限额的事项，必须提交董事会执行委员会，或在必要时提交董事会批准。为保障经理层，尤其是首席执行官进行日常投资运营决策的安全正确，淡马锡在经理层还设置了三个专门委员会，协助首席执行官进行投资决策。

该三个专门委员会及其分工职能大致包括以下三点内容：一是战略、投资组合及风险管理委员会，主要负责评估各种市场商机和投资趋势，如国内宏观经济、全球政治环境、科技社会发展等；二是脱售和投资高级委员会，主要负责审查、监督和管理整体投资组合收益与风险，并在一定范围内有权灵活地维持、增加、减少或脱售淡马锡持有的股权；三是高级管理委员会，主要负责审查与制定整体管理和组织政策，例如由审计委员会批准的内控机制、投资估值、政策执行、衍生品框架以及道德规范与行为守则。当然，上述委员会的具体职权范围，仍须由淡马锡董事会批准。

第三节　经理层的业务管控

一、经理层构成

如图 4-2 所示，根据公司章程，淡马锡实行积极股东的管理方式，即通过影响下属公司战略方向，来行使股东权利，但不具体插手其日常商业运作活动，通过合理的机构设置，实现对淡马锡及其所投资企业的管控。淡马锡管理层内设部门，主要包括业务部、职能部和关键管理部（战略发展部、资本资源管理部和人力资源部）。同时，淡马锡通过增持、减持或持有股权，来管理其下级投资企业，以此创造或获得经风险调整后的长期回报。

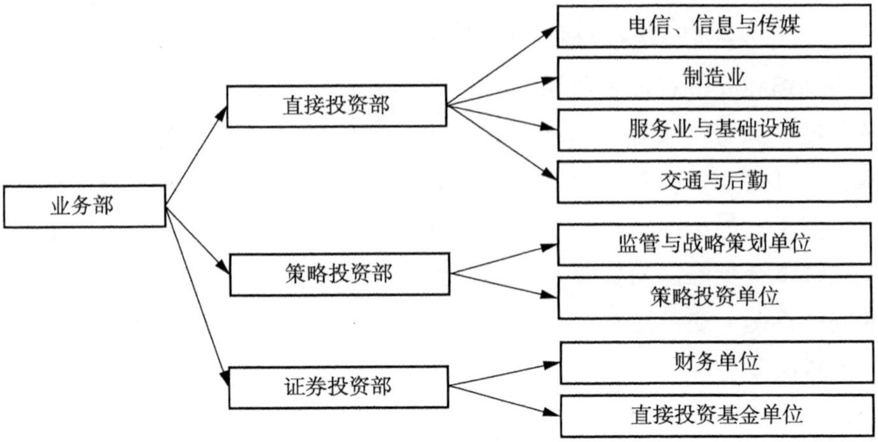

图 4-2　业务部门职能

资料来源：根据文献整理得出。

从 2013 年财报上可以看出，除上述三个部门外，淡马锡高管层还设有“投资部、战略部、人力资源部、税务部、法律及监管部、组织发展部、组织结构与领袖培育部、并购部、价值管理部、投资组合战略部、信贷资产组合部、特别项目部、企业事务部、财务部、市场部、风险管理部、私募股权基金投资部、企业发展部”等各类部门。

二、治理的角色

在下属投资企业中，淡马锡也推行健全的现代公司治理制度，支持其建立董事会，以实现对各层级下属企业的管控，但是，不会参与对其所投资企业的商业决策。淡马锡下属投资企业的具体决策均由各自董事会指导管理层来执行完成。淡马锡通过产权逐层控制模式，实现对投资组合的动态管理。淡马锡直接控股 20 多家高持股比例的公司，即直属子公司（二级公司），然后又分别通过股权投资活动或下设子公司等方式，控制了更多的下级公司（三级或多级公司）。这样就逐步形成了一个从政府到母公司、子公司、多级公司的产权结构。

（一）一级产权

新加坡财政部拥有淡马锡 100%股权，但不参与淡马锡内部管理决策。淡马锡董事会在投资决策和资金使用等方面享有完全自主权，不受新加坡财政部干预。

（二）二级产权

淡马锡持股比例超过50%的直接控股子公司有20多家。这些子公司独立经营、自负盈亏，由其子公司董事会负责决策和管理日常经营活动，淡马锡董事会仅对其直属子公司的总体经营状况实施监控。

（三）三级及以下产权

淡马锡直属子公司及其以下各层次企业的组织结构与淡马锡无直接关系，而主要是通过直属子公司逐级实施产权管理。下层各级子公司完全按市场规则运营，与一般的私营企业并没有明显区别。

三、经理层特点

在淡马锡及其控股公司的发展历程中，在很长一段时期出现过内部经营管理行政化的现象。淡马锡董事通常由政治官员担任，虽然公务员任职董事，方便政府对淡马锡保持监督与控制，但委托代理问题也会随之产生。这会使董事会成员间产生利益目标上的冲突。作为政府股东代表的董事，要追求特定的社会公益性目标，而不是股东利益最大化。但是，不代表政府的董事，往往代表中小投资者利益，追求投资回报最大化。并且，尽管政府官员通常都有良好的业务素质，而且基于其优良的政绩表现而被提升，但政府公务员仅是典型的政治精英，大部分缺乏创业冒险精神，经营动力不足。所以，政府官员选任董事，极大地抑制了淡马锡的业务发展。截至2002年，淡马锡才选出第一个非公务员出身的首席执行官。但是，从国外引进有丰富商业经验的高管后，由退休军官、国家公务员经营淡马锡的管理体制受到严峻挑战，一去不复返。

为保障淡马锡董事会的独立性，更好地发挥董事会商业决策权力及对经理层的监督职能，在董事会席位设置中，独立董事的数量大大超过执行董事。此外，为配合实施国际化投资战略，淡马锡还专门成立了国际投资小组，吸引来自美国、英国、日本、中国、印度等国家具有不同管理背景和投资经验的多名高级人才，任命其为小组成员。与此同时，淡马锡独立经营的纯商业性治理立场对淡马锡海外并购业务的促进，表明该小组会起到明显的促进作用。以2007年12月淡马锡动用3.45亿美元收购美林公司股权为例，该笔交易之所以能顺利完成，主要是因为双方都基于明确的商业规则。在此过程中，淡马锡国际化战略咨询师，即美林公司副主席，发挥了关键性作用，还缓解了美林公司对交易信息的不对称，增强其对淡马锡的商业信任。

第四节　对淡联企业的管控

一、董事会构成

淡马锡下属控股公司（以下简称“淡联企业”）都独立经营、自负盈亏，由公司董事会和总经理自行负责决策和管理日常经营活动。淡马锡董事会作为产权代表，对淡联企业的经营活动负有监督管理责任，以确保国有资产的保值增值。各淡联企业董事会都按《公司法》的规定，由股东大会选举董事组成。淡马锡根据在淡联企业中的持股比例，推荐董事候选人。在淡马锡持股比较高的淡联企业中，董事会主要由董事会主席、淡联企业提名董事、淡马锡提名董事，以及政府部门委任董事等人员组成。淡马锡对淡联企业董事的职位非常看重，并赋予淡联企业董事会有很大自由度的决策权力。当然，也要求淡联企业董事必须到第一线调查了解实际经营情况。在淡联企业董事的选聘上，淡马锡注意从商界和公共服务领域搜寻高端人才，以保证其董事会能够拥有极好的双边代表性，使董事会各项决策兼顾投资者与政府两头的观点。淡马锡鼓励淡联企业给予董事符合市场行为准则的、有竞争力的薪酬。

类似于淡马锡董事会下设的专门委员会，淡马锡要求淡联企业董事会中也普遍设立三个专门委员会，即审计委员会、薪酬委员会和提名委员会。其中，审计委员会向董事会报告“内外部审计人员所做的审核工作是否具有有效性和准确性、信息披露是否恰当、风险管理情况以及内部监控系统质量”；薪酬委员会为高管层制定全套的薪酬结构，如股票优惠认购计划、股票期权等；提名委员会是淡联企业内部对董事候选人进行详细考核、筛选推荐的部门机构。所有淡联企业的提名委员会至少有 3 名成员，而且必须是独立董事占多数。淡马锡对淡联企业的监控绝不局限于对大股东的控制权，而是包含公司总体经营状况在内的多方位监控。对淡联企业重大投资及资产重组，淡马锡也要进行慎重监督，由此协助其确认行业发展趋势，选择正确有利的并购方案。

二、上下相制衡

淡马锡控股公司是由政府按公司法成立的，不直接受议会管辖，但受淡马锡控制，并拥有至少51%股权的公司。2007年新加坡财政部官网显示，如同新加坡其他公司一样，淡联企业基于商业目的运作，而且必须能随商业环境变化而迅速变化。淡联企业基于公司法建立，依据法律进行报告和信息披露。如果淡联企业在新加坡证券交易所进行股票交易，那么应将每年经营的财务情况向投资者或股东报告。政府希望所有的淡联企业，都能够经营运作良好且富有竞争力。由此可见，每家淡联企业都是独立的商事主体。此时，淡马锡与淡联企业的关系和与其他机构投资者相同，都是追求商业利益的投资关系。一方面，作为股东，淡马锡通过企业间投融资、资产重组等实现价值；另一方面，也通过良好的公司治理，为所投资淡联企业增值。其实践表明，在部分私有化的国企中，良好业绩的主要源泉就是高标准的公司治理。作为政府股东的代表，淡马锡有权去任命淡联企业的董事会成员，并规范高管行为，但并不干预淡联企业的具体经营。

淡马锡对淡联企业的治理机制主要发挥如下四个方面的作用：一是通过建立董事会指引（包括董事会的合理构成、董事任期、董事会规模，以及设立各专业委员会等），帮助淡联公司建立起高效的董事会；二是促进淡联公司集中精力打造核心竞争力，但并不反对淡联企业在追逐股东利益最大化的情况下，抓住多样化发展的机会；三是促进淡联企业在全球范围内聘任最好的经理层，并给予其富有市场竞争力的薪酬；四是与淡联企业紧密合作，采用适当的评价标准，促使其余股东利益保持一致（见表4-3）。为更好地帮助淡联企业建立良好的公司治理机构，淡马锡还设有专门团队负责淡联企业高管任免的有关事宜。需要说明的是，尽管淡马锡在一般情况下不介入淡联企业的日常经营活动，但财政部也不希望淡马锡仅为消极股东，而是在有关企业价值、人力资本等事项上，与淡联企业进行合作，同时在战略性发展计划和可持续发展事项上予以帮助。在实践中，如果有必要，淡马锡为维护集团整体利益，也会毫不犹豫地以积极股东的身份，通过股东大会行使投票权，对淡联企业决策发挥应有的控制作用。

表 4-3 淡马锡控股公司对淡联企业的治理机制

制衡机制	机制结构	机制内容
激励机制	短期薪酬	主要按照绩效指标分红，包含年度现金分红，以个人、团队和整个公司的业绩表现作为考核标准
	中期薪酬	主要指财富增值分红，以员工各自绩效及某时期的相对贡献为考核指标，当财富增值分红储备账户结余为正时，高管层将获得超过其财富增值个人账户结余 1/3 的奖励
	长期薪酬	主要指员工可获得联合投资单位价值，以绩效或时间作为兑现条件，投资单位价值随公司股东总回报有所增减，期限不超过 12 年
	风险奖金	2008 年前，淡马锡财富增值呈现正数，淡马锡通过财富增值奖金发放及员工联合投资单位升值，与员工分享绩效奖励；而在 2008 年全球金融危机期间，淡马锡投资组合回报低于风险调整后要求的资本回报，连续的负数财富增值，令每个员工的个人财富增值分红储备结余降低至 0
约束机制	所有权约束	淡马锡通过国家控股方式拥有众多上市和不上市公司股份，国家作为第一大股东拥有其财产所有权、剩余索取权和控制权，只是由政府股东对其资产所有权的委托管理代表，即董事会去行使，政府对淡马锡的监管有：一是委派官员进入董事会来影响并监督公司重大决策；二是通过财务报告和项目审批制度监管公司重大决策；三是不定期派人到公司或其子公司调查情况
	内部监督与约束	淡马锡对淡联企业的监控包括：淡联企业董事长和总经理的任免须报淡马锡批准，任期不超过 6 年，董事长和总经理分别设置职位，淡联企业董事会规模可自主确定（一般为 12 人），但必须保证留有一定比例的外部董事，淡马锡鼓励从全球物色优秀经营管理专家加盟；淡联企业开拓新业务时，须经过淡马锡审核批准，否则将被视为违纪；业绩考核指标因行业不同而有所区别，具体到某个淡联企业某年的指标高低，先由淡联公司提出基本比率，后与淡马锡协商确定；定期对淡联企业进行业绩分析，提出对策，如集中核心业务、调换高管人员或调整考核指标等
	外部监督与约束	淡马锡外部监督与约束主要来自政府、商品竞争、资本市场和经理人才，新加坡实行严格的反腐倡廉法律，除由总统直接负责的反贪局对国家公务员活动进行监督外，政府还鼓励新闻媒体对侵吞国有财产和贪赃枉法的行为进行公开曝光，淡马锡定期向财政部递交财务报表，使财政部掌握其经营状况，而且要随时接受政府检查，社会公共监督也非常有效

注：淡马锡薪酬激励最大的特点是，将公司的中长期发展与薪酬激励挂钩，形成即期支付与递延支付两种方式。特别是递延支付方式，通过衡量召回机制和市场风险确定最终发放时间，使企业中长期发展战略获得稳定的投资支持，实现市场周期内可持续性回报。

三、要保持距离

与淡联企业间一样，淡马锡与淡联企业间也贯彻着“保持适当距离”原则。淡联企业也同其他任何私人企业一样，在商场上独立自主地运作，淡马锡也并不谋求政府给予淡联企业任何形式的财政津贴或政策保护，让淡联企业在市场竞争中，去经历各种商业锻炼。如果淡联企业向淡马锡提出需新增资本或新投资项目等，淡马锡也会按照一般商业准则来进行评审，评审标准在于该项目的投资回报率是否合算。另外，淡马锡“保持适当距离”原则，还体现在不谋求控股。其会带来以下两点好处：一是节约资本金；二是可充分发挥私人股东监督的积极性，降低投资风险，并且避免来自淡马锡或政府的不适当干预，保证淡联企业能够完全按照法律规范进行市场运作。虽然淡马锡从不直接控制淡联企业经营决策，但是其会将工作重点放在“要求旗下所有淡联企业建立核心价值观、细化重点业务、培养高端人才、制定发展战略、争取持久盈利等”宏观层面上，以便更好地履行政府出资人角色。作为政府股东代表，淡马锡严格遵循《公司法》要求，按照市场经济规则，参与其所投资的淡联企业管理，但不参与其具体的商业投资运营活动。

淡联企业具体的经营活动，由各自管理团队来组织，并由各自董事会来监管。作为积极股东和政府出资人代表，淡马锡通过淡联企业间重组，增加其实际价值。根据规定，淡马锡董事及总经理均由总统任命。董事成员中须有若干政府官员，而且仍保持公务员身份，薪水由政府支付，淡马锡不予以支付。但是，政府会根据淡联企业经营状况，对委派淡马锡的董事实行奖惩。如果董事不按政府意图办事，政府也可随时撤换。淡马锡独立的商业运作模式，为其未来发展，尤其是“走出去”国际化战略的实施提供很好的制度支持。淡马锡模式的特点就是坚持国有控股地位、董事会治理和经理层激励相容。淡马锡已从一家国资投资公司演变为全球重要的主权财富基金，其收益不仅来自实业投资，还来自亚太地区蓬勃发展的新兴金融市场。

第五节　以新加坡航空为例

2015 年，新加坡航空公司（Singapore Airlines：SIA）登上世界知名旅游杂志（*Travel+Leisure*）全球最佳航空公司排行榜的第一名。作为国有控股企业，1985 年 SIA 正式在新加坡挂牌上市，头三年分别盈利 8500 万新元、1.13 亿新元和 1.1 亿新元。由于每年盈利很高，政府为维持其经营稳定性，将部分股份（不高于总股本的 10%）出售给 SIA 职工，以发挥股权激励效果。2000 年后，SIA 就一直给予各级员工优先认股权，从而维持团队稳定，降低人才的流失率。

一、治理机制

SIA 的控股股东（第一大股东）始终为淡马锡。其持股比例虽然曾暂时出现过增减，但整体波动幅度不大，最高值 56.76%，最低值 54.14%，上下变化不超过 3%。[①] SIA 前 20 大股东更替相对频繁，但后 15 位股东的持股比例变化都不大。通过梳理 1999—2015 年的财报可以发现，先后有 38 家机构跻身于 SIA 的前 20 大股东行列，不过，只有前 5 大股东相对稳定，而后 15 大股东的持股比例大体维持在 4.3%～8.1%，对淡马锡董事会决策不构成任何影响。

淡马锡将淡联企业按性质划分为两类，并采取不同的监管方式。这两类淡联企业及对其监管的主要内容为：一是关系国家重要资源和公共政策目标的企业，如水资源、能源、机场和港口等，淡马锡采取绝对控股，代表政府股东行使控制权。二是有国际市场发展潜力的企业，淡马锡支持通过企业并购、资产出售、新股发行等方式，加快国际化进程。SIA 则属于第一类的淡联企业。

新加坡《公司法》规定，SIA 董事会成员由提名委员会推荐。作为第一大股东，淡马锡可根据持股比例推荐董事候选人数。最后，经股东大会选举产生。例如，2001—2005 年 SIA 的董事长就来自淡马锡的推荐，同期也进入淡马锡的董事会。1996—2015 年，SIA 每年向淡马锡上交分红。淡马锡每年的收入来源有：脱售所得、股息收入、基金收益和其他收入。淡马锡必须将利润总额的 15%上缴给财政部，其余部分才可自主再投资。

---

① 郭巍，张文魁．海外国企：新加坡航空公司的分析与启示［N］．中国经济时报，2016-12-08.

二、董事职责

淡马锡基本不参与SIA商业决策或投资运营，但这并非意味着放弃对SIA的监管，而是采取“保持适当距离”的原则，具体表现为在SIA中推行健全的现代公司治理制度。例如，坚持SIA董事长和总经理职位不得兼任，鼓励董事会与经理层加强合作。其治理制度的主要目标，具体包括以下四点内容。

一是提高SIA决策准确度，鼓励SIA给予董事符合市场行为准则、有竞争力的薪酬。同时，要求提名委员会成员至少三人，独立董事必须占多数。而且，淡马锡不对SIA提供商业贷款。

二是密切关注SIA经营业绩，建立业绩考核制度。根据行业特征，设置不同考核指标。如果业绩下滑，执行委员会启动相应问责机制。

三是根据SIA财务报表，每年至少开展两次业绩分析，并实地检查。对涉及SIA重大资产交易，淡马锡会进行谨慎监管。

四是适时调整对SIA的持股比例。例如1985年，淡马锡减持SIA股份，以配合政府实施私有化计划，2001年的不定期减持，则是淡马锡基于SIA国际化发展考虑的主动战略撤资。这样一方面节约资本金，加快海外投资，另一方面会促进私营经济发展，完善社会监督机制。

三、经验启示

SIA能在成立后的短时间内跻身全球顶尖航空公司行列，离不开淡马锡对其发展战略的合理设计，以及规范的公司治理结构、独特的政企关系等。通过对SIA的案例分析，可以得出以下三点启示。

一是国有控股股东不干涉SIA的持续创新是其成功的重要驱动力。SIA自成立后，就面临全球开放的市场竞争。严峻的外部市场环境，使其很早就确立“提供高质量顾客服务的世界一流亚洲航空公司”的目标定位。之后，SIA通过塑造“新加坡女孩”品牌形象、提高头等舱商务舱服务质量、控制机群平均飞行期限和缔结联盟合作战略等方式，解决高质量服务和低成本运营间的矛盾。

二是政企分离，激发高管活力。国企在发展过程中，不应依靠政府支持和补贴，而失去直面市场竞争的勇气和能力。国有控股公司定位应该是进行商业运作，但也要考虑社会政治目标限制。例如，淡马锡雇用数万名员工从事半导体制造业，该计划每年会损失千亿元。淡马锡之所以不肯放弃，就是为遵从新加坡政府所确定的“经济总量来自于在制造业创造更多就业机会”目标。

三是不能忽视政府对国企统一规划布局的监管者身份。仅将服务投资者利益作为工作目标，就无法履行对国资实施统一监管的政府职能。而且，建立在分散产权主体基础上的多部门出资人监管，不利于政府对国资总量、结构、变动等情况的掌握，更不利于在国家范围内进行战略规划布局，并难以实施有进有退的结构调整。

第五章

欧洲国家金股制度

广义的股权一般包括知情权、受益权和表决权等。知情权是指只要投资，就拥有了解业务经营和财务状况等信息的权利；受益权包括获得分红、资本增值和剩余资产分配的权利，取决于被投资企业具体的经营状况；表决权是对高管人员任免、公司章程变更、重大投资并购等重要事项进行表决的权利。① 作为一种特殊股权创新，金股制度的特点主要表现在以下四个方面：一是持有者多为政府，而不是非政府组织、企事业单位或个人；二是股票权力体现为否决权，而不是受益权或其他表决权（如提名经理等）；三是通常只有1股，而且不允许交易，所以无实际经济价值；四是通过政府与其他股东商定协议，针对某些个别的重大事项而言，并无统一的法律含义界定。综上可知，金股是政府持有的、对特定事项行使否决权的1份股票。从公司治理决议的投票机制角度来讲，控制权可分为事前控制权和事后控制权。类似地，因股东持股而被赋予的表决权，在不严格的含义界定上，也可分为事前表决权和事后表决权。前者包括提名人选、提议事项等权利，后者包括对提名或提议的否决权。虽然并无明确法理依据，但对实践有指导作用。即将表决权有所创新，以丰富控制权含义。金股制度突破现有股权理论，是一种全新的控制权形式。总体上看，知情权是投资者的基本权利，任何股东都有。金股与普通股的差别在于受益权和表决权。普通股既拥有受益权，又拥有表决权。优先股没有表决权，只有受益权。金股没有受益权，只有表决权（否决权）。

通常，金股是政府及其代表持有的特殊权利的股份，起源于1980年英国大规模私有化运动。为保证国家对某些重要领域的控制，英国政府在出售国

① 相对而言，表决权含义比较宽泛，为法律术语，也可以理解为控制权。

企大部分股权后，会保留 1 股或极少股份，并且，在该股的权利设置上，会增加特殊的控制权协议，以保证国家对国企私有化后的适当控制。随后，金股制度在欧洲各国得到普遍应用。金股制度能够保证政府对重要领域企业重大经营事项的控制权力，以及保护该企业免受恶意收购，但不恰当地使用金股权力，也会阻碍市场运行机制和资金自由流动。因此，了解欧洲各国金股制度，以及欧盟法院对境内金股制度所设定的限制条件，有助于理解金股制度及其发展趋势。欧盟“合并账户和报表指令”（83/349/EEC）规定，凡具有管理一体化特征或企业间交叉持股情况，视同构成金股控制关系。具体如下：母公司控制子公司股东或董事的多数表决权；母公司通过合同约束子公司的经营决策权；由子公司章程规定，母公司具有可支配权；因与部分股东间有协议，母公司控制子公司多数股份；母公司对子公司实现管理一体化；子公司自持股份或通过交叉自持股份，来增强母公司的实际影响力。此外，在欧盟“透明度指令”（88/627/EEC）中规定，若有增加附加表决权的情景，也可形成事实上的金股控制关系。具体如下：投票代理人就是候选人；持股企业被投票代理人控制，如企业集团内企业持股；因书面表决协议产生的表决权；因抵押而持有股份，并行使表决权；个人或企业持有对关联股份所拥有的表决权；正式协议允许投票代理人有表决权；投票代理人因股份保管关系获得表决权。

第一节 英国金股制度

金股制度（Golden Share）起源于 1979 年。[①] 撒切尔夫人在上台执政后，推行“小政府、大社会”政策，试图将国企改革作为实施新自由主义政策的重点。1982 年，为防止政府失去国企私有化后的控制权，英国政府决定在关系国家安全和战略行业的国企中设立金股制度。例如，在大英石油的公司章程中，首次引入金股概念。其规定作为金股持有人，政府拥有否决其他股东或董事会决议的权力。在英国保守党执政期间，国企金股制度的应用非常普遍。1997 年，新工党执政后，虽未明确提出国企私有化，但同样默许金股制度改革。随着经济自由化和全球市场化的迅速发展，金股制度在欧洲其他国

① 张立省 . 黄金股研究综述［J］. 首都经济贸易大学学报，2012（1）：93-100.

家以及亚洲、拉丁美洲等国家得到运用。后来，英国政府还对英国航空公司、信托银行等企业设置国家金股。一般情况下，英国政府对企业的金股控制方式主要有两种。

一、金股控制相对间接

拥有间接控制权的国家金股的特点是：针对特定事项决议，政府拥有的投票权总数量比股东大会上其他股东多出一票。大致应用于以下两种情况：一是某企业单独或联合其他投资机构（特别是外资）发出购买拥有超过 50% 投票权的股票要约；二是某企业独自或联合一致行为人后将在股东大会上拥有并运用超过 50% 的投票权。国家金股使政府股东代表有权召开额外的股东大会，并提出任何决议。国家金股持有人，即政府间接控制企业经营管理，涵盖从否决变更公司章程和发展战略，到否决提名、任命或解雇高管人员（董事和经理）。

但是，该金股制度对企业的控制相对较弱，不能直接限制其他股东行使应有的股权，而只能以投票权数多于其他股东的形式，来对各种重要事项的决议进行影响与控制。例如，在处理某些国企收购案中，虽然政府明确表示会使用金股来阻止收购，但收购方认为该种金股约束也可以通过《公司法》规定来予以削弱。[①] 例如，《公司法》要求“以全体股东的共同利益为重要考量”。如果该笔收购可被论证确实能为全体股东带来普遍的收益，那么政府投票权数量再多，最终决议都可能通过，并不会完全按政府意愿来拒绝执行。此时，目标企业遭遇收购，国家金股也难以提供足够的保护。

二、金股控制更为直接

拥有直接控制权的国家金股的主要功能是限制其他股东的股权。即在股东大会重大事项决议中，如果某私人或机构显示其拥有 15% 及以上的投票权，国家金股就可以赋予高管事前责任或事后权力，采取合法行动，强制剥夺其拥有的股权或投票权。如果该高管发现此人或机构（除被豁免外）可不被视为该项决议的利益相关者（拥有超过规定额度的股权），则该高管要向此人或机构发出“请求回避投票”的通知。而且，此通知内容是要求在 21 天或高管

---

① 孙若谦．利用金股制度深化国有企业产权结构改革［J］．北方经贸，2014（4）：129-130.

认为更合理的期限内，重新设置其持有股份的比例。如果该通知未被接收人执行，则该高管有权自行处理（出售）或核定接收人持有股份的投票权。

处理其股份的方式、时机和条款均由高管咨询银行家、经纪人等适当的利益相关者后再做决定。处置股份的净收益归公司所得，并支付给其他股东。处置的通知发出后，被通知的股份持有人在没有执行通知内容前，不能参加股东大会或对任何有关决议进行投票。其股票附着的各项权利均由大股东收回并行使。被授权高管依据国家金股规定做出的最终决定，以及其对股份的处置都是最终的结果，对所有股东都有约束力。由此可知，该国家金股对企业的控制权力更强，可以更有效地阻止可能会发生的恶意收购。

第二节　法国金股制度

法国处理政企关系的原则是，既保证国家对国企的所有权和领导权，又要使国企有经营自主权，让大多数国企能和按市场规律运作的私营企业一样。国家控股90%以上的国企，董事长由政府直接任命；控股50%以上，董事长由董事会选举，但需政府提名；控股50%以下，董事长由选举或协商产生，政府仅有发言权。董事长不得兼任总经理,① 董事会的政府代表和专家委员、独立董事均由政府任命。其中，国家代表一般是财政部或其他政府部门的官员，通过董事会来贯彻政策意图。实际上，通常是总裁独自挑选国企董事，然后由股东批准通过。因为董事以国家代表或政府任命为主，所以董事长和总经理的任免只是走形式。在法国的国有垄断企业中，高管一般为资深政府官员，不仅有丰富的行政经验，也有社会责任感。但是，国企高管有很强的政治背景，常常会随着执政党的更替而被撤换。

一、治理机制改革

1980年以来，法国对国企治理决策与监督体制进行改革，试图建立起现代公司治理机制。法国国企的控制权配置体系采用董事会制度，即：董事会下设经理负责制。国企日常经营决策事务由董事会负责。董事长对重大业务

---

① 刘迅，李东升．法国国有企业高管激励的经验及其启示［J］．管理现代化，2011（2）：62-64.

做出决策，要接受政府部门的指导与监督，事前都要同政府部长磋商，以实现宏观经济预期和社会服务目标。如果与政府部长间有严重分歧，董事长则会被撤换，或自动辞职。至于对国企子公司董事的选聘，政府不过多干涉，由母公司决定。计划合同制是法国国企主要的治理形式，即政府与企业签订计划合同书，明确双方的权利与义务。具体包括：保证运营收支平衡、维持生产经营活动、有效执行国家政策、承担社会服务义务（由此，其经营损失由国家补贴①）。以合同制形式明确国家监督的权利，以及国企经营的责任。垄断性国企与竞争性国企会签订不同的合同。政府对前者的控制程度高，管理严格，自主权相对少。而对后者，国家控制权仅限于任免国企高管，以及防止国资流失。

此外，法国政府会从以下两个方面对国企进行合同管理：一是制定详细、明确的法律法规，以此规定政企关系及内部治理机制，使政府对国企监管做到合法化、制度化，从而保证国企生产经营活动能够在法律允许的范围内正常进行；二是采用合同制形式对国企进行监管，签订合同，明确政府与企业间的责权关系，解决多级监督与自主经营间的矛盾。政府在任命完国企负责人后，就与其签订责任书。其主要内容包括：发展目标、经营战略、就业保证、技术研发、扭亏增盈、促进出口、强化培训、提供补贴、高管权责等。在责任书下，国企自主经营、自负盈亏。该责任书期限与国企负责人任期保持一致，一般为3~5年。每年政府部门会对国企责任人的履职情况进行一次评估，并与其晋升和奖金挂钩。②

二、设立金股制度

依据法律规定，法国设立金股制度，目的是“保障国家利益，维护国家独立”，但却未对其给出具体定义。在法国，由经济部负责规定“是否需要因保护国家利益而设置金股制度”。法国政府持有金股，具备以下三种权利：一是限制其他治理主体拥有的股权，政府可通过法令自由确定或严格限制各资本市场主体对目标公司所拥有的股权比例。当某私人单独或联合其他机构拥有目标公司股份达到预设比例时，可申请经济部给予事先批准。二是政府有

① 毛程连．国有企业的性质与中国国有企业改革的分析［M］．北京：中国财政经济出版社，2008.

② 刘银国．国有企业公司治理研究［M］．北京：中国科学技术大学出版社，2008.

权委任 1~2 名董事或监事作为其代表人，直接通过颁布法令任命，无须投票，以监察业务运作。既保证政府掌握经营情况，又避免政府对日常管理的过多干预。三是对国企资产处置的否决权，政府代表人并非普通董事，拥有对国企处置战略性国有资产的否决权。但是，该否决权的行使，也会受到特别法令的制约，也要得到经济部的批准，而经济部要在规定时间内做出决定，否则视为放弃。此外，拥有金股，还能对以下情景行使处罚权：在未得到经济部事先允许的情况下，某私人独自或联合其他机构获得超过法令规定持股比例的投票权，或某外资或其控股公司独自或联合获得核心业务 5%的股份，将不能实现未经事先允许的投票权，而且必须在三个月内卖掉已持有股份，逾期则自动转由法院命令卖出。对此，经济部有权更换董事会主席或实行该不当交易的董事。

法国国企金股制度受企业自由的有关限制，即股东可获取企业利益及控制企业的自由。法国最高法院认为，在考虑国家利益诉求的情况下，企业自由可适当受到限制。国企金股制度是为保障国有资产及维护国家利益而设的，规定金股权力范围，以及存续期限，就不会违反企业自由。同时，法国金股制度已经兼顾欧盟法律的有关规定。其具体特点大致有以下两点：一是欧盟内部保障资金流动自由，由于法国金股只设置在有关国家安全的重要战略性领域，欧盟法律允许各成员国为国家利益，对资金流动自由施加限制；二是欧盟各国应当给其他成员国以无歧视的国民待遇，法国金股仅在特定领域对外资持股有限制。但由于《罗马条约》在国家安全、防卫健康等领域允许对无歧视赋予例外，所以，法国金股也未曾违背约定。此外，法国国企金股制度有暂时性。根据法国法律，在不影响国家利益或已独立成功经营的情况下，国企内的金股可随时被经济部永久地转化为普通股。

第三节　欧盟金股限制

欧盟整体认为，金股制度可能会与推进欧盟一体化产生法律冲突，由此对资金流动和设立企业的自由构成损害，在不歧视外资的情况下，也对其他投资者有所限制。欧盟法院自 2000 年起，对内部各国的金股制度进行普遍审查。

一、限制条件

欧盟对各成员国金股制度进行以下两种限制：一是使用时不能有歧视性。除《罗马条约》规定领域外，行使金股时不应有针对外资的歧视。二是必须为最重要的国家利益而设置金股。虽然欧盟法院并未明确包括哪些领域，但通过以往审判案例，大致认定为“能源、电力、通信、防卫和健康等领域设置金股制度”是可行的，但在烟草、商业银行等领域，不可以设置金股。当然，符合条件的领域，也会随着国际形势而不断发生变化。例如，“9·11 事件”后，航空就被视为有关国家利益的重要领域，但后来也予以变更。

但是，金股必须通过适当的形式行使权力。通常采取“预先批准”制度，即某私人想拥有目标公司，试图获得超过规定持股比例的投票权，就必须取得政府事先的批准。目前已存在于很多国家的“预先批准”制度，被欧盟法院认定为不合理，理由在于，预先批准的经济后果有极大的不确定性，以至于投资者缺乏任何依据，难以预测其请求是否会被否决。此外，金股排他的权力必须均衡。即政府做出的决定，投资者应当有机会通过合法途径表达不满，并且有独立的司法程序对其进行审核。

二、各国情况

在欧盟法院已审判的各国金股行使案例中，只有比利时的金股制度被法院认为完全符合欧盟条件。在天然气和能源配送领域，比利时国企设置有金股，并且规定其战略资产的转让、出售、抵押等，必须通知政府。比利时政府有权在董事会任命两名代表。如果国企存在某些经营决策会对能源领域的国家利益造成不利影响，这两名董事可轮流建议政府废除董事会的此项决议。对政府废除决议不满的话，利益相关方可上诉到比利时最高行政法院，请求判决政府的决定是无效的。欧盟法院认为，比利时的金股制度满足为国家利益而设的条件，并且行使手段满足法律的确定性和均衡原则，具体包括以下四点内容：一是采用反对制，而不是事先批准，投资者不用事先申请批准，而且政府在认为国家安全受到威胁的情况下，才会予以反对；二是政府只在决议涉及特定国家财产时才反对，如改变能源输送网络等；三是政府只在决议危及国家能源政策时才介入；四是存在司法救济方式。

法国和英国的金股制度因存在“预先批准”制度，被欧盟法院认为其金股行使手段不满足所需条件；西班牙因设置金股的领域超越欧盟允许的国家利益范围，而且有“预先批准”制度，也不符合要求；波兰的金股制度对外资构成明显的歧视，不符合条件；意大利虽然没有“预先批准”制度，但其金股行使方式赋予政府过多的决定权，不符合均衡原则；德国、丹麦、新西兰和卢森堡的金股制度虽已得到欧盟委员会的关注，但仍需欧盟法院进行详细审查。

三、反对声音

欧盟各国政府普遍认为，欧盟法院对金股制度要求的条件太过严格。尽管欧盟法院后续用措施保证成员国遵守其对金股的判决，但是波兰政府、西班牙政府仍表示不愿意予以执行。对欧盟法院要求其废除在意大利电信公司中设置的金股制度，意大利政府非常抵触。德国政府对大众汽车持有金股，新西兰在国家电信公司中持有金股，虽然也都受到欧盟法院的密切关注，但也不打算废除其金股制度。然而，欧盟法院的判决对各国金股制度的进一步发展有很强的指导作用。例如，匈牙利计划尽可能长地保持国家石油和天然气公司中的金股制度；罗马尼亚也希望在国家石油和天然气公司中延长金股制度；保加利亚私有化国家电信公司后，希望在其中设置金股制度。所以，有许多欧盟国家在仿效比利时的金股制度，即按欧盟法院的要求进行设计。

继英国、意大利和德国开创并实践金股制度之后，法国、葡萄牙、比利时、白俄罗斯等国在国企私有化中纷纷效仿。另外，部分亚洲国家，如马来西亚、韩国等，也曾设置过金股。[①] 尽管欧盟法院认为，金股制度明显违背欧盟条约中的资本平等原则，并不断对采用金股制度的欧盟国家提起经济诉讼，但金股制度特有的国家控制效果是不可替代的。因为金股保留政府对重要行业或战略性领域国企被私有化后的重大事项的否决权，所以可较好地平衡“保障政府控制权与激发企业活力”间的关系。进而，金股制度成为西方发达资本主义国家在特殊时期，政府把控国家经济走势、维护公众利益和保障政治稳定的重要产权制度。

① 吴越．国企“混改”中的问题与法治追问［J］．政法论坛，2015（3）：26-37.

第四节　划分阶段实施

英国政府于 1980 年着手实施英国电信公司私有化方案，通过 1984 年、1991 年和 1993 年的三次减持，才完全放弃政府拥有的股权及其收益，只保留金股。由此，英国电信公司由政府垄断型国企转变为在市场自由竞争的一般性股份公司。①

一、第一阶段

即普通股+优先股+金股。也就是说，政府保留部分普通股，将其余普通股转换为优先股，同时，设立仅占 1 股的金股。在普通股与金股并存的情况下，政府不仅持有普通股，还有无投票权的优先股。但政府持有的普通股占总股本的比例下降，其他股东对高管提名、重大重组、发展战略等重要事项的表决权也会相应增加。

这样，无疑有利于增加投资者参与入股的积极性。从政府角度讲，尽管失去相当比重的事前投票权，但对重大决策依然能够行使最终否决权。所以说，与不设立金股且政府拥有全部普通股的情景相比，该阶段的私有化方案，使英国政府和战略投资者都能够接受。

二、第二阶段

即优先股+金股。也就是说，政府将剩余普通股再转换为优先股，仅持有优先股，却保留金股。也就是说，在一般情况下，政府只有收益权，按持股比例分得红利，但不能干预企业日常决策和经营管理。但是，政府依然在特殊情况下能够对特定事项行使否决权。例如，董事会接受外资收购、实施重大改制方案、大规模精简机构等。

此外，战略投资者拥有对部分重要决策事项的全部事前表决权，能够最大限度地将其经营理念、管理方法和专业技术引入企业。同时，政府则会根据企业具体的运行状况、决策风险等，相机选择是否行使事后否决权，真正

---

① 郭武平．“金股”：国有银行吸引战略投资者的有效途径——兼论国有银行股权设计［J］. 金融研究，2004（8）：78-85.

做到“有进有退”。

三、第三阶段

即撤销金股，只保留优先股。在英国及其他大多数发达资本主义国家中，金股制度都有期限，不会长期存在。例如，比利时和西班牙都规定了金股明确的存续时间。其意义在于，赋予其他股东最大限度的决策自主权，政府只享有红利。也就是说，政府最终会利用适当的时机，彻底退出企业，不再干预决策，而只参与分红，使企业独立自主，按市场竞争规则进行运营。①

① 周放生，赵攀．从“改制分流”到“外包分流”［J］．上海国资，2011（10）：64-65.

第六章

西方发达国家混改

目前，国内有不少学者极力推崇金股制度。在国际上，也确实有不少国家做出积极的探索。虽然金股制度被认为会对资本自由流动形成限制，但其能赋予政府“对已私有化国企的经营管理，继续施加影响力”的权利。所以，不可否认其制度价值。但必须看到的是，在金股制度下，国家持有的仅是象征性的股份（通常仅有1股），并非实际上的股票，既无法变现成为再投资的资产，也无法直接获得现实的经济收益。这可能会导致政府在行使控制权时，走向两个极端。一方面，因监督成本过高，缺乏行使金股的动力，难以有效控制；另一方面，行使得过于积极频繁，致使滥用控制权，政企难分。此外，行使金股的权利主要体现为对特定事项决议的事后否决权，并不利于国企在“落实社会政策、引导国民经济”等方面充分发挥积极的能动性。

更为重要的是，面对我国社会现实情境，政府不会允许将国资全部撤出，也不会一次性地改革国企产权，或彻底地私有化。所以，需要综合多种因素，因地制宜，酌情进行国企混改。例如，动态调整股权结果或控制权配置方式，甚至分阶段、分领域、分类别地采取不同混改模式。因此，除借鉴经济转轨国家国企改制和欧洲国企金股制度外，我国国企混改也可以考虑西方发达国家的相关措施，取长补短，在不断探索中稳中求进，以更好地推进国企经营管理效率提高，并且充分发挥我国国有经济在国民经济中的主体性，以引领其他多种所有制经济不断发展壮大。

第一节 英国多方控制混改

在英国，一般会采取多方控制的公私混合经营模式，即为达到某种私有化目的，让政府资源和私人部门（包括私人企业和非营利性组织）相结合。该模式的出现并非突发奇想，而是根植于英国当时的政治背景做出的一项折中制度安排，在特定历史时期，为公共政策执行的低效率难题提供解决方案。但是英国公私混合经营模式在初期给国有经济带来了一系列意识形态冲击及经营管理问题。例如，国有资产监管和私人企业控制间的关系、私人企业和非营利性组织的协同分工，以及不同公私合营战略的成本收益等。在英国《公司法》“第258节、第736节”中规定，母公司对子公司拥有控制权的判断标准为：拥有多数表决权；作为股东，拥有对多数董事的任免权；根据公司章程或书面合同，拥有法律承认的支配权（含经营权）；作为股东，与其他股东商议，独立控制表决权；管理一体化，从而具有影响力。然而，随着国企与私企进行密切深入的混合，社会公共福利和私人利益间的界定总会出现明显矛盾，从而会引发一系列法律许可、公共道德和财务风险等问题。

一、公私混合经营模式

第二次世界大战期间，英国实施国有化政策，当时的公私混合经营通常为政府采用特许经营，授权私人企业进行各类社会工业项目的设计融资、建设运营等过程。基本上，英国政府直接参与公共供给，私人企业仅从事某些特殊环节，如采购或建设等。但是，国企经营并非固定遵循某个简单逻辑。尤其是1980年之后，在崇尚新自由主义和货币主义的英国保守党执政时期，国企私有化和经济市场化浪潮如火如荼。随后，在英国工党执政的第三条道路引导下，私人企业对社会的贡献被再次放大。由此不断强调利益相关者社会（Stakeholder Society）各种治理主体间的共生依赖关系（Newman，2001）。如表6-1所示，英国公私混合经营的有些模式以政府主导，但还有些是基于公私利益共享和风险同担。

表 6-1 公私混合经营不同形式的比较

	公共杠杆	合同外包	特许经营	合资合营	战略合作
政府目的	给私人企业投资创造条件	减少费用，提高公共服务质量和效率	将公共部门经营权转到私人企业	提供政府与私人企业共同利益的公共产品服务，风险平摊	保证政府和私人企业长期合作，让私人企业参与公共政策制定
运行机制	政府为私人企业发展提供平台，给予税收优惠和财政补贴	政府与私人企业签订合同，提供公共服务，引入竞争	政府授权私人企业进行基础设施建设，一定期限后再转给政府	政府和私人企业签订资本运作和后期运营的合同	政府和私人企业建立长期或无期限合作战略与信任关系
筹资来源	公共财政	公共财政	政府补贴	私人企业出资，政府后期部分补贴	政府和私人企业共同出资
时间范围	中期或无期限合同	中短期合同	中长期合同	长期合同	长期或无限期合同
合作关系	政府直接找私人企业合伙	政府购买，私人企业提供服务	私人企业供给，政府监管	政府商讨确定项目并出资，私人企业筹资建设和管理运营	合同协商
举例	经济重建	垃圾回收，社会服务	英国铁路	重大基础设施建设	市民合作项目

资料来源：Jas P.，Skelcher C. Performance Decline and Turnaround in Public Organizations：A Theoretical and Empirical Analysis [J]. British Journal of Management，2005，16 (3)：195-210.

（一）公共财政杠杆

通过制定法律，英国政府运用财政投资对推动地方经济或企业发展发挥杠杆作用。这是国家财政调节经济的重要手段，为激发社会活动和促进企业增长提供资金保障，目的在于让私人企业实现“之前总被认为只有公共部门才要完成的社会目标”。① 英国政府使国家财政运作和私人企业建设间达到协作平衡，以推动全社会参与创造公共利益。

当英国政府通过核发补贴来为私人企业创造条件、保持经济活力及提高产业效率时，便会对全社会产生公共财政杠杆效应。英国政府鼓励并引导私

① Schaeffer P. V.，Loveridge S. Toward an Understanding of Types of Public-Private Cooperation [J]. Public Performance & Management Review，2002，26 (2)：169-189.

人企业经营者去实现公共政策和社会目标。例如，改善基础设施、刺激金融投资、提供公共服务及增进社会福利等。因此，英国政府采用公共财政杠杆，对不发达地区的经济重建和企业发展有重要的意义。然而，其缺点在于，当英国政府希望私人企业去实现公共政策时，极有可能会导致社会产品及服务供大于求，造成社会资源浪费。

（二）合同外包竞争

在促使提供公共产品或服务与消费者分离的过程中，英国政府重点关注的是满足民众的需求。即确定需要什么产品或服务，然后将其外包给私人企业来供应。因为英国政府认为，其指定的公共产品供给者可能不会有最好的解决方案，但是，合同外包能引入竞争及市场检验等机制，在工作实践、就业环境、管理事项中，会大量减少交易费用。因此，可以完善政府社会职能，提高公共服务质量。政府也会从关注职工、资金及其他资源的传输过程转变为更聚焦政策导向的最终目标。

当然，充分发挥合同外包优势，离不开自由的市场竞争和有效的政府职能。前者是关键，在公共产品服务市场供应充足的条件下，当每家企业都从各自利益出发时，为获得更多政府资源展开激烈竞争，以此实现生产要素优化配置。后者具有辅助功能，从“运营程序、员工技能和分层监督”转变为“服务设计、合同管理、沟通协商、调解纠纷和绩效审计”。同时，英国政府还对社会福利和健康服务等领域实施监控。事实上，合同外包的实践比理论更复杂，会存在“投机行为、内幕信息，复杂代理及提价压力”等问题。

（三）授予特许经营

英国政府会特别授予私人企业经营许可执照，来提供特殊的公共产品服务，并且规定其可适当收取消费者的使用体验费用。与合同外包不同，特许经营无须政府购买，费用直接由消费者承担。英国政府实施特许经营，要求私人代理商开发基础设施建设。通常，当建设完成并且运营期结束后，企业再把所有权转移给英国政府。英国政府会将行业垄断权力配置给私人企业。当然，在这一过程中会引入市场竞争机制，各潜在私人企业要竞标取得执照。

在英国政府对国企实施私有化改革后，铁路服务就通过特许经营形式来提供。已成功竞标的英国私人铁路经营公司，会按政府指导价提供运营服务。乘客支付公司费用，政府也会给予公司维护铁路设施财政补贴。在英国垄断性公共产品服务领域，由于其具有不能被全盘私有化的特征，所以特许经营能够发挥独特的优势，将部分责任和运营风险从政府部门转移到私人企业。由此，政府更聚焦于履行公共产品服务管理者的职责。

（四）合资合营合作

在英国，两个及以上组织共同经营项目，同时又保持着相对独立性，即合资合营（Uoint Venture）。这是一种通过合作协议或组建经济实体，达到帮助政府服务社会的特殊目的工具（Special Purpose Vehicle）。目前，英国合资合营形式被广泛地运用到公共基础设施领域，如学校、医院、公路、航空、交通及监狱等。英国政府在协议规定的特殊事项上，有一票否决权，从而确保政府部门对重大公共产品及服务事项的控制权。

英国常见的模式为DBFO，即设计（Design）、建设（Build）、融资（Finance）和运营（Operate）。也就是说，英国政府会先制定合作目标，然后与私人企业签订长期合同，再通过影子收费（Shadow Toll）① 支付其费用。在实际中，DBFO可简化为DBF，即省去运营环节，或者是DBO，即不再进行融资。DBFO给英国政府带来的潜在好处是，使其社会公共项目成本从财政债务中分离出来，而且，不影响项目原有的特定服务目标，并减少政府操作成本，将管理运营风险转嫁给私人企业。

（五）管理层收购制

管理层收购（Management Buy Outs，MBO）起源于英国，兴起于1980年。在英国保守党执政时期，作为英国公私混合经营的金融制度创新，MBO能够实现内部经理激励、降低代理成本、调整经营机构，以及优化管理体系。具体而言，当国企以出售、重组、改制等形式进行私有化时，管理者可通过借贷融资，在证券市场上不断收购股份，获得占优股权，以改变国企所有权、控制权及资本结构，并获得改革收益。

MBO操作者多为国企内部经理，使其最后单一的经营者转变为“所有者与经营者双重角色”。随着英国私有化不断深入，国企改革问题亟待解决。英国修改《公司法》，致使原国企管理层可通过抵押本企业国有资产，来筹集收购资金。许多收购都借助外资的支持来完成。表6-2所示是英国国企改革采取MBO的具体实施情况。英国具体的操作实践证明，MBO对理清国企产权、

---

① 对公益性基础设施项目，政府通过招标确定民间投资主体，并授权其负责项目融资、建设与运营。在授权期内，政府每年以财政资金或其他基金向其支付一定费用，以补偿其免费为公众提供服务的应得报酬。

重新明确所有者，以及建立经理层的长期激励，都有重要的作用。

表 6-2　英国国企的 MBO 进程

年份	具体情况
1989—1990	MBO 交易额达 75 亿英镑
1991—1992	被 MBO 后变为上市公司，更有投资吸引力，其交易数量稳步上升
1993—1994	并购市场更加活跃，MBO 数量达到了一个高峰
1995—1996	MBO 交易额占英国并购总额的 37.3%
1997—2004	每年 MBO 交易数量都保持在 600 起以上
2005 年至今	MBO 总交易额达 213 亿英镑

资料来源：余泽明．西方国家管理层收购（MBO）对我国的启示［J］. 贵州财经大学学报，2004（6）：27-31.

（六）员工持股计划

为摆脱 1970 年石油危机引发的经济滞胀，受到美国企业管理实践的启发，英国工党执政后便开始鼓励企业探索并建立员工持股计划（Employee Stock Ownership Plan，ESOP），并取得长足发展。在英国，立法税改曾两次推动 ESOP 迅速增长。第一次为 1972 年制定《年度财政法案》，对部分企业经理持股给予税收优惠。1973 年，又将 ESOP 范围扩大至普通职工。第二次为 1978 年修订的《年度财政法案》，制定了对经理分红收入的税收优惠政策。

1979 年，英国保守党执政，在金融改革立法和政府私有化运动下，继续推行 ESOP，并加以修改和扩充。1980 年，英国企业实行 ESOP 的数量不算太多，有大约 500 种分配职工利润的持股方式。到 1995 年，英国公民持有股票的人数达到 900 万，其中参与 ESOP 的人数已达 200 万。1999 年，英国政府又宣布扩大 ESOP 范围。通过 2000 年修订的《金融法》，使新加入 ESOP 的人数又增加 60 万。到 2002 年，在英国，约 5000 家企业实行 ESOP，约有 350 万职工参加。

（七）公私合营项目

公私合营项目（Public Private Partnership，PPP），最早由英国政府在 1982 年提出。为提供某类公共产品服务，英国政府与私人企业签署项目协议，授权私人企业来建设、运营和管理该基础设施，以及提供社会产品服务，从而将部分收益与责任完全转交给私人企业，形成利益共享、风险共担的合作团体。随后，为进一步挖掘社会投资潜力，英国政府不断扩展 PPP 所涉及的其他垄断性公益项目。1992 年，英国保守党执政，又设立民间主动融资项目

（Private Finance Initiative，PFI），针对基础设施的投资、建设、运营和管理，形成新型的公私合营项目。英国 PFI 的运行，以公私合营公司（Partnership UK）为主，其中，英国政府与私人企业分别持有 49%和 51%的股份。该合营公司的基本职能包括以下两个方面：一是为英国财政部制定公共政策提供技术支持，二是对从事社会公益性产品服务的各类具体项目提供相关帮助。英国政府一直都在探索“如何利用民间资本和私人企业，开展社会公共基础设施项目”。除 PFI 外，英国政府还实行产业整合（Integrator）、战略联盟（Alliance）等模式。前者是指英国政府接受竞标企业实施项目后，需要整合完成设计准备、物料采购、建设运营等一系列交付活动。后者与 PPP 不同，一般允许两个及以上有相同目标的私人企业共同参与到社会公共项目中，并且采取“一对多”的合作方式。这样，既有松散型的项目合作，又有紧密型的合资联营。于是，英国政府采取多种方式，广泛推动混合经济的持续发展。

二、以英国电信为案例

第二次世界大战前，作为英国最大、最有战略性意义的国企，英国电信集团（以下简称英国电信）由英国政府管理，在财务、人事等经营上，也不独立于政府。第二次世界大战后经济恢复时期，英国以新建国企的形式再次兴起国有化。一方面，私人企业被兼并为国企；另一方面，部分政府部门被分割成垄断性国企。原政府部门大部分被保留，成为国企主管机构，但并未形成集中管理。1964—1970 年，大部分机构被整合到贸易与工业部（Department of Trade and Industry），成为当时国企主管政府机构。虽然英国政府与国企互相独立，但实际上有诸多控制关系。1975 年，国有经济已占到 GDP 的 10%，其中国资占 9.4%。英国电信有独立法人资格、财务核算系统，以及人事管理权。董事会也有战略决策权，但其董事均由上级政府直接任命，特别是定价权和任免权。其使命不仅包括股东利润最大化，还要执行政府公共政策。此外，英国电信融资能力有限，除内部结余外，投资经费大部分来源于国家财政部下属基金（National Loans Fund，NLF）的贷款，由此，英国财政部成为英国电信最大债权人。

事实上，由于英国政府与英国电信没有清晰的关系定位，社会公众利益往往得不到保证，英国电信也没有良好的财务表现。1980 年，英国政府开始对英国电信进行彻底的私有化改革。现在英国电信已成为私人企业，但也曾经历过一个混改的阶段，所以很值得研究。而且，英国电信实施广泛的 ESOP 等多种混合经营模式，对许多国企改革也有借鉴意义。英国电信改制可分为以下三个阶段：1981—1983 年，英国电信完全为国企；1984—1990 年，未引入激烈的市场竞争，英国电信成功转变所有制结构，并接受新成立的英国电信局监管；1991 年至今，英国电信业完全市场化，政府仅对英国电信依法监管。由于国内存在激烈的市场竞争，英国电信已开始在不受英国政府的影响下，寻求开拓新的国际市场。

（一）第一阶段（1981—1983 年）

1981 年，为使经营管理独立于英国政府，而设立英国电信。作为上级部门，贸易与工业部指派代表并委任其董事。英国政府将对电信业的改革重点放在增加市场竞争上，但推行市场化进程并不顺利。在服务定价上，相比于降低社会公众费用，董事会更倾向于为投资积累资金，但这与政府目标相冲突。所以，英国政府通过 NLF 对英国电信的大部分投资予以资金支持。另外，从英国邮政公司拆分出来后，英国电信还需支付转移过来的资产使用费及基础设施维修费等，这些都形成英国电信的部分债务，由 NLF 承担，最终，NLF 占英国电信中长期负债的 80%以上。同时，英国财政状况也日益恶化。1981 年，英国政府赤字 135 亿英镑，占 GDP 的 5%以上。不过，当时石油、钢铁、航空和港口等国企成功完成私有化，这些行业的良性竞争为财政带来大量的税收。基于此，1982 年，英国保守党执政，开始对英国电信进行私有化，并对电信业进行市场化改革，以形成自由竞争的市场环境。但是，由于英国的电信业有“天然的垄断性、英国电信一家独大、已形成民生依赖性、行业监管缺位、英国电信与政府间债务股权关系复杂，以及员工就业、社会福利”等诸多因素，电信业市场化改革及英国电信政企分开，必将是一个漫长的渐进过程。

因此，私有化仅是第一步。在英国电信进行内部裁员、业务重组、员工持股和改善治理等私有化准备工作后，英国政府仍需完成以下五项任务：一是建立电信业基本的监管体系，防止英国电信用行业垄断力伤害公众利益；二是保障英国电信的独立经营，如供应商选择权和员工选聘权等；三是确保国家安全不受威胁；四是出售英国电信的股份价格必须足够弥补财政，并确保证券市场能够接受；五是理清英国电信与政府间的股权关系，以及偿还所欠财政部 28 亿英镑的债务。但是，在上述任务间存在许多矛盾。例如，严格监管，会影响英国电信利润及股票价格，最终降低财政收入；监管不严，会伤害公众利益；在英国电信还清欠款前，财政部不愿失去大股东地位。所以，英国政府要在其中找到平衡点，解决公众和投资者最关心的问题。

（二）第二阶段（1984—1990 年）

1984 年，英国政府推进英国电信私有化，出售其 50.2%的股份，以筹集 40 亿英镑。为减少证券市场融资压力，投资者可以分三年付款。而且，承销商将其股票的销售范围扩大至全社会群体，导致了社会广泛持股的情况。英国政府将其解释为，让公众直接持股，可确保其自身利益。除不行使普通股的投票权外，英国政府还承诺，在四年内不会出售持有的剩余股份，以免压低股价。同时，英国电信所欠财政部的 27.8 亿英镑债务，也被置换为"面值 27 亿英镑、利息 12%、到期日从 1985 年至 2006 年"的 22 种企业债券，由信托公司（Law Debenture Corp）代管。作为附加条件，英国电信发债上限被锁定在资本金的 1.75 倍，而且分红受限。同时，英国政府承诺四年内不会出售该债券。

英国政府对私有化后的英国电信的规范主要体现在《1984 年英国电信公司招股说明书》上，可总结为以下七个主要的特点：一是以英国电信管理局为主要监管人，《1984 年英国电信法案》和《1949 年无线电报法案》都规定了监管人的目标和职权。即英国电信及其他企业，需向英国电信管理局申请，经许可才能准入，英国政府可改变其许可证的附加条件，来规制其经营行为。二是保留价格上限监管，保护消费者利益。作为最大的电信基础设施所有者，英国电信必须承担大部分地区所有的电话服务。三是批准新的竞争者进入市场后，英国政府不行使其普通股的投票权干预英国电信的经营管理，如董事选举等。四是英国政府通过持有的金股，[①] 派出两位股东代表，仅在与公共利益相关议题上，发表董事会意见并参与投票。五是私有化后的英国电信，将作为私人企业正常交税，作为法人独立承担其行为责任。六是大部分员工养老金计划保留抗通胀性，但 1987 年后加入的不享有。七是政府有权在涉及国家安全和国际关系的事务上，干预英国电信。

1984—1990 年，在英国整个电信行业，实现政企分离，形成"公司独立运营，政府强力监管"的发展局面。首先，引入竞争，保护民众权利不受侵害，在涉及国家安全上强制干预。其次，限制大股东权力，以保障公司独立

① 行使金股权力，会基于以下保护：一是首席执行官必须为英国公民；二是任何不属于英国政府的个体或机构不得持股超过 15%。

运营及其他股东权益，维系股票价格，减少波动。再次，为保障英国电信持续经营，英国政府将其债务转化为可流通的长期债券，减少偿债压力。同时，又限制发债上限，以保障政府控制权力。最后，给予独立运营决策权。由此，英国电信私有化后获得人事财务自由权，并且可以积累投资，不再依赖 NLF。本阶段改革效果并非英国电信私有化的最终结果，其效率提升和成本下降，可以理解为全球整体行业的技术进步所致。另外，从英国政府财政收入来看，在英国电信私有化的五年后，每年仅净增 1 亿英镑，但是，销售股份确实大幅度充实了政府财政，而且英国通信服务质量确实有显著的提高。英国电信融资不再受限，管理层有权选择供应商和选聘员工，以完善财务系统。1984—1990 年，英国电信利润增长 90%。

（三）第三阶段（1991 年至今）

1991 年，英国电信成为世界各国国企改革的标准样板。私有化后，英国电信与英国政府的关系被放置于法律监管体系中，以固定条例为主，避免监管人违规操作，以确保英国电信的董事会意见也会得到英国政府的充分考虑，参与度相对较高。随后，欧洲其他国家也先后开始电信行业的部分私有化改革。同期，功能地理覆盖网络逐渐成为国际电信运营商竞争的重要指标。于是，欧盟将电信业对外开放和取消政府监管作为其未来重要的政策目标，期望建立欧洲电信业共同市场。1991 年，英美电信企业最早尝试拓展海外市场，通过交叉持股、合作协议、合资公司等形式，建立国际电信运营商战略联盟。

1992 年，欧盟推进欧洲电信业整体监管改革。但是，各国政府出于不同利益考量，致使整体议程在政治势力的角逐中缓慢推进。在各国电信业尚未完成转型前，欧洲电信市场不会完全开放。与此同时，随着互联网和移动通信的兴起，以及固定电话业务饱和，原有的电信业市场秩序也受到冲击。互联网新技术的出现，将高效整合“曾分离的、各国间的”信息网络（如有线电视、无线通信、固定电话等）。基于此，1991 年，英国政府发表《竞争与选择：90 年代的电信政策》白皮书，以推进电信业的全面开放。[①] 除开放基础设施建设和服务分包竞争外，允许有线电视运营商从事固定电话业务，并消除英国电信对国际通信的垄断经营，最大限度地保证英国其他电信企业的海外竞争优势。

---

① 郑艳馨．英国公用企业管制制度及其借鉴［J］．宁夏社会科学，2012（2）：23-29.

2000 年，英国电信国际化突飞猛进，但产生了过高的债务，于是，开始出售海外业务，并撤出国际市场。2004 年，英国电信又重拾国际化战略，至 2015 年，国际业务已占总收入的 38%，但相对于西班牙电信（63%）、德国电信（46%）、法国电信（45%）等其他欧洲运营商而言，这个数据也不算高。然而，在英国国内市场，尽管打破英国电信垄断地位和开放电信业竞争政策也在推进，但海外运营商的进入逐渐侵蚀其大部分市场份额。虽然英国电信不断升级产品组合，大力改善客户体验，但国有股仍占 20%以上的法国电信，在收入利润上已与其持平，就算是 1995 年才私有化的德国电信，在收入上也已是其两倍多。在很大程度上，英国电信早已失去 1991 年前的世界电信市场领先地位。

第二节　法国多重监管混改

第二次世界大战后，法国实行大规模国有化，恢复经济。1980 年，有 25%的工业企业、90%的银行都为国企，而且，大型国企集团产值占工业总产值的 25%以上，并全部接受政府监管。在西方资本主义发达国家中，其国际化程度最高。1986 年，在第一次国有股权转让运动中，法国议会通过并成立“法国国家股权及转让委员会”，来负责监督国企的私有化。其宗旨是在国有股权转让过程中，“维护国家利益、保护国有资产，以及公开公平公正交易”。该委员会有 6 名委员和 1 名主席，均由总理直接任命。委员需有经济财政和法律实务的资质经验，每届任期 5 年，无特殊原因，不允许辞职。一方面，委员会为国家级的独立政府机构，不隶属于财政部，不仅对转让价格的下限有决定权，而且有单独的立法权，并且从财政部获得预算支持。另一方面，虽然转让收入全部交给财政部，但转让预算由委员会编制，独立于公共预算支出。当前，法国正强化国有股权转让收入管理，并逐步建立经营性国有资产收支预算。

法国实行国资分类管理，即根据立法，确定并授权政府在处理国有资产所有权事务上的各项权力。法国的国资监管，以财政部门为核心，采取各部门协同监管的模式，而且，不设置专门机构来对国有资产进行统一管理。作为国有资产所有者的代表，法国财政部行使股东权利，并且与相关主管部门协同履行监管各行业国企的职责。到 1990 年，有大型国有独资企业 58 家，国家控股的大型混合所有制企业 50 家，以及其派生国企 2016 家，共计 2268

家，占全国企业总数的 24%。同时，固定资产投资额占 25%，职工人数占 7.2%，工业产值占 18%，利润占 25%。法国国资比重高，不仅表现在社会公益领域，也涉及竞争领域。1993 年、1998 年，法国又相继进行更大规模的国有股权转让，但仍有 1600 多家国企隶属于 70 家大型国企集团，而且年营业额达 2500 亿欧元，涉及电力、煤气、核能、邮政、电信、航空、军工、加工工业、建筑业、商业和服务业等重点领域，并且在各行业中占有主导地位。

一、国资分类监管

在法国，既要保证国家对国企的所有权和控制权，又要赋予国企部分自由经营权。这样，大多数国企才能按经济法规和市场规律正常运营。1982 年，法国政府通过实行特有的计划合同制对国企进行监管，目的在于，通过政府对国企的指导与监督，确保其发展战略与国家总体目标协调。具体由工业研究部、财政部、国家计划总署、行业主管部与国企共同分析预测，并根据国企经营条件变化来签订计划合同。

（一）分类管理

法国政府根据“国企是否有竞争性”“行业是否有规模效应”以及“国企是否需要大量基础设施投资”三维度，将国企分为垄断性和竞争性两类，对国资采取不同的管理方式。法国垄断性国企采取国有独资或国有控股公司的组织形式，主要集中在能源、交通、邮电、通信等战略性产业和基础设施领域。政府控制程度高且监管严格，而国企自主权少。法国竞争性国企采用商业股份公司的组织形式，主要涉及加工业、建筑业、商业和服务业。其中，有大量国内外私人企业参与市场竞争。政府仅任命国企领导、监管国资流动，以及间接干预经营，国企经营自主权多，与私人企业处于平等地位。

随着法国国企改革变得日益复杂，又可以按照法律组织形式，将其分为以下三种类别：一是非法人公共事业或从事工商业经济活动的行政性社会事业机构或公益类国企，如国家邮电局、国家印刷厂、自来水厂、公交公司和储蓄银行等，以及从地方政府分割出来的供水公司、住宅管理局等；二是有工商业法人属性的公共事业机构或支柱国企，前者有森林管理处、电视广播局、煤炭化工厂等，后者有法国电力、国营铁路、国有银行和社保局等；三是混合国家部分股权的竞争性行业类国企，如宇航局、法国石油、雷诺公司、大西洋总公司等。

（二）三重监管

法国国企由国家议会、政府部门、国家参股局、审计署、内控部等共同实施监管。其中，国家直接控股的国企由财政部代为持股并掌握控制权；国家间接控股的国企由国有银行或其他金融机构代为持股并掌握控制权；国家参股的国企由负责主管能源、交通、财政等政府部门代为持股并管理国有资产，仅行使参股出资人权利。国家对国企的控制权及监管权集中体现在“高管任免、经营战略、资产流量、制定价格与投资控制”等方面。例如，设置国企董事长的任免制度，实行规范政企权责利关系的计划合同制度，执行以重大决策和财务为核心的多层次监督制度，以及实行国企国资的分类管理制度等。

法国政府对国企实行三重监督，即分别从财政部、行业主管部和国家审计法院三方面对国企进行监督。国企具体的主管部门以及其主要监管职能为：一是财政部（作为国资监管的核心部门，对所有国资进行统一管理）的监督，由其向国企派出监督代表，经财政部长授权，行使部分控制权，检查国企经营活动和财务管理，或者作为内部监察，并且借鉴大陆法系国家做法，要求国企建立监事会制度并派驻监事，对国企日常经营与财务状况履行监管职责，确保国家股东权益。二是行业主管部（工业研究部、运输部、邮电部、国防部、国家计划总署）的监督，由其向国企派出国家稽查代表，专门对国企技术研发和项目投资进行全过程监督和事后稽查，或者作为外部监察，通过派驻特派员，对国企资本开支与重大投资进行全程监督，以确保符合行业规范。三是国家审计法院的监督，由专用账目法庭的财务稽查员来校验国企会计账目、审核财务收支等，以判断是否符合国家法规并进行效益评估。综合上述监管，尽量确保国企从经营财务到未来投资都被有序地管控。

二、国资经营管理

（一）国资收益分配

法国的国有资本收益可分为分红收入和转让收入两部分。其中，对国企利润的分红收入统一由财政部管理，国有股权的转让收入由独立于财政部的法国国家股权转让委员会统筹管理，并由其专门全面监督国企的私有化过程。不同于其他类型的国有资产，法国国资收益分享机制的特点在于：国有股权转让的收益由委员会编制预算，而且，法国财政部没有独立的国有资本经营预算。也就是说，国有资本经营收支，除国有股权转让单独预算外，其余均纳入公共预算。中央政府公共预算的主体部分，主要由税收和国企上缴财政部的利润分红构成。所有国企的重大决策，如投融资方案、股权转让、发行证券等，都需经财政部审批，国企特别重大经营事项还要上报国家议会批准。

法国国企的分红收入取决于国企自身的盈利能力、财务状况，以及董事会申请的重要其他事项。国企税后利润上缴政府的比例约为50%，国有资本分红后的剩余利润全部留归国企支配。其中，60%~70%的利润被用作后备发展基金，即再生产投资和弥补亏损，其余30%~40%用于职工奖励和在职福利。国有股权转让收入要全部交到财政部，由国家议会用于平衡公共预算（如投入医疗保险、养老基金等的资金，以及为增大国企经营规模追加的资本等）。

（二）国资经营预算

法国财政体系分为中央、省、市镇三级结构。按法国《预算法》和《财政法》，其预算体系与各级行政机构体系相对应。法国的中央公共预算由一般预算、附属预算和国库特别账户构成。其中，一般预算为中央预算的主体部分，主要来自税收，剩余则为国企利润分红（上缴财政部国库司）和国外经营收入等。[①] 此外，凡涉及国家直接控股企业的投资计划、资本变动、股权安排、重大并购、发行债券等，都要报请财政部决策或由国家议会决定。附属预算是专为“法国政府经营且有财务自主权”的非法人机构设立的一种预算形式。中央级公益服务性国企直属财务部预算司，既要满足社会公共事业能够自给的财政需要，又能脱离政府部门进行独立经营核算，也不与一般预算完全断开，还要能保证政府主管部门和行政立法机关可以依靠一般预算来行使恰当的国企控制权。法国政府要求附属预算能做到自行平衡。如有盈余，则列入一般预算。如出现赤字，则由一般预算予以补贴。

三、法国电力案例

2015 年，法国电力集团（以下简称法国电力）是由法国政府持股 84. 5%的国有控股上市公司，是世界最大的电力生产商，也是欧洲最大的可再生电力生产商。其经营业务覆盖发电、输电、配电等各环节，并提供相关能源服务。按照《欧盟 12 号法令》，2004 年法国政府决定仅聚焦于垄断性公共服务

---

① 李光贵. 西方国家国有企业分红制度及其启示［J］. 财会通讯，2008（11）：105-106.

及部分国防相关行业，并对过去完全由政府垄断的公共事业领域进行市场开放和国企改革。于是，在国际资本市场上，法国电力通过改制上市，以拓宽融资渠道，并建立现代公司治理机制，同时，激发自身改进经营管理模式，以适应国际市场竞争。在法国电力改制上市前，政府及社会各界就做了很多准备。实际上，从2002年总理宣布“改革纲领”后，法国社会经济各层面就已历经“养老金改革、提升治理、业务重组、政企分开”等阶段性改革，如表6-3所示。这些都为法国电力的改制上市创造了大量条件。

改制上市的核心目标是“政企分开”。2003年，法国财政部成立国家参股局，代表国家行使国有资产的所有权。随后，将法国电力由原国有工商业公共部门改为股份公司，并保留原机构合法的权责，以及已与他方签订的合同。通过“资本开放条令”，政府允许法国电力的股权对外流通，但是，国家持股比例不得低于70%。根据《国营企业民主化法》，法国电力董事会的1/3成员需由政府宣布任命，另外的1/3由职工大会选举代表担任，剩下的1/3则由股东大会选举产生。董事会下设专业委员会，即战略委员会、审计委员会、薪酬委员会和企业伦理道德委员会等。董事长由董事会推荐，并经政府任命。2005年，法国电力上市后，已拥有500万股东。也就是说，其从国有独资企业转变为国家控股（占87.3%），以及公众和机构投资者（占10.8%）、员工（占1.9%）持股的股份公司，而且，同股同权，每股的投票权都相同。随着法国电力不断并购重组，政府持股比例略有变化，但是国家参股局从未出售其股份。至2014年，法国电力股权结构仍为：国家参股局持有84.5%的股份，公众和机构投资者占13.7%，其内部员工占1.7%，以及其自持股份占0.1%。

表6-3 法国电力集团改制上市过程

阶段过程	改制活动
养老金改制	制定养老金制度改革方案；欧盟认可该方案；通过养老金改革法；2005年养老金改革方案实施
公司股份制	合法通过公司改制；股份制改革；资本开放实施条例公布；改制为股份有限公司
全业务重组	排除管制性业务经营的不确定性；输电发电业务分拆；输变电业务转到子公司；2007年将配电业务分拆为独立子公司
明确权责利	承诺核电领域预备金（核废料处理费）；明确与法国燃气公司的关系；与政府签订新的公共服务合同，明确政企关系

资料来源：李兆熙，张政军．法国电力集团公司的改制背景和上市过程［R］．国务院发展研究中心气压研究所研究报告，2007.

此外，法国电力与法国政府间的关系分为以下两种：一是国家参股局为国家代表，行使股东权力；二是政府进行行业规范和审计监管。其中，法国国家参股局是由工业数字化部部长和财政部部长联合控制的政府部门，代为执行国家股东权力，并且，对国有资产进行投资运营管理，维护国家利益及实施法国产业政策。法国电力已向法国国家参股局做出承诺，大致如下：保持与国家参股局的联系；准备计分卡，将主要财务质量数据向国家参股局报告；定期组织会议，每年至少 1 次，陈述公司战略和财务绩效；任何投资操作或特定审计事项①均会通知国家参股局。事实上，法国国家参股局真正做到了“管资本”。根据实际情况及政府需要，其会对法国电力等国企投资股份进行动态调整，既有减持（如出售法国电力 2.5%的股份用于法国大学建设），也有增持（如 2015 年收购 4.73%的雷诺公司股份）。

四、雷诺汽车案例

法国雷诺汽车股份公司（以下简称雷诺汽车），以生产各类汽车为主，也涉及发动机、农业机械、自动化设备、机床、电子、塑料、橡胶等工业，不仅是世界上历史最悠久的汽车公司，也是法国最大的国有相对控股企业。其股权结构为：社会公众持股 63.53%，法国政府持股 15.01%。雷诺汽车与欧洲委员会有着密切的联系，并且在各种汽车咨询机构和行业协会中都担任加盟委员。雷诺汽车与法国政府的直接关系体现在：法国政府拥有雷诺汽车 15.01%的股权，雷诺汽车必须向其报告相关经营事项，法国政府与其他投资者享有同样权利；雷诺汽车要在法国建设零件工厂或装备车间，以保障地方就业；在起草政策时，地方政府也常与雷诺汽车进行沟通协商；雷诺汽车会被要求参与“法国政府的公共政策”和“欧洲委员会的产业事务”等听证会。

1999 年，雷诺汽车收购日产汽车（NISSAN）36.8%股权（持股达到 44.4%），以及欧洲日产 5 家财务子公司。2001 年，雷诺日产联盟成立。2002 年，日产汽车取得雷诺汽车 13.5%的股份。所以，在雷诺汽车、日产汽车与法国政府间已形成新的制衡关系，导致法国政府与雷诺汽车间的合作并不愉

---

① 其中，法国电力会经历国家审计程序，尤其是接受财务估值评价和综合财务办公室的检查，如集团账目管理等。在适用情况下，法国电力直接持股的主要子公司，都要接受国家审计。审计报告会涉及集团主要实体工作小时数、集团薪酬状况、水电优惠更新等。

快。2015 年，法国政府持续买进雷诺汽车股权，其持股比例也升至 19.73%，试图阻止股东大会，削弱其控制权。为获得共同利益，法国政府与雷诺日产联盟达成一致，并签署协议，以保障其未来的持续增长。法国政府在雷诺汽车股东大会上，可以行使双倍投票权，适用范围为：股息决策、政府董事任免、超过 50%以上的资产处置、与政府不同意的利益方交易等。在雷诺汽车股东大会法定人数增加的情况下，法国政府持股比例可再上浮 20%。该协议维持至 2016 年 4 月 1 日。日产汽车持有雷诺汽车的股份没有投票权。雷诺汽车也承诺，不干预日产汽车的治理决策。

尽管法国政府为大股东，但仅持有 19.73%的股份。对于制造企业而言，尽快发展汽车行业对法国有战略上的重要性，但法国政府认为没有必要绝对控股雷诺汽车，相对控股也行。由于股份比较分散，雷诺汽车董事会有很强的独立性，即可自行进行战略决策，如选聘管理层及制定其薪酬等。这样，就可以更好地适应全球市场化要求。但是，雷诺汽车与大股东（法国政府）间仍有矛盾。即雷诺汽车“如何限制法国政府的行政干预”以及法国政府“该怎样防止雷诺汽车削弱其控制影响力”，双方在不停地进行利益博弈。

第三节　美国基金参与混改

在美国，拥有国有资产、具备国企特点的联邦公司（由联邦政府控股并监管），属于典型的社会公共性质，是美国政府的经济政策工具，是为解决市场失灵，政府动用财政收入直接投资、收购或接管私人企业而形成的。美国国有经济占比不高，80 多家联邦公司的国有资产总值仅占 GDP 的 1%。美国政府对市场机制运行的干预程度，主要取决于产业属性。为实现促进国家安全、保证公共服务、保障公平竞争等社会目标，美国政府会介入私人企业不愿做或不能做好的公益性领域或垄断性公共事业，如美国最早的联邦企业就属于邮电行业。目前，美国联邦企业的业务多分布于金融保险、公共服务、通信卫星、交通运输和传播媒介等领域。例如，铁路公司、运河管理局等。同时，即便在联邦企业中，也会建立现代治理机制，以达到各主体间的相互制衡。美国采取单一董事会制，不再另设立监事会，由独立董事承担监督职能。综合来看，美国国有资本比重低，主要集中在非竞争领域。

然而，在部分非竞争公共领域和竞争性行业中，大多国有资本又会分布于美国的混合所有制企业中，而且参与形式多样化。归纳可得大致有以下三种类型：一是转换为优先股，仅在破产清偿及股利分配的次序上优先于普通股，但在股东大会上没有表决权，并且，要向私有资本承诺，会排除“隧道挖掘”、行政干预等经营风险，以更好地实现国资的保值增值。在美国混合所有制企业中，国有资本所有者经常为优先股股东。二是国家贷款、捐赠或债务担保。美国政府作为私人企业的债权人，定期收回本息，而不参与日常经营。私人企业积极偿还，政府有效监督。此外，美国政府采取国家捐赠形式，以救助遭受危机的私人企业。最后，政府作为私人企业债务担保方，而不是股权投资者，以使企业规避政府干预。三是国有资本在混合所有制企业中可进可退。[①] 美国社会向往自由主义的市场经济，政府往往在市场不景气时，才予以调控资助，并会大量持股私人企业。但在经济恢复后，其会按预先约定，大量出售股权，以退出私人企业。

一、国有资产管理

1945 年，在罗斯福新政期间，美国制定《联盟公司控制法》，其中涉及美国政府对联邦企业的监管，将联邦企业分为“政府完全所有”和“政府与私人企业混合所有”两种类型。其中，前者是国家完全拥有联邦企业产权，大部分董事都由总统任命并提请参议院批准。后者是国家与私人企业都有所有权，但经营权归私人企业，董事长由总统和各主管部长任命，其余董事由股东大会选出。同时，美国政府对联邦企业的监管以国会为核心，美国国会立法对管理联邦企业的国有资产起到巨大作用。每家联邦公司的成立，都会由美国国会通过一个单行法律，[②] 所以在美国，没有专门“对所有联邦企业进行统一监管”的法律法规。美国国会会通过以下两种方式管理国有资产：一是通过立法组建和裁撤联邦企业，并监督内部管理体制改革；二是通过行使国家财政权，间接制约政府对国有资产的管理权。其总体监管原则为：财产所有权归国会所有。在授权政府进行有效监控下，各联邦企业依据自主经营权，可采取设施租赁和整体承包等模式，[③] 将大部分联邦企业转给私人企业，

① 石颖，黄群慧．美国混合所有制发展的进程、模式及启示［J］．现代管理科学，2017（9）：30-32.

② 即几乎每项对国有资产监管的立法，都是针对某家联邦企业特别制定的。

③ 叶林祥．非国有经济的成长与国有企业的民营化——以中国经济转型为背景的分析［J］．南方经济，2005（5）：95-103.

并进行市场化经营。也就是说，国会才是国有资产的所有者，即有立法权，可授权批准政府代为行使所有者职能。国会听证会、政府审计机关和美国公民三者联合对联邦企业国有资产进行监督。其中，财政部负责国有资产管理，并获得联邦企业收益；审计署负责监控联邦企业财务经营状况；各专业领域政府主管部门负责行业规范和人事任免。

对涉及国家安全领域的国有资产及联邦企业，美国政府会设立特殊部门进行直接管理。除“田纳西水利局、进出口银行、联邦存款保险公司、宾夕法尼亚道路发展公司等，可直接对总统负责”外，其他联邦企业由有关政府部门或国会决议常设委员会管理。例如，原子能委员会管理原子能工业企业，矿务局管理采煤企业等。通过行政指令，政府主管部门规定联邦企业的投资限度，以及审批其重大改革计划，同时，与联邦企业签订生产合同，并利用价格调整、财政补贴、税收收回、工资社保等多种经济杠杆干预其经营活动。政府会指定权威中介机构审核联邦企业财务，并且会派出监督员及督导团队，对其实行会计监督。同时，政府也会选择合适的私人企业来签订联邦企业承包合同，收取租赁费，并且对其进行财务审计，以监督其经营活动。美国政府将国有资本收支完全纳入公共预算管理中，政府实行统一的综合预算，与单式预算并无差别。但是，其财政支出按经济性质分类，也实行部分复式预算。美国财政预算支出包括全预算支出（自主拨款，按拨款方案提供预算资源）和法定支出（强制性直接支出，除拨款法案外的法律控制支出及食品券计划支出）两部分。预算由总统管辖下的行政办公室和财政部承担。两部门间无相互的隶属关系，前者负责预算编制，后者负责收支概算和税收事务。由于国有资产比重小，美国对其尚未形成单独预算，而是将其纳入政府预算编制中。

二、金融危机注资

2007 年，美国利率上升，住房市场持续萎缩，由此引发 2008 年次级抵押贷款机构破产，导致投资基金关闭，其股市也出现剧烈震荡。随后，美国大型投资银行陆续宣布巨额亏损，许多大型企业经营也很困难，甚至申请破产。在 2008 年金融危机背景下，美国财政部通过国家财政进行宏观调控，对重要大型企业和特定金融机构采取了资本性的注资行为。例如，出资 2500 亿美元认购企业发行的高级优先股和认股权证。其中，美国国际集团（以下简称

AIG）等9家大型金融机构被政府注资1250亿美元，以维持市场稳定，并避免银行资本金不足而引发系统性金融风险。在金融市场恢复秩序和国民经济回暖后，美国财政部于2010年宣布出售其所持有花旗集团的约77亿普通股（财政部2009年协议将优先股转换成普通股）。在2008年金融危机期间，美国政府对关系国计民生的重要企业（如房地美、房利美、花旗银行）也进行救助，以防止其破产而引发国内乃至全球经济衰退。可以看出政府救助为的是维护市场稳定，即要充当做市商角色，而非追求盈利。

在美国，国有资产比例低，因此由财政部统一管理。总结美国政府的注资过程可知，其控制风险可分为以下三个阶段：一是注资初期，考虑到被救助企业破产风险，政府通过购买优先股及认股权证进行注资，获得利润分红及剩余财产分配的优先权；二是注资中期，随着被救助企业盈利水平逐步恢复，政府通过协议将优先股转换为普通股，获得对经营管理、重大决策等实际控制权；三是注资末期，随着企业市值不断增长，政府择机通过资本市场抛售股票并退出企业，对其不再拥有任何权利。一方面，在经济危机时，政府救市行为对稳定金融系统及挽救国民经济至关重要。另一方面，政府注资不是追求企业长期战略性发展，而是临时的救市行为。当处于经济命脉和关键领域的联邦企业资产负债率过高或接近破产时，美国政府及时出手救助，充实企业现金流，帮助其解决突发的财务问题，最终实现社会资源的优化配置。

三、国资控制形式

根据美国法律研究院《公司治理准则：分析与建议》的“第1.10节”规定，控股股东有以下特征：拥有50%以上表决权；对经营管理、战略政策和交易合同施加控制影响力；拥有25%以上股份可假定拥有控制权，除非存在更大股东；单独或达成一致行为人协议与共识，拥有25%以上股份或有权决定25%以上股份的表决权。当然，不能仅因美国政府持有联邦企业，或有权决定其他股东的表决权，就被推定为有控制权。而且，在美国混合所有制企业中，国有资产存在以下三种形式。

（一）债务担保

借款方（银行或金融机构）给企业贷款，政府作为第三方担保。如果企业违约欠贷，政府履行企业偿债义务承诺，并对其融资。借款担保可以是有限责任或是无限责任，即政府负责部分或全部债务。以克莱斯勒公司（Chrysler Corporation，以下简称克莱斯勒）为例。1979 年，美国政府第一次对克莱斯勒进行救助，主要采用债务担保模式，而不是直接注资。根据 1979 年《克莱斯勒贷款担保法》，美国政府最多提供 15 亿美元贷款担保。

与 2008 年金融危机不同，尽管石油危机导致克莱斯勒陷入衰退，但美国债务市场还在良好运转。其重要特征在于以下三点：一是成立克莱斯勒贷款担保委员会，由财政部长、美联储主席和总审计长组成，劳工部长和交通部长为非投票委员。二是有权以适当的条款提供债务担保，如增加节能减排、融资发展等计划内容。但需要说明的是，只有委员会确定克莱斯勒有能力偿还贷款时，才可根据该法进行贷款担保。而且，克莱斯勒需缴纳担保费（每年不低于 0.5%）。三是制定各种债权人保护令，如未经批准不得销售资产、大额合同否决权及股息发放限制等。

（二）信托基金

由各种资产组成信托基金，为利益相关个人或组织提供财务安全。例如，现金、股票、债券或其他金融产品。受托人管理基金，要符合相关法律规范。以 AIG 为例。2008 年 3 月，美联储承诺用 850 亿美元拯救 AIG，美国政府获得 AIG79.9%的股权，并有权不支付股息。2008 年 10 月，随着 AIG 股价下滑，美联储又承诺 378 亿美元救助。2008 年 11 月，通过问题资产救助计划（Troubled Asset Relief Program，TARP），美国政府向 AIG 投入更多资金。

2019 年 3 月，AIG 才真正发行优先股，给一个单独为美国财政部设立的信托基金。一方面，除持有 77.9%的投票权和对等股息收益权外，该优先股还要求 AIG 董事会有与信托基金诚信合作的义务，并确保治理安排合规。AIG 优先股由纽约联邦储备银行设立的信贷融资信托基金发行。另一方面，通过将 AIG 股份转让给信托基金，可降低美国政府直接控制。在信托协议中，特别提到纽约联邦储备银行不会行使其投票权，以避免与监管货币的政策功能发生任何可能的冲突。虽然美国政府对信托管理保留酌情决定权，但信托协议中明确提及，政府不介入 AIG 日常管理。当然，AIG 应最大限度偿还其债务给政府，而不是破坏金融市场秩序。

（三）有限投票

有限投票权股票，是上市公司发行的投票权比普通股低的股票，通常用来减少部分股东的控制权，对董事会和管理层都有利。一方面，上市公司可以从有限投票权股东筹集资金。另一方面，减少该股东对上市公司的控制权。而预先约定退出，则是“在股东购买股票时，协议约定未来出售股票的时间、数额，以及退出形式”。以花旗集团为例。2008 年，美国财政部用 TARP 资金购买花旗集团优先股，来交换其有限投票权股票，最终持有花旗集团 34%的股份。

作为交换协议的部分内容，美国财政部仅同意以下两点规定：一是被限制投票权。政府同意对花旗集团日常事务投票，与其他股东享有同等比例权利。政府控制权被限制，但保留对董事任免和重大交易的投票权（如选举或撤销董事，修改公司章程，以及销售合同等）。二是承诺 10 年内出售股票。花旗集团力求通过回报政府 TARP 投资，尽早摆脱经营业务受政府限制的局面。美国财政部也希望能尽快出售股票，从投资花旗集团中获利。2010 年，美国财政部出售花旗集团股票及认股权证，完全不再拥有其任何股权。

第四节　日本立法规范混改

第二次世界大战后，国企是日本国民经济的重要组成部分。1955 年，日本国企占 GDP 的 24%，之后逐渐下降至 2000 年的 12%。日本国企主要集中在非生产领域。日本政府对金融类国企投资占国企投资总额的 72.9%，如日本开发银行和日本进出口银行等。在物质生产领域，日本国企涉及造币、邮政、林地、酒类专卖、自来水供给、汽车运输、地方铁路、供电煤气等多个领域，如国家烟草专卖公司等。日本国有资本比重高。日本国企大致分为以下三种类型：一是直营事业单位，即由中央或地方政府投资兴建，可直接经营的国企，不属于独立自主的经济实体，设立目标、经营范围、投资规模、战略计划、产品价格、工资制度等都受政府和国会的严格控制；二是特殊法人企业，即根据《国家特别企业法》设立的法人经营企业，包括财团、工会、社团、基金会、公社、营团及金融机构等 11 种类型；三是第三部门企业，即根据《商法》，由中央或地方政府的公共部门与私人企业或个人共同出资设立的法人企业，以公用事业为主。多数特殊法人企业能转变为第三部门企业，如国家烟草专卖公司、日本国有铁道公司和日本电信电话公司等，原先都是特殊法人公社。

一、财政投资预算

1990年前，日本政府大力推行财政投融资计划与国有资本经营预算。在国家预算中，对国企经营预算进行编制、列支和扶持。

（一）财政投资计划

日本的财政投融资计划由大藏省理财局组织实施，目的是充分发挥国有经济对国民经济发展的支撑力量，具体包括财政投融资资金计划、财政投融资原资推算、财政投融资用途分类三部分。与民间金融机构的业务操作不同，其资金筹措及运用由不同政府主管部门来执行，将筹资与融资的责任分开。前者主要依赖资金运营部资金、简单保险基金、产业投资特别会计、政府担保贷款四部分；后者则由开发银行等政府专门的金融机构来实施。

日本财政投融资计划，会在关键领域实现国有资本的战略布局。1947—1953年，日本整体的工业装备技术水平落后于西方发达国家10～15年。煤炭、钢铁、电力、造船四大产业资本收益率普遍很低，需要现代化的机器设备。但是，私人企业根本无法负担大规模的投资，并承受其风险。因此，日本政府从国民经济发展的长期战略出发，率先为四大产业内的重点企业提供该计划（以长期低息贷款为主）的投资。1947—1948年，在四大产业的设备资金贷款总额中，该计划投资占比分别高达98.1%、73.4%、92.9%和84%。1950年，财政投融资计划的资金被集中投向电力业和海运业。日本国有资本战略布局也发生改变，国企业绩在短时间内迅速提高。1953年，财政投融资计划给予造船业高达50%的债务融资支持，使其加快完成现代化技术改造和设备更新，并于1956年创造船舶下水量和出口量均排名世界第一的业绩。也就是说，第二次世界大战后，日本经济恢复、产业复兴与快速增长都是基于财政投融资计划对战略性新兴产业的注资，以此促使其率先发展，给经济增长带来重要的驱动力量。

日本财政投融资计划以债务性投资为主，主要利用产业投资特别会计科目对国企进行直接股权投资，如日本进出口银行等。其资金来源分为以下四个部分：一是出资由日本政府产业投资特别会计部门全额支付；二是借款由日本大藏省理财局筹措，主要为邮政储蓄；三是债务通过资本市场发行政府担保的外汇债券；四是其他部分通过国企经营留存的自有收益。而且，上述均为预算编制的组成部分。

（二）国资经营预算

日本财政投融资计划是国有资本经营预算的雏形。虽然其在政府规定的投融资和担保范围内进行分类，但在实际操作中，主要采用债务性投资。例如，以长期低息贷款支持国企发展。国企偿还本息，需在财政投融资计划中单列，并不用于平衡公共预算，然而，国企上缴利润与股权转让收入直接计入公共预算，所以，日本财政投融资计划尚未真正成为国有资本经营预算。日本国企大多为政府与市场间的混合所有制形态，体现为政府培育市场发展，间接补贴部分企业，不直接参与市场竞争，但在对不同行业的战略布局上，受益于平衡公共预算，通过国资预算支持国民经济重要领域并扶持战略性新兴产业，在动态调控中实现各行业布局，拉动经济增长。日本公共预算包括一般会计预算、特别会计预算、政府关联机构预算和财政投融资计划。其中，前三者与财政投融资计划间都会有资金往来。

从资金运行上来看，前三个预算收支并不独立，既有一般会计预算向其余两个预算的资金转移，也存在反向的利润上缴。关于国有资本的预算安排，在上述预算分类中都有体现。但是，日本国企上缴利润和股权转让收入，都会列在公共预算框架内。一般会计预算主要管理中央政府一般性的财政收支，以税收、国债收入、国资出售收入等为资金来源，为中央政府的行政管理、社保、教育、公共投资等提供资金保障。特别会计预算主要是中央经营企业、社保、公共工程设施以及政治行政干预所需的预算，可以分为事业、管理、保险、融资和整理五类特别会计。政府关联机构①预算是对各级政府管理机构的财务预算，与中央政府机构分开设置，可灵活运用经营规则，但同样接受国会监督。

二、国企改革经验

（一）推行渐进有序式改革

鉴于国企改革面临的多重复杂性，日本政府先对日本国有铁路公司、日本电信电话公司等国企进行系统性渐进式的改革，即进行股份制改革，先改组为股份公司，再出售国有股票，会存在以下三个阶段及其特征表现。一是

① 政府关联机构，是依据《国家特别企业法》设立的、中央政府提供全部资本金的特殊法人，是经营事业（特别是融资性业务）机构。

在国企股份制改革初期，改为股份公司，将所有权与经营权分离，并且引入行业竞争机制，以提高其经营效益，阻止财务状况的日益恶化。二是在经营好转之际，将已股份化的国企股票投放至证券市场出售，实现从国家所有权到私人所有权或混合所有制的转化。三是特别针对涉及社会公共福利、国计民生的国企，日本国会通过立法，明确规定政府对国企的监管权，以及国家最低持股比例。例如，赋予交通大臣对各铁路公司的监督权；根据《日本电信电话股份公司法》，日本政府至少持有日本电信电话股份公司 1/3 以上的股份。

（二）证券市场出售国有股

日本国企改革的最终目标，并不是将国企改制为股份公司，而是转为混合所有制企业，甚至私有化。在国企公司制改革完成后，日本政府将国有股份在证券市场上出售，以完成国有股份公司向混合所有制企业、私人企业的转变。在已转为混合所有制的国企中，比如有盈利能力的铁路公司（东日本公司、东海公司、西日本公司）等，日本政府会通过改制促使其上市，并出售所持的全部国有股份，以完成私有化。此外，日本航空公司也通过上市，出售国有股份，从混合所有制企业转为完全私人所有制企业。通过上市出售改制后的国企股份，可使其股票价格按证券市场行情变化，以便能最大限度地反映其当前公允的企业价值，以及未来可能的发展趋势。日本广大社会公众在证券市场上购买改制后的国企股票，也能分享到国企改革红利，而且，通过公开出售国企股份，可有效避免在国有股权转让中出现暗箱操作，以防止国有资产流失。

（三）法律为改革提供依据

在国企改革之初，日本政府针对各类企业的不同情况，颁布对应法规。同时，对各种基本事项进行具体的规定，使每一步都有法可依，保障国企改革顺利进行。例如，日本国有铁路公司改革。1986 年，日本国会通过《国铁改革关联法》，具体规范分割国有铁路，并对其私有化。2001 年，日本政府又颁布《关于部分修订旅客铁路股份有限公司及日本货运铁路股份有限公司法》，规定国有铁路私有化后日本政府对新成立企业的监管范围，[①] 并且以合

① 谭秋霞．日本国企改革的法律分析及对我国国企混改的启示［J］．法学论坛，2016（1）：144-150.

同形式确立政企分开。既有公益性职能，又满足营利性要求。经营铁路行为的公益性和商业性均得到法律确认。

当新的铁路公司履行公益性行为而利益受损时，就可依合同约定条款申请国家补偿，而其商业性经营行为要适用市场规则。此外，日本电信电话公司的改革同样先制定法律。1984 年，日本国会通过《日本电信电话股份公司法》《电信通讯事业法》和《相关法律整备法》等法案，确定电话电信业务私有化改革的时间表及具体措施。随后，又通过《关于日本电信电话股份公司等的法律》，规定日本政府最低持股比例、政府监管职能，以及外资最高持股份额等，为国企混改后的经营管理提供法律保障。

（四）对公共特殊领域混改

对涉及社会公共服务特殊领域的国企，日本采取混合所有制企业经营模式改革。为平衡国企混改后的公共服务性与公司营利性间的矛盾，对公益性国企混改，日本政府通过完善立法来进行监督。例如，在国家通信领域，为保障社会大众的公共利益，日本国会通过立法，规定政府在国企中的最低持股比例。对国有铁路改革，日本政府针对各铁路公司的实际经营情况，采取不同的做法。例如，对有自负盈亏能力的三家铁路公司实行完全私有化，长期亏损的另三家则继续由国家持股。

虽然日本政府放弃持有三家铁路公司的股权，但日本国会通过立法，也能对其人事安排、经营规划、重要资产转让、公司章程变更等拥有监督权。对于日本电信电话公司，日本政府采取混合所有制改革方式。一方面允许社会公众，甚至是外投持有其股份。另一方面又通过法律，明确规定国家持股不得低于 1/3，以确保政府拥有相对控制权。也即日本政府通过法律在涉及社会公共服务和国家信息安全等领域强制性规定政府持有的国有股比例，确保政府对企业进行直接干预。

三、特殊法人管理

日本多数国企都是依据《国家特别企业法》而设立的，也体现出日本政府对国企依法治理的特色。日本政府围绕国有资产投资运营，建立起以《国有财产法》为代表的法律体系，将国有资产分为行政财产与普通财产，并且均由大藏大臣总辖。日本国会通过立法，规定国企的经营范围、承担义务和社会责任。日本大藏省理财局下设国有资产总括课、审查课、第一二课及鉴定课，专门负责国有资产所有权的管理。

日本政府针对不同种类的国企，如直营事业（由政府公共团体投资兴建并直接经营）、特殊法人（由国家投资并依法设立的特殊法人）和第三部门（由中央政府、地方公共团体、私人企业共同投资经营的股份制企业）等，进行分类管理。以作为全球第三大烟草生产商、日本国企第三部门的日本烟草公司为例。1985 年，日本废除已执行 80 多年的“烟草专卖制”，然后将原烟草专卖会社改组为日本烟草株式会社，其按西方现代股份公司的治理体制来展开运营。

（一）特殊法人

日本国企中特殊法人的领导干部由大藏省任命，并受国家公务员管理条例约束。在日本 99 个特殊法人中，有 85 家的总裁及其他领导由主管大臣任命，有 10 家需主管大臣批准，只有 4 家可自主决定。尽管各特殊法人有独立核算的财务会计制度，但在账目处理上受大藏省的严格监控，尤其是在“预算的制定、执行、结算，以及资金的筹措、使用”等方面，均需得到大藏大臣许可。特殊法人利润需全部上缴国库。未经批准，不得挪用，但是亏损则由政府弥补。

特殊法人融资多为长期债务且占比较高。为鼓励特殊法人进行债务融资，政府采取允许对其利息补贴，发行特例债券等措施。虽然政府对特殊法人进行直接财政投资，但是债务仍是其最主要的融资渠道，其中政府依然扮演着重要角色。然而，经历过长期发展后，日本特殊法人制度却出现很多问题，主要有：自然垄断壁垒被打破，利润就下滑；经营不善，产品质量差；预算固定僵化，缺乏激励；缺乏评价体系，反馈机制不健全。最终，特殊法人制度被日本政府逐渐遗弃。

（二）重要作用

在日本经济恢复与发展中，特殊法人曾做出卓越的贡献，主要体现在以下四个方面：一是特殊法人出现的目的就是辅助政府完成社会公共政策，并提供公共产品与服务。事实上，日本许多公路、铁路等基础设施建设，以及社保体制的完善，都是特殊法人来完成的。二是特殊法人承担科技创新的风险与责任。研发高新技术的投资风险大且回报周期长，很多私人资本因难以承担风险而不愿意去投资，所以都由特殊法人来完成。三是特殊法人中有许多政策性金融机构，对日本经济增长起到巨大的支撑作用。政府许多金融政策要靠特殊法人才能够有效执行。而且，政府要促进高科技新兴产业的特殊法人发展，也需要金融特殊法人提供资金融通保障，并执行政府特殊的金融政策。四是特殊法人介于政府直营和私人经营之间。虽然特殊法人与政府财政支持密不可分，但毕竟是以法人组织结构开展业务，与政府直营有本质区别。也就是说，凭借特殊法人制度，日本公益政策性产业初步实现政企分开，充分发挥市场资源配置优势，并获得良好的效果。

（三）经验借鉴

日本特殊法人历经 20 余年，其得失经验对我国的国有资本投资运营体系改革和绩效评价机制设立都有很大启发，大致可以归纳为以下两点：

一是特殊法人制度有完善的产权布局。其起始于金融业，率先组建金融特殊法人，为向其他产业注入充足资金奠定基础。金融特殊法人执行政府财政政策，以认购债券等方式资助其他行业特殊法人。例如，支持科研资源特殊法人，辅助政府完成战略性垄断行业和高科技新兴科技领域的政策部署，由此催生并壮大新兴技术产业，激发并补充经济发展动能。如图 6-1所示，政府也要依靠金融特殊法人，支持并发展社会保障特殊法人。

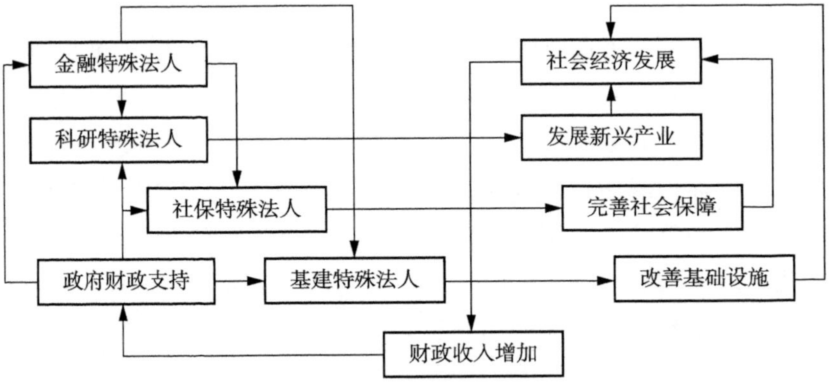

图 6-1　日本特殊法人制度

资料来源：根据文献整理得出。

日本社会经济持续增长，政府获得强大的财政支出能力，于是，以更大的投资力度，支持基础设计、科学研究、能源资源、社会保障等各行业特殊法人的发展。日本依靠特殊法人制度，完成产业运营，完善国资布局。特殊法人基于产业战略性视角，来分配国有资本并制定预算，同时，设立考核国资经营的评价指标。

二是特殊法人盈利要得到保证，否则最终会走向没落。日本特殊法人制度失败的重要原因就是不能保证盈利，失去了生存发展的根本。国有资本经营在本质上还是营利性的，利润是保证其存在的经济基础。所以，不能盲目地要求特殊法人过分关注社会责任，本末倒置。

四、电话公司案例

日本对通信基础设施的需求总价值量达 4330 亿美元。在其“国家信息超级高速公路”完成建设后，会形成 1.23 万亿美元的互联网多媒体市场份额。2003 年，日本电报电话公司（Nippon Telegraph and Telephone Corporation，NTT）计划利用该市场获得迅速成长。1984 年前，NTT 完全为政府独资所有（Kobayashi，1997）。1985 年，政府为促进行业竞争，将 NTT 部分股权进行私有化（Onodera，2003），但是，政府仍持有超过 51% 的股份（Nambu，1995）。

日本政府公开宣称，NTT 私有化的目标是“简化、提高其经营效率，并增加电信服务的透明度”，期望通过降价减费的形式，将其部分私有化后形成的绩效收益传递并分享给广大消费者（Raphael，1998）。但恰恰相反的是，在日本全境，家用电话费、公用电话费、通信月租费、通信目录查询费，以及曾免费的电报费等所有的电信服务费普遍上涨，NTT 员工的工资却下跌很多。原来在 NTT 工作的 31.4 万名职工中，下岗 16.9 万人，占比接近 50%。虽然 7 万名下岗职工又被 NTT 子公司吸纳，但是很多职工的上班时间都增加 1 小时（Iwasaki，1998）。同时，NTT 初步私有化后，形成的最坏结果是原目标（即在电信业引入其他电信公司，以增强整个日本市场的竞争性）始终都未能达到。1985 年，即便将 NTT 改组为形式上的混合所有制企业，并放开电信业市场，也没有终结其在行业内的支配地位，也就是说，其持久稳固的垄断结构并未被打破。

虽然也有潜在的新进入者急于与 NTT 竞争，计划提供自有线路并最终搭建独立的电信网络系统，但是原有的地方网络系统以及电话用户线路还是完全属于 NTT。由此，新进入者就被迫与 NTT 网络系统合作。2003 年，新进入者的生存发展还是要依靠寻找尚未被 NTT 占据的市场。NTT 未涉及的最重要业务是国际长途业务，但这一业务却又是国际电信电话公司（Kokusai Densin Denwa Corporation）在垄断经营。1996 年，日本邮政电信省（Minstry of Post and Telecommunications）、日本电信监管局和NTT达成协议，并于1999年7月1日生效，NTT被分拆成两个从事区域性业务的电信公司，还有一个国际长途业务公司，而且，三家公司由同一个总公司控股。所以，还是仅完成部分私有化（Kawamura，1996）。尽管如此，这也被业界视为“NTT完全私有化”的前奏。

第五节　德国银行监管混改

国企混改的德国模式，是建立在以银行主导的金融体制上，将国企改组为混合所有制企业法人治理结构的改制方式。该模式不是依赖于资本市场和战略投资者，而是银行等金融机构在混合所有制企业治理中发挥重要作用。德国银行不仅提供混改企业的融资服务，而且还控制其监事会，凭借银行内部所拥有的各产业经济发展趋势的信息优势，对混改企业进行实际的控制。

一、基本特征

（一）治理结构

国企混改的德国模式，通过不断强化监事会职能，加强对国资投资运营的合规性进行监督，以防止国有资产流失，并且维护市场经济的运行秩序。在德国模式下，国企混改后企业的法人治理结构有以下四个主要特征：

1. 股权集中度高

银行及各金融机构在企业法人治理结构中的股权占比很大，即持有经营管理的控制权。德国企业的股权相对集中，大股东多为机构法人。特别是银行，在企业法人治理结构中发挥着明显的控制作用。

2. 监事会有重要职能

通常在德国企业中，会以监事会的名义来行使董事会的决策监督职能，然后又以董事会的名义，要求经理层完成经营管理任务。股东大会是德国企业的最高权力机关。其主要职责是：具体确定推举监事制度、选聘监事会、修改公司章程，以及批复破产注销手续等。监事会由各类股东、职工代表和决策委员会等共同组成，相当于美国公司治理结构中的董事会。其主要职责是：任命和解聘董事与监事、判断其是否按章程经营、决策重大经营事项、审核企业各季度财报、核对总资产收益，以及必要时召开股东大会等。

3. 管理委员会与监事会分离

在德国企业法人治理结构中，管理委员会由企业内部高管人员组成，主要负责德国企业的日常经营管理。而监事会则多由外部专家构成，主要任务是任命监督管理委员会。[①] 两者间的成员不能交叉任职。监事会主要负责管理委员的任命与解聘，除决策重大战略管理事项需经监事会批准外，其一般不介入德国企业的日常经营活动。

4. 职工代表积极参与经营管理

德国企业职工通过选举职工代表，参与监事会和职工委员会，以此对日常经营管理决策起到影响作用。其主要实施路径有如下三种：一是德国企业职工与相关产业工会代表有权在监事会和董事会中各占有一定席位，参与制定最终战略或经营决策；二是职工代表监督“已制定来维护职工权益的法规”的执行情况，以及经理层履行劳资合同协议的情况；三是职工代表在社会保障及工资福利上有表决权，与经理层权力平等，并享有对德国企业生产经营状况的知情权与质询权。

（二）监事会制

当前，我国国企在治理结构中也设有监事会，但是监事长工资薪酬的发放由国企决定，实际上使其成为国企的内设部门，而且，监事的行政级别只相当于国企的第三梯队。监事会在利益上对国企有很强的依赖性，不能发挥其有效独立的判读能力。同时，在管理层级序列上，监事长位居董事长和总经理之后。这在很大程度上就决定了监事会不能很好地履行对国企经营合规性的监管职能。因此，应在尝试运行国企职业经理人制度后，进一步地强化监事会职能。那样，其就成为确保国企经营合法、防止国有资产流失的关键之处。

国企混改的德国模式，能够有效强化监事会对经营管理的监督职能，具体通过以下三种途径实现。一是国资委向国企派驻外部监事（含监事长），与职工代表及股东委派监事共同组成监事会，且代行董事会部分职能。以此有效行使监督国企经营规范的主要职能，并对国资委负责。二是国资委发放其

---

① 岳朝龙，岳香．公司治理结构：发达国家经验及其启示［J］．安徽工业大学学报（社会科学版），2004（5）：51-54.

派驻的外部监事薪酬，尽可能保持监事会能够独立参与国企经营管理决策，而不受经理层的干预。三是监事会根据国企经营的监督结果，在总经理任免决策上，拥有一定比重的建议权。

二、两个案例

（一）德国大众

1937 年，德国大众公司（以下简称德国大众）成立。德国大众是全球著名的汽车企业，作为上市公司，其部分股份由德国下萨克森州地方政府（以下简称下萨克州）持有。至 2014 年，德国大众的股权结构为：保时捷控股公司持股 31.5%、外资持股 26.3%、快达控股公司持股 15.4%、下萨克州持股 12.4%、社会公众持股 12.3%，以及机构投资者持股 2.1%。德国大众遵守德国《公司法》和《上市公司法》，并遵守国际劳工组织《关于国际劳工公约》。下萨克州派出两名政府股东代表参与其监事会，虽仅持股 12.4%，但享有 20%的投票权。

德国大众股权结构比较复杂，既有地方政府持股，也有私人家族持股，还有机构投资者和社会公众分别持股。尽管如此，其公司治理机制中的政企关系依然相对清晰。德国法律规定，德国大众的经营决策机构为监事会，它相当于绝大多数国家的企业董事会。下萨克州不干预德国大众的经营管理事务，仅根据其持有的股份，派驻两名监事，但是，下萨克州监事代表在参与公司决策时，也会保持独立性。此外，监事会内还有职工代表、外籍监事，以及女性监事。德国是法治国家，德国大众尽管不受政府行政干预，但受到很多法律的约束，一旦出现违法行为，政府也无法予以庇护。

（二）欧洲水务

在东、西德国统一后，大罗斯托克市政府决定，将该地的水务管理服务对外承包，最终与欧洲水务公司（Eurawasser，以下简称欧洲水务）签订租赁合同。蒂森工会（Thyssen Handels Union）持有欧洲水务 51%的股份，但不参与其经营管理决策，其余 49%的股份由里昂香水（Lyonnaisedes Eaux）即巴黎昂帝欧（Ondeo）持有。最终，欧洲水务转变为混合所有制企业，承担保质保量供水的经营风险，并负担全部资本成本，以及日常运营费用。在价格上，要保证除通货膨胀调整外，在 25 年内都不会发生变化，而且，25 年后，欧洲水务可以与大罗斯托克市政府续签租赁合同。当然，该市政府也有权恢复其对水务服务的自行管理权。因此，双方的承包租赁合同要求欧洲水务通过资本减值准备保持股票价值。

在租赁期内，大罗斯托克市政府及其邻近市镇，保留对欧洲水务的控制权和业绩监督权，并且要求私人企业根据法律变化采取相应措施。欧洲水务做出“一切有关定价、投融资等战略规划”的变动决策，都必须重新获得该市政府的许可。并且，由人数相等的私人企业代表和政府公共代表共同组成委员会，监督该合同的执行情况。欧洲水务的混改成功，是建立在以下两个基础上的：一是私人企业（昂帝欧）拥有世界级大规模水务的管理经验；二是市政府保留着对“确保当地饮用水高质量供应”的最终决定权。

第六节　意大利国家参与制

1956 年 12 月，意大利政府颁布《1589 号法令》，决定政府内阁下设国家参股部，由其出资设立多家国企，[①] 并且以逐级参股方式统一监督管理所有的国有资产，形成金字塔形的等级控制结构。其顶端为政府主管部门，中间部分为数家大型国家持股企业，下层为国家次级持股公司和政府部门控股集团，而最底层为基层国企子公司。通过对国企实施高度集中统一的监管方式，政府实现国有经济对国民经济的控制影响力。尽管国家参股部于 1993 年被撤销，但其制造出大批“垄断程度高、涉及领域广、经济影响大”的国有控股或参股企业。

一、国资管理

（一）国企管理

1994 年后，意大利国企及国资主要由财政部负责管理。财政部指派股东代表，或依据持股比例被派驻到董事会，或被委任为经理。意大利财政部代表国家履行出资人权利，并且要求国企定期向其汇报战略规划，以及对比同

① 汪平，李光贵，袁晨．国外国有企业分红政策：实践总结与评述［J］．经济与管理研究，2008（6）：78-86.

行业基准，评价经营业绩，但是，财政部不会干预国企的日常生产经营决策。意大利政府对国企管理的具体表现为：要求定期汇报计划执行情况、监控业绩成果和财务数据变化，以及制定有效的层级管理制度等。然而，意大利国企存在“多层次管控、规模过于庞大”等问题，除高层控股集团和次级控股公司外，还下设三级、四级等国企子公司。

为保证对子公司经营管理的控制权，国企集团通常会采取高度的统一管理，并集中决策权，但这样又会导致集团不了解下属企业“正面临快速多变的区域市场环境”，其做出的决策难免会带有盲目性。意大利各国企与上级政府主管部门间也存在多层次管控的问题。特别是大型国企集团，往往会产生不必要的管理层级，造成低效官僚的决策方式。其结果是不但没有发挥对政府过多干预的对冲作用，反而成为行政垄断、政府干预和国家控制的强力工具。根据现代公司治理理论，多层次管控会不断引发委托代理问题，而且，交易费用过大，会降低国企的经营绩效。

（二）收益分配

根据国家控股或参股企业管理的制度框架，意大利国有资本的收益分配，遵循以下三个基本原则：一是国有独资企业年税后利润的35%分别留存为经营储备金（占比20%）和研发特别基金（占比15%），用于弥补亏损和支持发展，剩余65%的利润上缴财政部。当国有独资企业突然遭遇经营亏损，而且积累储备金难以弥补时，经意大利议会批准后，财政部可从上缴利润中拨付部分款项予以补贴。二是如果为国家控股或参股企业，其中属于国有资本的收益部分仍按“同股同权”原则分配，并逐级上缴。三是建立混合所有制企业，目的是缓冲政府对国企过多的行政干预。混合所有制企业为独立法人，经过国家授权后，也独立享有国有资产收益，而政府仅行使并享有其股权。

在意大利，也有部分国企将盈利性目标与社会服务义务混在一起，最终导致破产清算。意大利国会是国有独资企业的最高决策机构，其授权政府对该类国企进行直接的监督管理。意大利国会及政府有广泛权力，不仅可行使人事任命权，还决定国企中期计划、发布战略方针、设立捐赠基金等。意大利政府给予国企的财政补贴，却又增强其市场竞争惰性而滥用国家信用。所以，意大利政府应遵循市场经济原则管理国有控股企业，依据产权关系，选派政府股东代表任命董事，或签订协议约定，使其参与国家战略，而不应通过行政手段干预。意大利政府对国企的过于爱护，不仅没能实现国资的保值增值，反而将各行业国企推入私有化。

二、伊里模式

伊里集团是意大利三大国家控股企业（伊里、埃尼和埃菲姆）中成立时间最早、规模最大的国企集团。在意大利，其改制模式最具代表性意义。

（一）改制进程

1930年，政府大量收购意大利商业银行、罗马银行和意大利信贷银行等股票，并接管被银行控股的许多工商企业，组建意大利工业复兴公司，即伊里公司。1937年，其又被改组成国家控股公司，直接受政府监管。第二次世界大战后，伊里公司成为国家参与制企业的典范。1950年，伊里公司参股约500家企业，并享有控制权益。其经营范围涵盖银行业、钢铁业、能源业、宇航业、交通运输业、通信业、机械电子业、建筑业等领域，是西方发达国家中最庞大的国企。1965年，伊里公司被政府委派了以下两项非商业性的社会任务：一是资助经营不佳、深受石油危机影响的私人企业；二是将40%的投资用于开发南部贫困地区。1970年，伊里公司经理层更多地被政治官员替代，任命经理和董事、重点投资项目以及行业发展战略等，都成为各政党争夺利益的事项。

1980年，伊里公司因连年亏损发生财务困难。虽然政府给予其下属亏损国企巨额的财政补贴，但作为国家参与制企业，伊里公司又肩负多重“满足社会公共福利”的政府任务。同时，政府财政补贴使其竞争意识弱化，反过来又进一步加重国家财政负担。伊里公司通过欧洲投资银行发行债券积极筹集资金，同时，隐性的政府担保也促使其下属企业、次级控股公司和基层运营公司三个层级各单位都能完成筹资。1992年，伊里公司被改制为“依据《民法》设立”的股份公司，但由财政部全资所有。政府公开要求伊里公司将次级控股公司和基层运营公司的债务纳入担保范围，最后导致其亏损总额从1991年的5.4亿美元增加至1993年的83亿美元。1992年，其合并债务达583亿美元。伊里公司使政府耗竭信用，直接导致里拉币值的崩盘。同年，政府取消内阁中的国家参与部。由此，意大利开始实行各行业国企的私有化运动。1992—2000年，为偿还政府债务，伊里公司变卖大部分主要资产，最终于2000年被破产清算。

（二）治理结构

国家是伊里公司唯一的所有者，国会与政府对其进行具体管理。作为伊里公司的最高决策机构，国会两院常设委员会负责对其重大事项进行决策。其具体权限为：批准其中期计划以及政府提供的捐赠资金；批准政府提交对其正副董事长的任命；要求国家参与部提供有关伊里公司的财务资料，保证其经营活动符合意大利政府的经济政策。国家参与部有如下权限：牵头其他政府主管部门，设立部际经济计划委员会；发布该委员会制定的战略性指示，并在伊里公司执行该计划的过程中给予必要的指导与监督；聘请专家担任伊里公司董事。

在伊里公司中，董事会包括 1 名董事长和两名副董事长，下设执行委员会和审计委员会。伊里公司董事会有 12 名董事，其中，9 名来自政府各主管部门（含国家参与部），其他 3 名是国家参与部指定的外部专家。而且，审计委员会有 5 名委员，也由国家参与部任命。按照伊里公司章程规定，总经理由国家参与部长根据董事长提名来任命。同时，伊里总部有 400 多名职工，有计划投资部、审计部、财务部、法律部、国际事务部、人事部、公共关系部等 10 个职能部门。

（三）层级控制

伊里公司对其所属子公司、次级控股公司及基层实体运营公司采取高度集中的层级控制结构，集团总部的 10 个部门分别对下属次级控股公司和基层实体运营公司予以控制。主要表现在：制定部门控股企业的投资生产计划；提供并分配必要的运营资金；任命下属子公司高管，选择有效的组织机构和管理制度；批准部门控股公司和独资企业的年度财务报告。

伊里公司对下属公司的管理具体表现在以下三个方面。一是通过严密的计划管理体系，对次级控股公司实施强力控制，如每年须呈报四年滚动计划、下年度财务预算、上年度生产目标完成情况等。再根据汇总资料，与政府指导方针、产业政策相对应，编制全集团四年滚动计划。然后，各下属子公司在计划指导下独立运营，并且每年对其计划执行情况进行全面检查。若完成计划目标，就给予奖励；若没完成，则会酌情处分高管。二是通过确定利润目标和净利润分配比例，实现对次级控股公司的控制。按照伊里公司规定，年度净利润的 20% 会用于普通公积金，15% 作为特别基金，65% 上缴国库财务。其中，普通公积金用于弥补亏损，而特别基金用于职工培训和在职福利。

三是伊里公司在资本控制基础上，实现对次级控股公司的人事任免控制，并且逐级任命下属子公司的董事长、董事和总经理。同时派遣其他各级管理人员，通过人事控制贯彻集团方针政策，了解下属子公司经营状况，并检查计划执行情况。

第七节 挪威管控资源混改

作为北欧国家，挪威政府会被认为有一定民主社会主义的执政色彩，但是，挪威却是以法治为基础的市场经济国家，政府与国企间的关系比较清晰稳定。

一、国企治理结构

挪威国企治理结构类似于德国的股份公司，具有双层委员会（董事会和监事会）。国企最高决策机构为股东大会，但经营监督机构为公司会议，而战略决策机构则为董事会。此外，管理层是首席执行官和管理委员会。这些机构的人员按照上述次序自上而下逐级选举并任命，共同组成挪威股份公司的治理结构。1990 年，挪威议会决定，公务员不能再担任国企董事。首先，由国有股东代表、工会职工代表、外部同行专家组成公司会议。其次，由公司会议任命的经营管理专家和工会职工代表组成董事会。根据挪威《政府财政管理法规》第 10 条规定，当政府行使国家所有权时，公司也应保证对所有股东一视同仁，并且清晰区分开政府与董事会的决策权责。

2006 年，挪威政府发布《国家所有权政策》，进一步规范国企治理结构。其具体规定如下：挪威混合所有制企业各类股东应平等对待；政府股东的所有权益应当清晰透明；各类股东决议应经股东大会审核；政府股东与其他所有者共同对经理层业绩制定考核标准；董事会负责完成战略目标；根据股权结构和实际经营等情况，建立合理的融资结构；董事应以专业能力和人才多样化为推选标准，并反映独特的业务特点；政府补偿和股权激励应当促进价值创造；董事会可代表股东对管理层独立行使控制权；董事会制定战略工作计划，并积极完善履职能力；董事会决策活动应当受公司会议评估监督；管理层应对所有股东和利益相关方负责。挪威国企有相对特殊的公司章程和治理结构，持有股份的政府股东由各主管部门官员担任，但是，其只在股东大会期间，以国有股权代表身份对国企将要采取的经营行动做出决定。

挪威《有限责任公司法》基本原则为所有股东一律平等。即便政府持有国企股份，其任何决策行为也需严格遵守法规。即作为股东，挪威政府享有与其他股东同等权力，不得利用行政干预强力侵害其他股东合法权益。此外，政府持股情况要公开透明可查。此外，要确保股东大会是最高决策中枢。即便挪威政府为实际上的第一大股东，也从不干预国企日常运作，更不审批其发展规划和投资决策，甚至还可能不直接派驻董事或任命高管。作为政府股东代表，挪威官员除非以股东身份维护并争取其投资人权益，可参与提名委员会、董事候选人提名及其选举投票等，否则不能对国企下达行政指令，更不能随便传唤国企董事长或总经理，或指示管理层做出某些经济活动。而且，主管国企的政府部门公务员不能被提名为董事。在治理结构中，排除政府参与国企日常经营管理活动的任何可能性。

二、处理政企关系

挪威国企是“国资、私资与外资等多类资本并存”的典型混合所有制企业。一方面，多元化产权结构有助于国企获得更多资本和专业技术。国家所有权有利于保护设在挪威的国企总部，私人所有权有利于激发员工的研发积极性，而外资所有权有助于提升国企的国际化市场开拓力。另一方面，挪威国企大多涉及国家经济命脉和战略性产业，对财政收入有巨大贡献，是挪威实施国家产业规划政策的有力工具。所以，国企引入私人资本，并非是无条件的。若非公资本并购导致国家所有权被稀释，并违背国有股权转让的相关法律，则政府会经议会批准后，入市收购必要数量的国企股份，以维护国家所有权的控制影响力。总之，挪威政府并不直接参与国企管理决策，而更多的是通过制定合理的激励督促机制，使国企决策与社会公共利益相一致。所以，其政企关系有以下四个特征。

（一）主管资本　长远投资　战略运营

挪威并未设立统一管理所有国企的政府部门，而是按其所属行业，由相应政府主管部门分类管理。其目的在于，敦促国企执行国家相关产业政策、管理国有资产权益，实施经营管理监督。挪威政府虽然是国企大股东，但从不直接参与日常经营，而是以主管部门下辖的国资投资运营公司（国有股权占比 100%）来代表政府监管国资的保值增值。

例如，作为挪威油气部门下设的国资投资公司，佩德罗（Petoro）公司（以下简称佩德罗）成立于 2001 年。其接替了之前的国家直接财政权益基金（State Direct Financial Interest），并代表国家来参与挪威大陆架油气资源开发，[①] 但是，不代表政府去行使任何行政职能。至 2014 年，佩德罗有 70 名员工，共参与 140 个作业许可区块（含 40 个在产油气田）。作为国资投资公司，其具备以下四个特点：一是从不直接当作业者，而是作为股东之一参与油气勘探开发项目，分担成本并获得收益；二是从不参与许可证的申请，而是政府直接授予参与权；[②] 三是更关注项目的长远利益和战略投资；四是可以通过出售国有资产或购买私人资产来优化国家直接财政权益基金。

（二）有进有退 放经营权 抓主导权

根据挪威《公司法》，国企股东大会秉持“同股同权”原则。相对于普通股，挪威政府所持国有股并无特殊投票权，也不能干预国企日常经营，但这并不意味着挪威政府对国企控制权的弱化。依据挪威《有限责任公司法》，只有超过 2/3 的股东投票同意，修改公司章程的议案才能有效，而挪威政府一般都会持有国企超过 2/3 的股权。

实际上，政府成为修改章程的唯一授权者，以及国企顶层设计的实际主导者。例如，2007 年，挪威国家石油公司国有股比例降至 62.5%，但挪威议会很快通过立法，要求政府增持股份至 67%，有能力控制股东大会多数投票权，由此通过任何决议，如选举公司会议多数成员（有选举董事和审批分红方案权）、业务合并分拆决策、扩股减持计划等。此外，根据挪威贸工部制定的《国企董事选举操作指南》（*Instructions for Preparations for Elections*），国企内部设立董事推荐委员会，由其向股东大会提出董事候选人及薪酬方案。

（三）分类管理 有针对性 设定目标

根据所属行业的战略规划，挪威政府将国企划分为以下类别：有商业性目标的国企；有商业性目标且总部设在挪威的国企；有商业性目标、特定社会性目标的国企；有产业政策性目标的国企。在名义上，国家是国企长期的投资者，但具体实践中，政府各主管部门按照《宪法》规定，代表国家行使

---

① 例如，佩德罗控股的挪威国家石油公司，就是挪威大陆架上拥有油气储量最大的公司。

② 即挪威国家石油管理局先行研究并建议“是否应参与某油气勘探开发项目及该参与的投资比例”，再由佩德罗执行。

对国企的所有权。

政府根据国企所属行业类别，为其设定业绩目标。对以营利为主的商业性国企维持国家所有权的首要目的是：长期创造国企价值、促进产业发展和做出经济贡献，以保证获得最佳的投资回报。同时，政府会根据资本资产定价模型，结合每家国企面临的具体经营风险，为其设定预期资本收益目标，最终以利润分红或资产增值等形式实现。

（四）收益分配　建立基金　效益兼顾

挪威政府每年从国企经营中获取巨额的自然资源垄断收益，包括国企上缴税收、自然资源垄断的直接所有权（进入国家直接财政权益基金）以及国资投资运营红利。挪威政府依法对国资投资公司和国企征税，与私人企业税收政策无差别，即征收税率为28%的所得税和50%的行业特别税（税基为税前利润减投资，但前四年享有7.5%的投资抵扣）。

需要强调的是，国资投资运营公司在自然资源勘探开采中扮演积极角色，不但参与经营决策，还承担运营成本，以获得投资收益。在自然资源垄断经营项目中，各参与方按股权占比来承担投资风险，在开采过程中，也按占比支付成本和分配利润。挪威政府也通过国企参与开采，并按所持股份比重获取相应分红，但需先经股东大会审议。

挪威政府用国企收入建立主权财富基金（如政府全球养老基金等）和国家养老金体系，两者共同组成挪威的政府养老基金，而且主要在海外投资。政府养老基金由财政部授权中央银行管理，并受议会监督。其本金及收益主要用于支持社会保障体制建设。2013年，挪威养老金体系是世界最大的主权财富基金，总额达54万亿挪威克朗，占全球股权市场份额的1%，并且持有1.78%的欧洲股票市值。

三、挪威石油案例

挪威国家石油公司（Statoil，以下简称挪威石油）是挪威自然垄断型国企。作为有国际能源业务的国有控股上市公司，挪威石油是挪威大陆架最重要的油气生产商、世界最大的石油贸易商和斯堪的纳维亚半岛最大的油品零售商，业务遍布36个国家，在2013年全球能源企业25强榜单中排名第5位。挪威政府是挪威石油的大股东，其最初为国有独资企业。挪威政府成立国家石油管理局（National Petroleum Directorate），制定并颁布混合所有制改革与监管的相关政策。

（一）改制进程

1972 年，挪威政府通过议会决议成立挪威石油（国有独资的石油公司），规定挪威石油在各油气开采项目中都要占 50%的股份。当然，议会后来决定，国家参股比例可根据实际情况调整至高于或低于 50%。政府还设立了国家石油能源部，代表政府行使主权，负责油气田勘探开发项目的招标工作。这样，依靠挪威石油参股各相关项目，政府就能获得对国家自然资源的垄断利益。

1985 年，挪威政府对挪威大陆架上油气项目的国家参股分成大致划分为以下两个部分：一是凭借挪威石油间接持股，获取股权收益；二是设立国家直接财政权益基金，国家通过持有油气田、管道联网和陆上设施的国有资产或股权，直接收取油气开发项目租金或参与分红。起初，国家直接财政权益基金由挪威石油代为运营，其收益被纳入政府直接财政收入。

1990 年，挪威政府成立政府石油基金，后改为国家养老金体系。

1993 年，通过议会决议，挪威石油可自行决定其是否参股其他油气开发项目以及具体的参股比例。

1996 年，挪威政府规定，将挪威石油净收益划入国家养老金体系，每年一次，让全体挪威公民能够享受到油气开发项目带来的社会福利。

2001 年，挪威石油改制成为上市公司，国有股占比 82%。挪威政府坚持“政企分开”的原则，并建立对油气行业新的监管体制，以及配套实施政府主管部门改革，将挪威石油原天然气管网运营业务剥离给新成立的国有独资企业，即挪威天然气运输公司（Gaso）。另外，挪威政府成立国资投资公司，即佩德罗，作为挪威石油国有出资人代表接手国家直接财政权益基金，并负责国资运营管理。

2004 年，挪威石油能源部减持挪威石油 1 亿股，持股比例减至 77. 1%。挪威议会授权政府可减持挪威石油股份的红线为总股本的 2/3。

2007 年，根据海外业务发展战略需要，挪威石油与挪威海德鲁公司（以下简称海德鲁）石油天然气业务合并，组建成立挪威石油海德鲁公司（Statoil Hydro），进而成为全球最大海洋油气开发商。

2009 年，又更名为挪威石油，沿用至今。

（二）治理结构

2001 年，佩德罗控股挪威石油，并将其在纽约和奥斯陆同时上市。佩德罗成立前期，政府持有挪威石油 81.7%的股份，然后陆续减持，最后稳定在 67%（由石油能源部下属的佩德罗持股），其余股份则在证券市场上流通。从挪威石油的股东分布来看，国内投资者（含政府和私人企业）共持有 75.9%的股份（占有绝对控股优势），美国持有 9.6%（主要是纳斯达克上市流通）的股份，英国持股 5.1%。除挪威政府外，第二大股东为挪威的国家养老基金（Folketrygdfondet，英文：Government Pension Fund Norway），第三大股东为中国华安投资有限公司（持股 1.5%）。从股东持股比例来看，挪威石油前二十大股东共持股 79.5%，而且数量差距明显。除挪威政府和国家养老基金分别持股 67%和 3.22%外，其余十八大股东均为非石油开采领域的全球知名集团与银行，总计持股 9.28%。挪威政府持有挪威石油超过 2/3 的股份，属于国家绝对控股。

挪威政府是挪威石油第一大股东，其所有者权益委托给石油能源部代管。2001 年，挪威石油混改并成功上市。通过 2004 年、2005 年两次公开发行股票，政府持股比例降至 70.9%。2007 年，根据挪威石油与海德鲁油气业务合并约定的换股比例，政府持股降为 62.5%。鉴于 2004 年挪威议会立法规定国家持有挪威石油至少 2/3 的股份，2008 年，挪威政府通过证券市场相继购买挪威石油的股票。2010 年，挪威石油的国有股已占比 67%。至 2016 年，该比例仍未改变。油气是挪威重要的战略性自然资源，挪威石油代表国家垄断经营油气开发业务，但挪威石油实行现代企业制度。其具体特征及要求体现在如下三个方面：一是政府不会独资控制挪威石油，而且还选择整体改制上市，使国有股比重总体呈下降趋势；二是董事会有独立性，按《公司法》构建治理结构，政府不干预经营管理事务，但石油能源部代为监管国家油气资源开发，并制定相关政策；三是除保留国有股外，政府设立佩德罗来分配国家油气资源的开发收益，而且作为股权投资基金，佩德罗也不会干预挪威石油的经营管理。

挪威油气资源的国家管理主体由议会、石油能源部和石油管理局组成。其中，议会制定石油产业政策，决定整个产业整体战略发展框架；石油能源部和石油管理局是国家油气经济活动的监管人。另外，财政部、劳动管理部及石油安全局也处理部分油气活动事宜。虽然挪威政府持有挪威石油 67%的股份，属于国资控股，但除股权收益外，政府不干预日常运作，不审批发展规划和投资决策，也不派代表参加董事会，不任免高管。同时，挪威政府代表国家监管挪威石油，但其决策仍需经议会批准。另外，议会下属的总审计局也监管挪威石油运营财务状况。挪威石油董事会由外聘独立董事和职工代表组成，但是，政府可通过选聘公司会议成员制定符合国家意志的公司章程，还能规范董事会及经理层。

（三）收益分配

2001 年，挪威政府将挪威石油改制上市，并成立佩德罗接替挪威石油。同时，国家直接财政权益基金也被佩德罗接管。因为挪威政府对挪威大陆架所有油气田拥有直接的所有者权益，所以国家财政可以从各油气田开发、生产及运营的收入中获取所占股份对应的收入，作为该基金的资本。而佩德罗的职责是代表国家参股挪威大陆架油气资源开发企业，但不代表政府行使任何权力。① 佩德罗不实际参与作业，而作为股东参股项目分担成本，获取收益。② 同时，政府将此收入转移至单独的政府全球养老基金中进行运营，即油气资源的资产化管理。为鼓励中小企业和外资进入油气勘探开发领域，挪威政府颁布了大量优惠政策。例如，钻井开采后若未发现油气，政府会承担其 78%的勘探成本，再向所有合格的油气公司开放该区块勘探开发的许可招标；挪威石油和其他公司平等投标，并无任何特权；执行“勘探开发成本在六年期内进行线性折旧”的会计政策。③

2001 年，因挪威石油改制上市，进行部分私有化，挪威政府成立佩德罗管理国家直接财政权益基金。至 2014 年，该基金在挪威大陆架的 179 个油气许可证、15 个管道网线和陆上工厂等项目中，都拥有股权收益。2013 年，该基金为挪威政府提供了 1248 亿克朗的财政收入。佩德罗不享有国家直接财政权益基金投资利得，其账目与该基金账目完全分开，而且不从事具体的油气勘探开发及产品销售，此类经营活动仍由挪威石油在石油能源部设定的特殊规定下开展（但佩德罗有监督权）。此外，挪威的国家养老基金是奥斯陆证券交易所最大的机构投资者，作为专业的国资运营公司，拥有 5%的市场资本份

---

① 当政府批准某油气勘探开发项目时，石油管理局研究并建议政府是否参股及其比例，再由佩德罗决定并执行。

② 主要有油气项目税收、股权收益、佩德罗管理国家直接财政权益基金收益。

③ 赵忆宁．挪威“一桶油”权益流：国企、财政到养老金［N］. 21 世纪经济报道，2014-08-18.

额。其主要任务是：代表财政部管理挪威公民的养老金。1967 年，挪威的国家养老基金成立，并管理国家保险计划盈余。1990 年，国家养老基金直接受财政部管辖。2008 年，财政部将国家养老基金改制为公司，使其成为独立的法人实体，由此明确资金所有者与资金管理者间的权责划分。

四、海德鲁案例

海德鲁（Norsk Hydro A. S.）创立于 1905 年。初期，海德鲁从事肥料生产，随后不断扩展业务，现为挪威最大国有工业企业。其主营业务涉及轻金属、石油天然气、化工化肥、食品医药等领域。根据挪威 1976 年制定的《股份公司法》，海德鲁是国有股份公司，并由许多子公司组成。同时它也是在资源能源领域进行多元化跨国经营的企业集团，且在奥斯陆证券交易所与伦敦证券交易所上市。从国家战略控制角度来看，政府持股比例占优。从技术进步角度来看，海德鲁提供工业技术和科学知识。一方面，海德鲁要确保国家所有权；另一方面，将私人企业效率与国民经济提高、国家工业获利相结合。

（一）股权结构

第二次世界大战后，挪威政府成为海德鲁第一大股东，国有股份占比 51%，掌握着绝对控制权。随着资本规模扩大及国企私有化浪潮冲击，海德鲁的股权结构也在逐步调整。1999 年，国有股份首次低于 50%，占比 43. 8%，而私人企业股东占比增加 8. 5%，但是，挪威国内持股仍占比 64. 8%，保持占优地位。2001 年，为适应世界经济自由全球化，海德鲁依然不断调整股权结构，在保持国有股权占支配地位的同时，推动部分股权投向市场。

2014 年，海德鲁集团总资产规模达 359. 27 亿克朗。挪威政府所持的股份由贸易工业渔业部（Ministry of Trade, Industry and Fisheries）代持，占比 34. 3%。另外，挪威的国家养老基金持股 7. 3%。其余股权更为分散，最高不超过 2. 2%。挪威私人股东占比 29. 1%，主要为资产管理、投资运营公司及个体。挪威政府不参与海德鲁日常管理，除配合其实施股票回购计划外，并未主动购买或出售所持股份。国有股份与其他股份无差异，同股同权。

（二）政府关系

随着经济全球化发展，海德鲁与政府间的关系逐渐发生变化。1945—1971 年，海德鲁与政府密切合作，被授予经济特权。海德鲁大规模融资或增发股票债券，都需经政府考虑财政状况后，对其进行审核许可。到1980年，政府给予海德鲁的经济特权和政策优惠逐步取消，具体表现为以下两个方面：一是政府减持海德鲁国有股比重，从绝对控股到相对控股，以多元化股权结构来促进治理绩效改善。1990年以后，海德鲁同其他股份公司一样，经营独立自主，自负盈亏，高管更关注股东权益，并且，挪威政府已不再参与海德鲁的日常经营管理活动。二是国有股尽管由挪威政府贸易工业渔业部代持，但国有股东权利与其他股东并无差异。和私人公司与第一大股东间召开例会相类似，海德鲁会定期与该主管部门会晤，讨论其未来发展战略规划、承担社会责任及政府投资回报等。当然，海德鲁会将净利润的40%进行分红，以补充国家财政收入。

（三）国家权力

由于挪威政府要全面控制其自然垄断资源，所以会预先制定法律政策框架，再让海德鲁董事会和经理层自主经营。对不同类别国企，政府会要求其在股东协议或公司章程中附加条款，规定政府股东权力，以及正式授权董事会的特殊职责。政府每两年向国会提交白皮书，国会则需评估政府对海德鲁的监管。

例如，通过审计总署审查海德鲁账目或报告相关业务活动，或选聘公司会议外部专家审计海德鲁年度财务状况；作为国家产业政策规划的部分内容，海德鲁经营战略目标在一定程度上可享受税收优惠政策，或获得优先发行股票特权及低息贷款；海德鲁参与政府有国家军事战略意义的产品研究，如复合化肥、核能开发、稀有金属冶炼等。挪威政府只拥有海德鲁股份，但不参与会计结算，也不干预其内部投融资活动。

（四）治理权责

海德鲁治理结构符合挪威《公司法》，属于社会公共有限公司（Public Limited Company）并受挪威《股份公司法》制约。其结构类似于德国双层委员会模式，但略有区别。最高决策机构是股东大会，战略监督部门是公司会议，战略决策机构是董事会，战略执行机构是首席执行官和管理委员会。董事长和首席执行官必须由两人分任，不得兼任。1990年以来，国会立法规定，政府公务员不再担任国企董事。

从法律意义上讲，海德鲁资产不再属于国有资产，而是法人财产。一般日常经营活动多由首席执行官和管理委员会决定。海德鲁不需向政府呈报国家预算，也不需要政府对其任何投资经营决策进行批示。海德鲁从事完全市场化的竞争商业性业务，也可自行向银行借款。公司会议负责对董事会和首席执行官进行监察。其中，公司会议主席一般情况下为国有股东代表，主要工作是主持会议（若主席缺席，则副主席主持）。

第八节　芬兰不上市的监管

芬兰国企大多采用混合所有制，其发展历程对我国公司治理实践有一定的借鉴意义。芬兰国企也是先进行股权结构改革，摆脱国有独资状态，建立规范的治理结构，为提高治理效率奠定良好基础。芬兰国企混改并不是非要上市，大多国企不具备上市条件或尚未准备好上市。当然，即便没有上市，也不影响改制并引入非公资本。而且，大多为战略性投资者投入的非公资本，占比都很高。将近达到50%的股权比例，可使其成为积极的股东。国企持股机构为芬兰国家所有权监管局，并不介入具体经营事务，以保证国企的自主独立性。

一、国资管理体制

芬兰国资管理体制的基本框架为“议会—政府—企业”三层次。其中，议会主要负责监管国企。例如，规定国有持股最低比例、授权政府决定国有股权的出售转让、委托审计署核查国企财务状况等。也就是说，议会代表国家，对国有资产履行最终所有者权利。政府负责国资的具体管理，审计署负责对国企经营事务的监督。2004 年之前，芬兰政府对国资实行的是主管部门分散管理国企的体制，即由八个政府主管部门（贸工部、财政部、交通和通信部、教育部、社会事务和卫生部、外交部、农林部，以及环境部）分别对国企实施监管。随后，政府意识到国资分散管理存在体制弊端。①

2004 年，正式成立国资管理小组，研究制定国资统筹管理政策和政府部门协调机制。芬兰政府整合国资管理职能，制定《国有控股和所有权督导法》（*State Shareholdings and Ownership Steering Act*）。2007 年，又成立芬兰国家所有权监管局（Finnish Goverment Ownership Steering Department）。然后，为

① 佚名．国有资产监管的国际借鉴［J］．现代国企研究，2013（3）：32-33.

集中管理国企的国有股权，并打通各主管部门利益，芬兰国家所有权监管局设置总理办公室，由部长分管，并且赋予该办公室“独立分析战略规划、监督制定治理制度、跟踪分析经营绩效、审批所有权交易、出席股东大会、推荐任免董事”等职责。

二、芬兰维普能源

（一）改制进程

芬兰维普能源公司（Vapo Oy，以下简称芬兰维普）是芬兰最重要的国企，经多次业务重组、股权交易及治理改革，现已发展为知名的优秀企业，也是典型的非上市混合所有制企业。作为股份公司，芬兰维普依照芬兰《公司法》（*Finnish Companies Act*）、公司章程开展日常运行活动。同时，芬兰维普遵从芬兰国家所有权监管局对国企及其关联企业的治理建议，并遵守芬兰《公司治理法》（*Finnish Corporate Governance Code*）。

在芬兰维普股权结构中，只存在一种类别股票，即普通股，共发行 3 万股，每股投票权均为一票。国有股与其他股份间无差别，享有相同股息。2015 年，芬兰维普股本达 50.46 亿欧元，由芬兰政府（持有 15030 股，占比 50.1%）和芬兰能源公司（Suomen Energiavarat）（持有 14970 股，占比 49.9%）共同持股。后者为芬兰能源建设公司（EPV Energy Ltd）的子公司，专门为持有芬兰维普的股份而设立。芬兰能源建设公司是由 18 家能源领域的有限责任公司组成的企业集团。

（二）治理结构

芬兰维普的治理结构由以下三部分构成：一是股东大会，作为最高权力机构，每年会讨论“章程修改、并购分立、任命监事、推荐董事、聘用审计师，以及高管薪酬”等重大经营事项。二是董事会，其董事长及董事由股东大会任命，均为独立董事。即董事会由经济学家、技术专家（多兼任其他国企经理）以及政府代表共同组成，主要职责是按照芬兰《公司法》、公司章程、董事会议事规则以及股东大会决议，直接管理芬兰维普的运营。董事会下设审计委员会和薪酬委员会，前者的职责是指导和评估财务报告、审计报告、内部审计、风险管理和内部控制，后者负责提出董事及经理的薪酬方案。三是监事会，监事由股东大会任命，10 名监事中 70% 为国会议员。其主要职责是监督董事会和经理层的决策，对股东大会提交财务报表和审计报告，就重大事项给予董事会指导。

（三）高管收入

芬兰维普高管每年收入的具体计算标准，由董事会上报股东大会审议。2012 年，影响其高管薪金的因素主要有“环保责任、现金流、资产负债率、营业利润、投资回报率、债利比以及职业安全”等。依据芬兰维普的长期激励计划，高管奖金每三年支付一次。董事报酬由月薪和会议费构成。经理薪酬由董事会决定，在月薪基础上，允许经理获得占年薪 30%～40%的奖金，但其具体数额由董事会基于上年利润和现金流等确定。此外，监事会议费由股东大会决定，如“主席每次 800 欧元、副主席 600 欧元、其他监事 500 欧元以及报销差旅费”等。

三、桑内拉案例

（一）改革进程

作为电信公司，桑内拉（Telia Sonera）由瑞典政府相对控股，第二大股东为芬兰政府。1927 年，芬兰电信产业划归芬兰邮电管理局单独运营。1930 年，瑞典和芬兰已在电信领域形成竞争关系。1994 年，芬兰将国家电话业务转交芬兰电信公司（Telecom Finland，以下简称芬兰电信）经营，以发展移动通信业务为主。1998 年，芬兰电信在赫尔辛基证券交易所上市并更名为 Sonera。2000 年，芬兰电信的国有股份占比下降 47%。1997—2000 年，瑞典电信公司（Telia，以下简称瑞典电信）试图与挪威企业（Telenor）合并，但最终未能完成。2002 年，瑞典电信寻求并购芬兰电信，合并为新企业，即桑内拉。瑞典政府占有 46%的股权，芬兰政府占有 19%的股权。

桑内拉迅速变成资产规模庞大的跨国企业，经营区域涉及瑞典、芬兰等北欧国家，以及波罗的海至整个欧亚大陆。2002 年，瑞典政府和芬兰政府都开始逐步减持桑内拉的股份，但桑内拉的国际竞争力在不断增强。作为上市的混合所有制企业，桑内拉依照瑞典《公司法》（*Swedish Companies Act*）和公司章程建立治理机构。其股票在斯德哥尔摩证券交易所和赫尔辛基证券交易所同时上市，只有一种类别股票，每股投票权均为 1 票，而且，国有股与其他股份无差别，享有相同股息。2014 年，桑内拉市值 2. 18 千亿克朗，拥有

51.06 万个股东。其中，持股在5%以上的分别是瑞典政府（37.3%）和芬兰政府（7.8%）。同时，桑内拉也在新兴企业证券市场上，即全泛欧多边双边融资机构（BATS Chi-X Europe）挂牌交易。

（二）治理机制

桑内拉大部分股份由两国政府持有，要尽量沿着法治轨道建立治理结构，并依据商业惯例保持经营独立性，否则，很难处理两国政府股东间的治理关系。瑞典政府在工业交通部内专门设立国企局，履行国有资产出资人的职责（即“管资管人管事”）。国企局配备专业分析人员，定期考察同行私企的主要经营指标，再对国企提出相应建议，并且负责对国企董事的业绩进行年度考评。瑞典电信市场由《电子通信法案》（*Electronic Communications Act*）规范管理。所以，桑内拉应向政府支付费用，防止其对通信网络的过度使用和严重破坏。此外，桑内拉还要向瑞典国家邮电局（Swedish National Post and Telecom Ageney）支付费用，以支持邮电局运作。

然而，芬兰电信市场由《芬兰信息社会法》（*Information Society Code*）规范管理，因此，桑内拉还需向芬兰政府支付无线电频率和通信号码使用费、数据保密费以及电子认证（E-identification）监督费和通信市场费。而且，瑞典政府和芬兰政府都期待所持股的桑内拉能够按照《全球报告倡议组织指南》（*Global Reporting Initiative*）开展环境可持续性发展的工作。例如，有效利用资源、保护环境、保障利益相关者权益、维护信誉以及承担社会责任。桑内拉与两国议会及政府都建立了积极的对话机制，定期与两国政府代表举行会谈，讨论在可持续发展上所面临的潜在风险和未来机遇。

第七章

国外国企混改启示

在许多西方发达国家，很多国企都经历过私有化改革，而且，大多数都会首选混改。即便是在“经过股份制改革、公司制改革、市场化改造及经营政企分开后，政府代表国家依然大量持股或强化投资运营国资力度”情况下，国企混改后的经营效率也会显著提升，并且在国民经济中扮演重要的引领角色。例如，作为新加坡政府控制的国资投资运营公司，淡马锡控股或参股的企业市值就占新加坡总市值的50%。既无法质疑淡马锡的经营效率，也不会怀疑新加坡自由开放的市场经济。再如法国电力原本就是法国政府部门，职工都为国家公务员，也有行政僵化、政企不分、腐败滋生等各种传统体制的遗留问题。经过改制上市后，股权逐步多元化，建立现代公司治理机制，减少并取消职工的公务员身份。即使政府大量持股，国企经营效率也得到不断提升。例如，作为第一大股东，法国政府仍合计持有法国电信23.04%的股份，但在治理结构中，董事会由15位董事组成，政府仅提名3位。经理层按市场规则经营管理，政府控股却不干预国企运行。现在，法国电信具有很强的国际市场竞争力，海外营收超过其总收益的50%。还有美国、日本、德国等国家，在国企股份制改革后，虽然政府仍旧控股，但国企实行市场化经营。同时，专门立法或成立国资监管部门，保障政府股东权益不受损害。然后，对竞争性领域国企，政府选择逐步退出，不再绝对控股。例如，德国政府对德国大众就专门出台《大众法》，保障持股的各级政府部门在特殊情况下依然拥有否决权。至2017年，德国大众仍有20%的股权由德国政府持有，但是，政府早已完全不再介入其经营管理决策。①

---

① 华生．万科之争的公司治理和国企改革意义［N］．上证观察家，2016-10-20.

反观中东欧苏联社会主义国家（如俄罗斯、保加利亚、乌克兰、波兰、捷克、匈牙利等）及经济转轨国家（如玻利维亚、墨西哥、阿根廷、新西兰、菲律宾等），受西方发达国家在第二次世界大战后的私有化运动思想冲击，就大胆地照抄其私有化模式，对国企进行彻底的私有化改革。而且，试图让政府不再介入干预企业经营。即从公司治理到管理体系，完全由私人经营者或财团组织来支配，实现其市场化运作，并且获得大量盈利积累上缴国库，再用于社会公共福利。但是，国企私有化的期望在最后全部落空。经济转轨国家直接全面照搬西方资本主义发达国家国企改制经验（如私有化改革、金股制度、外资并购、财阀收购、淡马锡运营等），以此作为立法依据，而不考虑具体国情，盲目进行国企改革，会产生诸多问题。一方面，势必会涉及大量国有资产的转移或出让，但相关的有形资产评估及无形资产保护的相关法律缺失或不够完善，导致大量国有资产流失及贪污腐败案件频发等高额的制度成本。最终，社会民众付出了巨大代价，国家失去国有经济引领作用，国家工业体系也被外资瓦解，国民经济反而陷入持续低迷。另一方面，即使在国企改制后，国家仍保留相当的控制权（如金股制度），但所持有的是抽象化的否决权，不再具有收益权。这种做法虽然能在短期内取得融资，并转移债务，但会从根本上削弱国有经济的重要作用，并且，“同股不同权”也不利于私有产权获得平等保护，难以发挥现代公司治理机制的制衡优势。这些都有悖于“做强做优做大国有经济”“保值增值国有资本”“不断满足并提高居民物质文化需求”的国家发展战略目标。

西方资本主义发达国家特殊的国企混改制度，是“历经漫长的自由市场经济实践探索后，并结合当时社会经济发展状况及社会意识形态变化，而逐渐成形并动态调整”的改制模式，既不是僵化的理论推演，也不是静态的亘古不变，更不是理想的一蹴而就，而是“实践性、动态化、渐进式”的国企改革。受中华文化氛围和中国特色社会主义市场经济体制的特有影响，我国国企混改模式的形成，也将是一个循序渐进的过程，不仅需要积极而审慎的制度分析，还要有卓有成效的实践探索。在西方发达国家国企混改模式下，国有股权收益被剥离，控制权也被高度抽象化。即使引入非公资本，当政府行使权力时，也仍未从根本上改变“一股独大”和“政企不分”的现状。政府放弃权力后，也未能彻底破解“国有资产流失”问题。当前我国“市场经济环境、国有经济状态、社会法制建设、国企未来目标及制度选择空间”等国情因素错综复杂，不宜轻易决断。因此，国企混改既要遵循渐进改革的基本原则，又要积极借鉴西方资本主义发达国家的实践经验，不断创新国企混改后控制权配置机制。这样才能构建起符合我国现有国情的中国特色社会主义国企治理制度。其具体原则应该包括：设计实施国企混改控制权配置特殊制度安排，仍应坚持“先试点、后推广”的渐进改革；避免脱离现实蛮干与不切实际的国家所有权泛化；坚持因地制宜、因企施策、分类监管；将国企混改视为政府从“管企业”向“管资本”转变的助推器，平衡市场、政府与国企间的复杂利益相关关系。

第一节　推进国企混改的方法论原则

要解决国企混改治理控制权的合理配置机制问题，核心不在于削弱国有股权，甚至是牺牲掉国家所有权，最终目的是做强做大做优国企，实现所有权与经营权分离、政企分开、国资保值增值，发挥国有经济主导作用，将部分国企经营权或所有权转交民企，组成新型的混合所有制企业。也就是说，在混改后，让国企真正成为相对独立的经济实体，提高其绩效水平与竞争活力。20 世纪 90 年代以来，苏联社会主义阵营下各中东欧国家纷纷采用“休克疗法”，实行大规模的私有化，但是，不仅没有带来显著的经济增长，反而导致大量国有资产流失，至今，其社会收入差距仍在不断扩大。鉴于股权转让私有化过程中的负面效应，“减持国有股，来改善控制权结构”的方法自 2000 年以后就基本被搁置起来，① 国企改革也由此陷入停滞状态。对“下一步国企该如何改革?”的问题，一直有很多的理论讨论和学术争议。

一、顶层设计路径

国企混改要坚持“上下结合、协同推进”的顶层设计路径，有效避免在国企混改过程中出现的国有资产流失问题。基于此制定混改细则，才可能全面协同推进，使国企混改能够蹄疾步稳。党的十八届三中全会提出并明确国企改革的未来方向，即“积极发展混合所有制经济。国有资本、集体资本、非公有资本等交叉持股、相互融合的混合所有制经济，是基本经济制度的重要实现形式，有利于国有资本放大功能、保值增值、提高竞争力，有利于各种所有制资本取长补短、相互促进、共同发展”。

---

① 沈红波，张金清，张广婷．国有企业混合所有制改革中的控制权安排——基于云南白药混改的案例研究［J］．管理世界，2019（10）：206-217.

（一）上下结合

我国改革开放40多年的历史经验表明，经济改制成功推进的路径是先自下而上，允许基层率先积极探索，如制度创新、发现问题、积累经验、总结分析等。在基础经济取得整体改革效果后，再自上而下进行顶层制度设计，并予以指导肯定，如明确方向、选择基层、制定规则、全面推进等，从而实现经济积极稳妥地全面改革。自下而上和自上而下过程往往要多次反复，才能及时发现并低成本解决改革问题。可率先在资产规模小的领域或偏远地区试行，取得显著的经济增长后再推广。这种方法既能激发基层改革和制度创新的积极性，又可增强区域经济活力，还能实现国企混改的有序性，避免一哄而上造成的混乱。党的十八届三中全会明确指出，要大力发展混合所有制。

也就是说，我国经过多年上下结合的国企改革探索，已坚定混改方向。当前，国企混改的重点工作应放在稳步推进、积累问题、总结经验上，进而“制定具体程序、创新改制规则、探索混改细则”，为进一步全面推广奠定法律基础。同时，加强各地各类国企混改经验交流，相互促进，以保证后续的合规运作。国企混改自下而上的探索，尽可能根据不同国企功能（如公益性和商业性等）特点，分析不同混改细则所积累的营商环境法治规范问题，剖析实施不同混改模式的国企绩效，淘汰落后且不合时宜的法律。同时，鼓励适当采取现代公司治理结构，总结董事会、监事会及经理层等治理主体运行经验，明确国企董事会规则。然后，建立有效的高管选拔与激励约束机制，保证国企独立董事履职的独立性，促进国资和非公资本都能保值增值。

（二）协同推进

在自上而下的设计中，着力营造公平竞争的市场经济环境，努力完善“与各种所有制产权交易、各类资本流动相关”的产权保护法律和证券市场体系。例如，重新制定《非公资本参与国企混合投资项目办法》《国资运营公司和投资公司监管办法》等新法规，以及修订不适应混改实践的规范性文件。同时，作为一项系统性、整体性和协同性的制度改革，国企混改需要统筹好中央与地方、试点与全局、惯例与规范、渐进与突破等之间的关系。

所以，中央解决自然资源垄断行业的国企混改，地方先行试验并着重解决投融资平台及城市公共服务业改革，而且，允许基层国企创新并建立容错机制，由此不断形成全局性政策指导，根据成功混改创新做法，设定基本规范的制度红线。既要渐进开展混改，积累成败经验，激发混合所有制经济的主动性，又要敢于面对重点国企，攻坚克难，突破混改重组瓶颈。国企混改的协同推进主要体现在以下三个方面：一是行业协同，把握节奏，既加快竞争性国企混改步伐，又要突破自然资源行业垄断，相互借鉴经验；二是制度协同，推进“治理结构、产权交易、资产评估、国资管理、人事任免和利润分配”等混改制度建设；三是进度协同，把握好“试点先行、细则制定、全面推进”等时间次序，稳步协调。

二、混改方法原则

国企混改要坚持“试点先行、关注社会”的方法论原则。激进的、盲目的国企产权改革，危害甚大，而且，一旦产权改革陷于停滞，就等于认同现有阶级集团的既得利益，社会阶层空间将会固化，贫富矛盾会更加激化。所以，要正确看待国企作为经济组织所具有的社会作用。

（一）试点先行

2014 年 7 月，国资委选择国家开发投资公司、中粮集团有限公司开展改组为国资投资公司试点工作。同时，在中国医药集团总公司、中国建筑材料集团公司开展混改试点工作，在新兴际华集团有限公司、中国节能环保公司、中国医药集团总公司、中国建筑材料集团公司开展董事会行使“高管选聘、业绩考核和薪酬管理”等职权的治理改革试点工作，[①] 并且，在国资委直管央企中选择开展派驻纪检组的试点工作。此外，地方政府也将国企混改比例、非公资本参股比重、国资证券化程度等指标作为国企混改量化考核依据，放在《国企改革指导意见》中执行。政府在国民经济中承担的角色被限定为微观国有企事业单位管理者、中观产业关系调控者、宏观市场规则监督者、国际经贸往来推进者，政企关系须恰当处理。

以俄罗斯政府组建的国家企业集团为例。在运行上，俄罗斯国家企业集团由政府直接控制，能够快速重组国有资产；从法律上，组织形式超越政府部门与企业总部的界限，处于“政治与经济、政府与社会、计划与市场、国家权力与利益集团等”之间关系的交界处，便于进行国家重大战略调整。因此，我国需要通过试点积累经验，才能找到国企混改道路。只有将市场经济普遍原则与我国社会经济现实情境有机结合，国企混改才会有所突破。如果在缺乏市场机制框架的情况下，草率地进行广泛的国企私有化（如俄罗斯等

---

① 胡月晓．混合所有制改革的意义和对经济体制改革的引领作用［J］．南都学坛（南阳师范学院人文社会科学学报），2014（6）：106-109.

转轨国家），就会导致“国有资产的流失，反而超过国民财富的创造”。

（二）关注社会

1980 年以来，西方发达资本主义国家凭借各具特色的公司治理体制，奠定了企业发展的世界领先地位。改革开放后，我国经济迅速增长，也需加快探索适合国情的公司治理机制。在现代公司治理理论中，股份公司被视为私人财产，由股东掌握公司的控制权。在美英等西方资本主义国家，奉行效率优先原则，但其缺陷在于公司普遍短视化的逐利行为，最终会长期损害社会公共利益。在德日意荷或北欧等国家和地区中，公司更多地被视为社会经营实体，与亚洲国家相类似，都认为“公司是内嵌于复杂社会网络关系中的组织”，理所当然地肩负着相应的社会责任。

1991 年，国企混改起步期曾受困于美英模式，后转为遵从德日模式，到最后，既从德日模式中引入监事会监督董事会的双层治理，又从美英模式中引入独立董事制。也就是说，我国的国企混改控制权配置机制混合了西方发达国家的多种治理体系。1998 年，东南亚金融危机爆发。美国新经济的崛起，极大提高了美英模式对我国国企治理控制权配置的吸引力，直到 2008 年美国次债危机后，我国才又开始反思国企的治理改革，并转向德日模式。当前，我国国企混改已进入“对控制权配置治理实践，进行系统性思考”的新时期，但仍需要深入贴合我国的具体国情。一方面，自 2003 年国企混改后，其就被赋予“实现国有经济目标和国企商业化运作”的任务。另一方面，基于我国社会主义市场经济体制的现实国情，国企经理层在决策时也会考虑社会广泛群众的利益诉求。未来，仍要继续探索国企混改控制权配置，并努力寻求“经济性与社会性的兼容平衡”。

三、基本产权逻辑

国企混改要坚持“遵循财产，权力平等”的基本产权逻辑。正如在经济转轨国家，国资监管和投资运营机构原本就应专注于“遵循财产权力逻辑、以国有股东身份行使对应权力”。但是，由于内部人控制、政企不分等问题频发，“内部腐败、滥用权力”等愈演愈烈。

（一）遵循财产

政府最直接的反应，必然是加强对国企改革的监管。基于监管者身份，政府不断强化对被监管国企的控制力和影响力，又造成典型的政府强力干预国企的经营管理，最终形成“一放就乱，一管就死”的恶性循环的制度逻辑。由此，国资监管和投资运营机构也不得不转向维系上述逻辑，即在治理权力配置中，获得加强控制权的授予范围，实施更为严格的国企监管措施，如稽查特派员制、外派监事会制、纪检巡视制等，以至于非公资本望而却步，失去参与国企混改的积极性。

如图 7-1 所示，当前，世界各国典型的国企混改模式的共同特点在于：政府根据现代公司治理机制，通过股东大会和董事会，普遍代表国资出资人，对国企行使国有股东权力。或者，作为国有股权持有者，政府主管部门通过股权投资或出售运营国资投资组合。国资投资运营和国企监管的关键是：理顺政企关系，正确行使政府在国企中的所有权和控制权，以提高运行效率。例如，政府对国企混改可采用分类管理。对极少数特殊类型的公益性国企混改，可通过特别立法，设计特殊的治理结构和控制权配置机制；对绝大多数一般性的商业国企，需顺应市场国际化的开放趋势，确保国企治理结构和运行机制符合国际普遍要求的现代企业制度，以使国企经营决策更为有效。

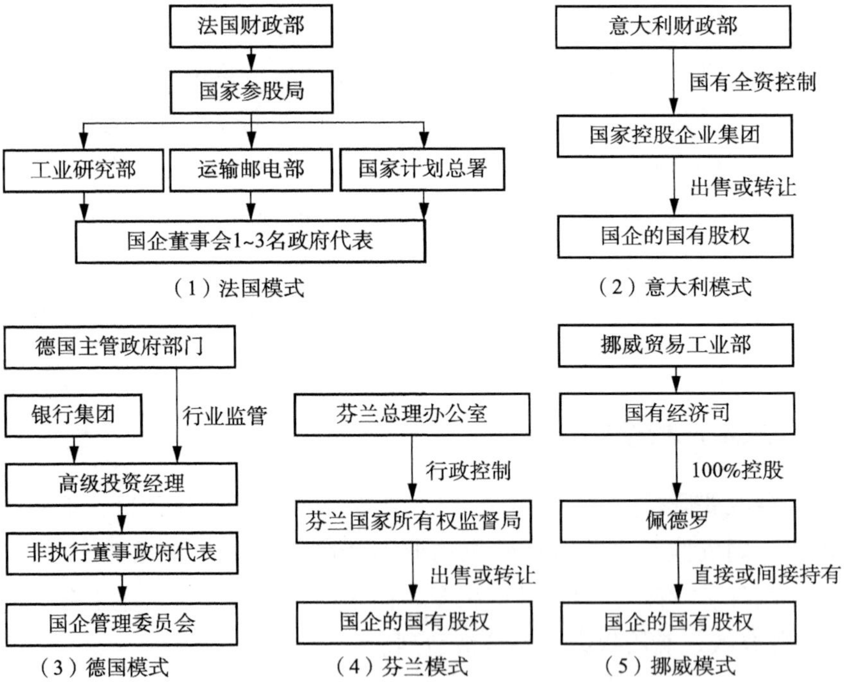

图 7-1　国外国企监管的典型模式

资料来源：张文魁．混合所有制与现代企业制度——政策分析及中外实例 [M]．北京：人民出版社，2017.

（二）权力平等

在西方资本主义发达国家，无论是私人企业治理结构，还是国企混改控制权配置，社会化私人投资总是优先于提高国民经济的国家使命而建构起来的，即便后者继承于服务社会公共利益的国家意志也会如此。我国国企混改要实现高质量发展，国家治理控制机制仍为可行，但是，往往需要政府承担强大有力的治理领导角色，并积极动员新兴社会非公资本参与才能实现。国企混改最终还要依赖现代公司治理建设，换句话说，需创立大众普遍认同的国企认同。但从国企角度看，无论是向内引资，还是对外投资，或是与非公资本合作，都存在国有资产流失风险，所以，要自证清白，经受各种审查，并要终身负责。从非公资本角度看，分不清谁是决策者（是政府还是企业），层层审批（归口哪个部门），难以把握。

国有产权流动性是混改的前提，然而，现有国资监管体制制约国有资产交易，反而降低了国企混改的可能性。现代企业制度以财产权力为出发点构筑现代公司治理机构，因此，国企混改应改善政府权力主导的治理体制，补充财产权力逻辑，建构控制权配置机制。但是，两套逻辑的兼容性，的确是个实际难题。由此可见，国企混改在治理机制设计上，要比单一所有制、私人股东控制的公司治理更加复杂，而且业已形成严密的国资监管体系，很难为国企混改打开缺口，尤其在高管任命、干部薪酬、财务审计等关键事项上，仍需渐进稳步、实时动态地调整。可视具体情况，与非公资本共同依据财产权力逻辑进行利润分配和控制权配置等方面上的对接。

第二节 发展混改后企业的模式选择

国企混改的事实表明，国家持股后，政府从主动控制经营到退出转为监督的职能变化，对改善国企治理结构和提高管理效率都有积极作用。作为股东，国家持股从国企得到的分红，以及国企上缴财政的税收反而都会更高。在国企混改中，控制权合理配置应综合运用政府和市场两方面力量，使各项资源达到有效配置，推进国企在新时期全面深化改制的步伐。

一、特殊股权模式

（一）国家特殊管理股

在特定行业领域中，为保障国资对国企的控制权，可探索实行国家特殊管理股制度，即主要对国企特定事项决策行使否决权。当然，也可以按公司章程约定，赋予普通股权超比例的特殊表决权。国家特殊管理股制度可以放大国资功能，为保障国有经济的引领带动力和控制影响力提供法律依据。国家特殊管理股也能通过特殊股权结构设计，[①] 使国有股东在国企股份制改造及上市融资中拥有最大决策权与控制权，有效防止外资恶意收购，而且，少量的国资投入就能确保掌握国企的控制权。

然而，国家特殊管理股模式与我国主张“重构平等产权关系、更好发挥市场竞争机制来配置资源的基础作用”的初衷不相符，因此，国家特殊管理股主要适用于少数特定行业，具体政策规定的是文化传媒领域。[②] 在我国国企改革中，所实施的国家特殊管理股制度与西方资本主义发达国家证券市场中的特权股在实现形式、应用范围及操作规程等方面既有相似之处，又有所区别。为保障国资在特定领域的决策控制力，可以探索实行国家特殊管理股制度，通过公司章程约定，在国资委监督下对特定事项行使否决权。

（二）采用优先股模式

为保证国资有优先的收益权，国家允许将部分国有股权转化为优先股，但公司经营管理决策权受限。优先股一般设置在国资重增值收益而不追求控制力的领域。混改引入优先股机制，会有以下两方面的好处：一是当国企改制面临经营不确定风险时，将国有股权全部或大部分转为优先股，可稳定国资的保值增值。二是能吸引大量非公资本进入，来承担更多风险。因为国企资产规模很大，所以非公资本担心投入大量资金却很难有话语权，如果大部分国有股权转为优先股，将有助于提高非公资本的参与性。

---

① 国家特殊管理股的运行模式有两种：一是金股制度，政府持有 1 股，不干涉日常运营，也没有收益权和表决权，更放心地实现政企分开，但在某些约定的重大事项上，享有一票否决权；二是同股不同权，即某类股票享有若干表决权，通常向特定国有股东发行，目的在于保证政府的控制权，限制外部股东或外资对国家安全及民族产业的支配权。

② 党的十八届三中全会提出，对按规定转制的重要国有传媒企业，探索实行特殊管理股制度。中央全面深化改革领导小组通过《深化文化体制改革实施方案》，把在传媒企业实行特殊管理股制度试点列为 2014 年的工作要点。

国资投资私人企业，也适合采取优先股，特别是对以下两种企业：一是处于创业高速成长期的高新科技企业；二是基于国家战略，支持、帮扶和救助战略性新兴产业领域和关系国计民生的私人企业。这样既可确保国资保值与增值，又不触及企业的控制权及经营权，以避免非公资本或私人股东对国有化的担心。为便于国资运营，可采用可转换优先股。即混改后企业上市，国资投资公司可将所持优先股转换为普通股出售或转让。

（三）多数决分类股

多数决分类股也可用于“国资投资且处于高速成长期”的高新技术企业。国资投资公司可接受分类股权制度安排，仅认购普通股，而让私人创始股东持有复数表决权的分类股，以保障其控制权，稳定绩效增长。也就是说，国有股东与其他股东可约定股东大会所有事项的表决，均按股权比例行使权力，也可约定不按比例表决。因此，决议可采取简单多数决，也可使用超级多数决，还可采取一致决。

“具体有哪些事项，分别对应采取怎样的表决权?”对此，各类股东间需通过股东协议加以约定，并写入公司章程。例如，金股制度可用于国企私有化，也可用于混改。设置金股是为确保国企改制方案得以贯彻落实而设计的保护性制度安排，即国资投资入股私人企业后，不参与日常经营管理，也不掌握控制权。但为维护少数股东和积极投资者的权益，国有股东可与其他股东达成金股协定规定持有金股的国有股东，在股东大会审议涉及国家核心利益的特殊事项表决上，享有一票否决权，防止控制股东滥用权力，危害国家安全。

（四）股权多元化上市

继续推进国企公司制和股份制改革，需要引入各类投资者推进股权多元化。那么，就要大力推进其改制上市，尤其是加大国有集团公司的改制力度。在股权形式上，强调股权多元化上市。在股权比例上，强调根据功能定位来动态调整。通过引入“其他国资、集体资本、非公资本、外资”等各类股东参与国企股份制改革，实现股权多元化。而且，国有独资企业也可积极引入其他国资，实现股权多元化，不仅有利于产生资本聚集效应，也有助于各类股东在资本技术、管理文化等资源上取长补短、优势互补，形成有效制衡、运转协调的治理结构。

国企股权多元化上市后，要求各类股东按《公司法》等法律规定，规范行使各项治理职权，依据“所有权与经营权相分离”原则，不越过治理结构而干预日常经营，也不损害法人财产权。各治理主体，能各司其职、有效制衡，在内部治理中，形成自我约束的控制权配置体系，以及高效灵活的经营管理体制，来激发其竞争活力。

（五）防止国资的流失

俄罗斯的国企私有化就造成大量的国有资产流失，原因就在于内部人控制下违规廉价出售国有资产。英国也曾低估“改制前国企在改制后提升效率的价值上涨空间”，导致其股票定价过低。许多国企股份着急出售，英国政府本应在财务管理上做得更好，即在首次公开发行前持有更多股份，然后待经营状况明显改善后再出售。由此可见，即便是有完善市场经济体制的英国，在国企私有化及混改过程中，也存在诸多国有资产流失问题。

因此，要转变观念，并正确对待。从治理实践上看，我国国企存在严重的“内部人控制”现象，国有资产所有者缺位，不是不存在提升效率的空间，而是缺乏市场机制，使国企价值难以凸显，被视为竞争力很弱，若尽快改革，国企财务状况会有好转。改革的关键在于国有股份减持过程要透明，国有股票定价要公允，而不是前期就被内部人侵蚀而折损。对非上市国企，由于信息披露不充分，要防止政府官员和经理层合谋侵吞国有资产。例如，俄罗斯政府在休克疗法结束后，就颁布数以千计的国企私有化法令，形成一整套规范体系。

二、股权混合模式

（一）国企混改不同类别

如表 7-1 所示，依据不同的划分标准，国企混改各种模式间存在显著差异。国企混改既有政府宏观推进层面的顶层设计，又有市场微观操作层面的战略方案，因此，国企混改模式的划分，是通过宏观与微观的各层面贯通的，在资源配置功能上，实现政府与市场相结合。基于改革顶层设计的清晰性，从国有资产改制对象上看，可将国企混改模式划分为存量改造型和增量创新型。前者是鼓励非公资本参与混改，实现国企存量股权多元化，其具体实现形式主要是“公司制改革、股份制上市、证券化并购、资本化重组、股票期权激励和员工持股计划”；后者是对新建投资项目，推动国资与非公资本合作参与的产权多元化，如“PFI（民间主动融资）①、PPP（公私合作）②、BOT（建设—经验—转交）③、BT（建设—转交）④、TOT（转让经营权）⑤、TBT（TOT+BOT）⑥、BOO（建设—拥有—运营）⑦”等。无论是存量改造型，还是增量创新型，国企混改均可采取国资绝对控股、相对控股和参股三种形式。国企混改不同模式各有优劣，并没有普适性。

表 7-1 国企混改不同模式

划分层面	归类依据	具体类别
政府宏观推进	资源配置主导力量	政府主导型模式，市场配置型模式
	政策传导推进路径	自上而下型模式，自下而上型模式，上下结合型模式
	国有资产改制对象	存量改造型模式，增量创新型模式
市场微观操作	不同产权混合途径	合资混合模式，合作混合模式，配股混合模式
	资本所有制的属性	公私资本混合模式，国资与外资混合模式，公私资本与外资共同混合模式
	控制股东主体性质	国资控股型混合模式，非公资本控股型混合模式，外资控股型混合模式
	国有股东持股数量	国资控股型混合模式，国资参股型混合模式
	资产混合规模程度	整体混合模式，部分混合模式

资料来源：黄群慧．应打破非公企业参与国企改革障碍［J］．经济研究信息，2014（9）：13-14.

在混改实践中，需要综合考虑“区域经济基础、产业领域性质、市场发育程度、企业组织特征”等内外部因素。基于资源战略互补的便利性，从区域经济基础来看，如果地区工业经济已初具规模，国有资产也已有长期积累，

① 政府提出需要建设的项目，通过招投标，由获得特许权的公司进行项目的建设与运营，并在特许期结束时，将该项目无债务地归还政府。企业从政府或接受协议收取费用，以回收成本。

② 政府通常与提供贷款的金融机构达成协议，承诺将按与企业签订的合同支付有关费用，以帮助企业获得贷款。企业承担设计、建设、运营、维护基础设施等工作，并通过“使用者付费”及必要的“政府付费”，获得投资回报。

③ 政府一般会被要求保证企业的最低收益率。一旦在特许期内无法达到该标准，政府应予以特别补偿。然后由企业投资、融资、建设和维护，在协议期限内，向设施使用者收取费用。特许期满，企业将项目无偿或有偿移交给政府。

④ 政府根据事先签订的回购协议，分期向企业支付项目总投资及确定的回报。企业与政府签订合同，负责项目的融资、建设，并在规定时限内，将竣工后的项目移交给政府。

⑤ 政府主管部门将拥有的设施移交给公司运营，通常公司需要支付一笔转让款，期满后再将设施移交给政府主管部门。

⑥ 政府将一个已建项目和一个待建项目的经营权转让给公司，从企业获得“与项目经营权等值”的收益，并最终全部收回。企业负责建设、经营待建项目和经营已建项目，并获得收益。

⑦ 公司根据政府赋予的特许权，建设并经营基础设施项目，但并不将项目移交给政府。

则国企混改可采用存量改造型模式。反之，如果属于新兴城市或经济开发区，以技术创新类企业为主，还缺乏国有工业基础，则更多采取增量创新型模式。从产业领域性质来看，发展成熟产业的国资布局已相对完善，国企混改更多选择存量改造型模式；而对高新科技产业，国资布局仍不够确定，以支持战略性新兴产业为主，则更多倾向于增量创新型模式；对涉及国民经济命脉的重要行业和关键领域，采取国资绝对控股混改模式；对涉及支柱高科技产业，采取国资相对控股混改模式；对一般竞争性商业领域，采用非公资本控股而国资参股的混改模式。从市场发育程度来看，如果产权交易所、证券资本市场发达，国企混改更多采取存量改造型模式；反之，则更多地采取增量发展型模式。从企业组织特征来看，如果国企盈利能力强，可同时采用存量改造型和增量发展型模式；如果国企有专用性资源要素优势，可选择国资绝对或相对控股的混改模式，否则就采取国资参股混改模式；如果国企盈利能力弱，更多地采用存量改造型以国资参股为主的混改模式。

（二）多类型多层次制度

国企要积极探索多类型和多层次混改控制权配置制度。国企建立完善现代企业制度，并不意味着所有国企必须千人一面，或混改要一步到位，根据国企功能定位不同，可选择各种混改形式，以及控制权配置体制。在过去相当长的时期内，人们普遍认为企业的微观组织制度都一样，既无差异，也不变化。以往，社会经济尚未繁荣发达，传统企业制度相对简单，一致性和稳定性都很强，但是，现今公司治理已演化为高度复杂的制度体系，差异性和动态性都在极速增强，如果继续大范围推行简单的国企混改模式，会致使其难以适应动态变化的社会经济环境，反而会增加维护传统国企制度合规有效性的成本，付出不必要的代价。而且，根据国企经营目标不同，应设置不同的控制权配置机制。

在不同产业功能领域，国资产权结构已形成国有独资企业、国有绝对控股企业、国有相对控股企业、国有参股企业等多种形式。在管控体制上，国企要有适应其功能定位与股权结构的差异化控制权体系，因地制宜，不断探索多元治理主体协调一致和相互制衡的运行机制，若强行要求大多数国企执行高度一致化的控制权配置安排，会造成效率损失。例如，可将商业类国企细分为主业处于充分竞争行业、承担特定功能任务两类，建立有明显区别的控制权配置机制。已被授权履行国有出资人职责的国资投资运营公司，与其他国企相比，也应有差异化的治理安排。最后，还可探讨国企混改的制度创新。比如，商业类国企尝试国有股东优先股，或探索金股等国家特殊管理股，以及构建双层股权结构等。

在“功能定位、历史沿革、行业特性、资产规模、发展状态”等方面，每家国企都千差万别。在具体推进混改中，一企一策、动态调整是必然选择。因此，在统一规范国企混改上，至少要做好以下四个方面的工作：一是改革程序公正规范，必须有严格的法律条文规定；二是改革方案依法依规，混改要严格遵照各项法律法规，必须经过对口政府主管部门批准，特别是重大混改事项需经同级人大讨论通过；三是股权转让公开公允，转让的国企信息必须透明，定价公允，并发挥社会监督作用，以避免国有资产流失；四是内部分配公正透明，涉及员工持股和管理者股权激励的混改，要保证分配公正，依靠职工大会选举董事代表来监督，持股数量、认购额度等总体分配方案交董事会表决。国企混改之所以争议多、阻力大，在很大程度上是因为“强混硬合”造成的“隧道挖掘、关联交易、廉价处理、低价出售、滋生腐败、一夜暴富”等国有资产流失问题。

第三节　鼓励非公资本参与国企改革

国企实行混改是现阶段我国发展国有经济的重要战略举措。2015—2019年，国务院陆续印发多项指导文件，以及推进新时期国企混改的重要纲领性文件。值得注意的是，除强调混改的必要性外，还要求依据我国规范社会主义市场经济运行的相关政策规定，在充分研究可行性的基础上，“一企一策、因企施策”，“国企混改成功一个，就按此经验推进下一个混改”。[①] 2015年9月23日，国务院印发的《关于深化国有企业改革的指导意见》提出，通过股份上市途径进行混改的国企，要在完善现代企业制度的基础上，着力提高各类资本的运行效率，并妥善解决混合所有制企业治理中的控制权配置问题，切实维护各类股东合法权益。例如，除实行同股同权外，也可事前约定允许将部分国资转化为优先股，或者在少数特定领域探索建立国家特殊管理股制

① 2019年11月8日，国资委印发《中央企业混合所有制改革操作指引》，指出拟实施混改的国企，要按“完善治理、强化激励、突出主业、提高效率”的总体要求，坚持“因地施策、因业施策、因企施策，宜独则独、宜控则控、宜参则参，不搞拉郎配，不搞全覆盖，不设时间表”的原则。

度；在油气电、电信交通、战略资源、公共事业等领域，推出符合产业转型升级的支持政策，与非公资本开展多类型的政府和社会资本合作（PPP 模式）试点；依据《外商投资法》及外资产业指导目录，鼓励符合相关安全审查规定的海外资本参与国企混改。

一、制度改革

（一）面临困难

鼓励非公资本参与国企混改，要从有利于市场竞争实力和经营管理效率上考虑，清除当前阻拦国企混改的机制体制障碍，创造继续深化国企改革的商业条件。改革开放 40 多年，我国已有大部分国有独资企业演变为混合所有制企业，也涌现出“以联想、万科为代表”的一批优秀混合所有制企业，对进一步推进国企混改起到示范效应。但是，在总体上，还存在许多困难，既有政策性的，也有市场性的。① 具体表现在以下四个方面：一是对非公资本进入意愿强的领域，如能源、交通、医疗、教育、通信等，政府并未放松管制，更未给出负面清单，即便参与混改，非公资本也很难进入上述行业，需付出很多成本；二是民企面临“玻璃门、弹簧门、旋转门”等隐性政策壁垒，国企在“项目投标、土地审批、税收优惠和户口指标”等方面都有政策，导致职工的身份转换和岗位安置遇到强烈抵制；三是对垄断势力强、财务绩效好的国企，政府主管部门和国企内部管理层缺乏引入非公资本混改的内在动力；四是政府出于保护地方经济的考虑，在引入非公资本时，会对国企混改后的经营范围和区位布局制定特别条款，影响到混改企业的商业化和独立性，造成所有权与控制权的不对称，为股东间的权力斗争埋下隐患。

（二）具体思路

针对上述现实障碍，要积极鼓励非公资本参与混改和发展混合所有制经济，具体思路有以下四种。

一是多元化产权协同治理结构优化。国企混改坚持《公司法》和国有经济总体布局，促进各利益相关方平等合作。在引入民企的专用性资源后，更要重视其控制权益，或引入有长期投资意愿和行业高端技术管理经验的战略性投资者，以避免股东间的控制权冲突与摩擦，降低治理成本。

---

① 陈清泰．关于国企改革，这五方面最重要［J］．国企，2017（10）：48-49.

二是市场结构调整会协同垄断经营弱化。无论是行政性管制的自然垄断，还是市场化竞争的经济垄断，在国企混改股权多元化的同时，既要配合放松行业许可，又要鼓励新市场主体加入，以避免混改后形成新的合伙垄断，通过形成竞争预期，防止打击民企参与国企改革的积极性。

三是在“投融资、税费征收、土地审批、项目招投标”等方面，消除政府对国资控股企业的各类隐性补贴，避免行政权力干预控制权配置、董事会决策和高管层选聘。

四是保证非公资本参与国企混改的透明性和竞争性。由国资委牵头制定国企混改信息披露规定，对“资产评估、股权定价、融资程序、员工持股”等重要的资本交易，按标准化文本及时对外公布，以形成社会媒体、学术探讨和行业评价等舆论监督，对非公资本参与国企混改过程进行约束。

二、治理改革

（一）操作透明

在俄罗斯股份公司治理机制运行中，股东大会、董事会与经理层的责权利界限划分模糊，特别是总经理职责不明确。在不少国企内部治理中，出现股东大会、董事会与经理间争夺控制权的现象。因此，在国企进行股份多元化混改时，必须完善关于股份公司的立法，明确国企混改后内部各治理主体的责权利，使其依法履行职责。同时，国企领导应更新经营管理观念，适当更换部分经理，并及时转换管控体系，以便建立现代公司治理机制，促使企业在市场经济体制下有效运行。

在俄罗斯国企股份制改革过程中，改制后的公司领导基本上都为原国有大中型企业厂长班子，大多数依然习惯于计划经济体制下的行政指令式管理方法，连“出售股份、吸引外资、改造设施、提高技术和营销竞争”等都不太懂，已不适应市场经济体制的运作要求。基于此，在国企混改时，应重点采取以下两种关键举措：一是统筹标准，分类审批，即制定同样政策，特别是重要混改事项要有政策依据，每家国企混改都要有具体方案，上报国资委审批；二是规范产权管理，建立统一开放、合规高效的交易市场，严格执行市场准入制，加强国有资产交易监管，确保“在混合前公允评估，在混合中透明操作，在混合后规范运营”。

（二）减持公开

在混改中，减持国有股份，要把握合理公平的定价。国企股票价格是国有股减持的关键，也往往与国有资产流失问题相联系。例如英国的国企私有化并不以政府财政收入最大化为目标，而是试图通过重新配置各类资产，提高国企效益。[①] 在我国，通过国企改制上市减持国有股份，其定价受“社保资金筹集、下岗人员安置、国资流失监管”等诸多因素影响。

事实上，国有股票在二级证券市场的交易价格低于国企混改减持定价，甚至低于或等于每股净资产价值，也不一定意味着国资流失，混改经营稳定后每股价格出现大幅上涨也是如此。实际上，国企虽已上市，但并未根本转制，绩效依旧停滞不前。许多国企上市后，经营状况极可能难以改善，净资产估值持续下降，将成为空壳。如果不以低价减持，则只能僵持等待，将来会以更低价交易，甚至分文不值，造成国有资产的完全流失。对非上市国企混改，信息难以完整披露，须采取公开拍卖方式，使交易价格不受政府影响，以保证减持定价合理公正，降低国有资产流失风险。

第四节　打破资源行政垄断推进混改

对资源行政管控的自然垄断性行业，既要提升国企效率，又要保证不损害消费者利益。其关键在于，不仅要提高垄断业的市场化开放程度，还要提升自然垄断国企混改后的竞争力。例如英国，在对垄断国企私有化时，就通过分拆重组，在垄断行业内创造出一种竞争性的商业环境，致使英国电力生产效率提高 75%，而产电供应商和输电运营商的数量占比仅提高 19%。此外，英国对改制后的自然垄断性国企设立专门的监管机构，根据《反垄断法》和《公平交易法》进行产品价格指导与约束，以保护社会公众利益。所以，英国国企私有化经历了“从自然垄断性领域、公益性国企向市场竞争性行业、盈利性民企渐进转变”的过程。在国有股份减持比例上，英国政府没有设立禁止底线。此外，俄罗斯国企私有化经历了“从中小型国企到大型国企的私有化过程，以及从竞争性领域向垄断性领域不断推进”的过程。然而，在国有

① 周春平，王菲．英、俄国有股减持比较及启示［J］．经济纵横，2003（12）：35-38.

股减持条件上，起初俄罗斯政府设立许多禁区。目前，俄罗斯部分国企正向该领域继续深入私有化。就我国国企混改而言，国有上市公司中国有股份占比多，大量减持行为与证券市场稳定间会有密切关系。因此，国企上市减持需考虑先后次序，不能一哄而上。对非上市国企，政府可优先退出竞争性行业，并减持中小型国企股权，先出售盈利性国有股份，后考虑公益性、资不抵债或长期亏损的国企。

一、多层委托代理关系

（一）委托代理

如表 7-2 所示，各国国有资产的监管模式有所不同。按照国企出资人委托层级，可划分为单层和双层两种代理机制。前者是政府作为国有资产出资人代表，在国会与国企间形成委托代理关系；后者的第一层是各级政府作为国有资产出资人代表，在国会与授权的国资投资运营公司间构成委托代理关系，第二层是国资投资运营公司在政府与被投资子公司间构成委托代理关系。例如，俄罗斯将国企划分为以下两类：一是国有独资，二是国有参股或控股。前者由国家预算拨款来运营，不以营利为目的，而是为了保障整个社会经济发展的基础需要；后者则多为自然资源垄断型企业或处于国家安全相关领域。俄罗斯对国企实行分级所有，并由各级管理。政府通过与国企领导签订任期合同书，或派出国有股权代表，或实行委托管理。但这样往往起不到有效监督作用，反而导致官商勾结、以权谋私，使国家遭受损失。1996 年，俄罗斯逐渐改为租赁承包制。通过公开招标，政府对承包竞标人资格进行审定。虽然没有所有权，但可行使经营权，并且能使其按合同实现租赁托管目标，以保障国企经营效益，维护国家利益。

表 7-2 各国国有资产监管体制模式对比

国别	国企类型	国资监管模式	政府主管部门	国资监管职责
美国	国有独资企业，公私合营企业	直接监管部分国企，租赁制，整体承包制	国会，财政部，行政主管部门，董事会，社会团体	立法监管，财产财务监管，人事合同监管，董事会决策，总经理负责制，新闻媒体，审计中介，社会监督
英国	国营企业，国有独资公司，国有控股公司	政府直接管理，专门法律约束，政府间接控制	议会，财政部，国企局，行政主管部门，董事会	立法监管，财务价值管理，运作股权投资，直接具体监管，董事会决策，总经理负责

续表

国别	国企类型	国资监管模式	政府主管部门	国资监管职责
法国	行政性、商业性公共事业混合股份公司	计划合同管理，政府直接或间接控股	议会，财政部，行政主管部门，董事会	审查经营账目报告，监督财务，任命领导，检查生产经营，董事会决策，总经理负责
日本	国有直营企业，特殊法人企业，第三部门，混合经营企业	政府直接领导，政府监督承担社会责任，有限公司制，政府从公共福利出发	国会，大藏省，政府主管部门，董事会	立法监管，预算监督，直接执行监管，国会委托直接经营，协商管理
新加坡	法定机构，政府控制公司，国联公司	专门法监管，人事委派，财务报告，项目审批，股权与人事控制	国会，财政部，控制公司，国联公司	立法监管，审计监督，人事控制，政府担保，促进可持续成长治理，董事会决策，总经理负责制

资料来源：郑海航，戚聿东，吴冬梅．国有资产管理体制与国有控股公司研究［M］．北京：经济管理出版社，2010.

（二）政企关系

现代公司治理理论虽以股东控制为基本逻辑，但很难运用于国企治理的控制权配置中。在国企中，国有股东或国有资产出资人都是国家特定法律制度构造出来的，由政府派出代表来完成职责，未必优于自然人个体股东或法人实体股东履行出资人的控制权力。从国企最终出资人虚位到实际控制人缺位，在整条委托代理关系链上，国家授权并赋予政府股东代表更多的控制权，而且设定其为国企经营管理的监督人。因此，监督链条的最末端或“最终监督人”是政府，而不是作为被监督者的国企内部经理层。所以，必须努力界定清晰政企关系，使国企运行成本可控。如果政府对国企经营管理的最终监督行为并未受到严格约束与有效制衡，那么与国企相关的整个委托代理关系链就可能会不断异化为“复杂性持续提升”的制度体系。

新制度不断涌现，制度履行成本也与日俱增，但国企产出效率却日益降低，所以，正确处理政企关系，需要转变观念。一方面，要依法治企，利用一般性商业法律，规范政府股东权责及控制行为；另一方面，要提升管控能力，减少政府用行政权力对国企经营的不当干预。这样就能避免某些政府股东既不了解市场，又不熟悉企业，更无专业能力，还不擅长经营，就盲目参与决策。否则，大量似是而非的管控或干预会无谓地增加治理成本，却无法取得成效。国外国企治理的经验表明，不断简化、看似无为的国企管控模式，能明确界定其经营自主权，但是，在有些高度复杂的国企管控体系里，不论是国有股东，还是其他股东，都很难弄清楚权责边界，致使其运行效果不尽如人意。

二、选择资源垄断领域

（一）行业定位

资源垄断性国企混改应立足于经营状态和功能定位，推动行业从自然垄断性规模经济向可竞争性市场经济转变。以“打破规模、放宽准入、投资多元、强化竞争、分配公平、监管合力”为主，稳步提升国企竞争效率，以避免垄断性国企“经营封闭运行、招投标系统不对外开放”等问题。例如，在“电信电力、油气化工、公用事业”等领域，鼓励民企申请“勘察设计、造价施工、监理审计、网络集成、项目承包”等经营资质。只要民企具备资质，就可平等参加社会项目投标，而政府不得附加其他条件。并且，要引导大型国企顺应专业化分工趋势，鼓励第三方非公资本承包参与其基础设施“投资、建设、运营和维护”，并共建共享。

另外，要加强改善垄断性行业经营业务监管，防止相关国企凭借资源网络或基础设施排挤其他市场竞争者。根据自然资源垄断行业的特点，对专业技术要保持物理功能或经营管理，但却又受限于自然资源的垄断性整体业务，所以，可授权少量国企垄断经营，或非公资本通过股权投资来混合经营，但是，要防止大型垄断国企滥用规模效应，盘踞市场优势地位。随着我国社会主义市场经济体制的日益完善，民企也逐渐成熟定型，混合所有制经济正不断成长。因此，在维护国有经济主导地位的情况下，可逐步降低部分垄断领域国企数量，使其从一股独大转变为多元化经营的社会公众企业。同时，对自然资源类产品服务的进出口，也可放宽市场准入条件，即允许更多经营者参与，以便对国内垄断性国企施加一定的市场竞争压力。

（二）竞争机制

政府部门要构建可竞争性市场结构，更好发挥市场机制配置资源的基础性作用。例如，在石油天然气产业上游，重点解决“探矿权和采矿权”过度集中、一家独大等问题，引进一批有资质、有能力的民企，从事页岩气、煤层气、致密气等新燃气资源开发；在下游，重点提高符合资质条件的民企炼油业务水平，放松原油、成品油的进口管制，增加油品进口业务，取消必须交由国有石油公司加工的隐性限制政策，并放宽进口原油国内自由交易许可，允许民企按市场需求进口原油。

在电信业，逐步完善对于“号码资源、同业竞争”的监管，以维护消费者权益，并在“运营企业退出、个人隐私保护、服务质量保证”等方面，做出更为细致的规定。例如，解决“中国移动掌控市场，并排挤中国电信和中国联通”的问题。在电力行业，重点打破“发电、购电、售电”等环节上的过度垄断，并下放购电选择权和售电议价权，以放宽发电厂直接向用户售电的限制。同时，允许分布式发电全部自用或直接向终端用户售电，也许可全部规模以上工业企业和大中型服务业用户自选供电单位，以大幅度增加直购电用户数。并且，在“调度与交易、发电厂并网与用户入网”中，解决“审批权力不透明、电费结算不公平和入网供电不容易”等问题。

参考文献

［1］魏伯乐，奥兰·扬，马塞厄斯·芬格．私有化的局限：罗马俱乐部报告［M］．王小卫，周缨，译．上海：上海人民出版社，2006.

［2］巴里·诺顿．中国经济：转型与增长［M］．安佳，译．上海：上海人民出版社，2010：80.

［3］戴维·伯恩斯坦．如何改变世界——社会企业家与新思想的威力［M］．吴士宏，译．北京：新星出版社，2006.

［4］尤素夫，等．转型——中国国有企业民营化［M］．王世华，译．北京：中国财政经济出版社，2006.

［5］A. 普留什科，王英杰．市场改革——乌克兰政策的优先方面［J］．俄罗斯中亚东欧市场，1996（1）：7-9.

［6］Ahuja G. Collaboration Networks，Structural Holes and Innovation：Alongitudunal Study［J］. Academy of Management Proceedings，1998（1）：1-7.

［7］Attig N.，Ghoul S. E.，Guedhami O. Do Multiple Large Shareholders Play a Corporate Governance Role? Evidence from East Asia［J］. Journal of Financial Research，2009，32（4）：395-422.

［8］Richman B. D.，Boerner C. A Transaction Cost Economizing Approach to Regulation：Understanding the NIMBY Problem and Improving Regulatory Responses［J］. Yale Journal on Regulation，2006，29（23）：29-76.

［9］Bai Chong En，Li David D.，Tao Zhigang，Wang Yijiang. A Multitask Theory of State Enterprises Reform［J］. Journal of Comparative Economics，2000（28）：716-738.

［10］Barroso Casado，Raúl，Burkert M.，Dávila，Antonio，et al. Shareholder Protection：The Role of Multiple Large Shareholders［J］. Social sience Electronic Publishing，2016，24（2）：105-129.

[11] Bentley Arthur. The Process of Government [M]. New Brunswick: Transaction Publishers, 1995: 226.

[12] Brandt L., Van Biesebroeck J., Zhang Y. Creative Accounting or Creative Destruction? Firm-level Productivity Growth in Chinese Manufacturing [J]. Journal of Development Economic, 2012, 97 (2): 339-351.

[13] Bushee B. J. The Influence of Institutional Investors on Myopic R&D Investment Behavior [J]. Accounting Review, 1998 (3): 305-333.

[14] Cockburn I., Wagner S. Patents and the survival of Internet-related IPOs [R]. National Bureau of Economic Research Working Paper, 2007 (13146).

[15] Estrin S., Perotin V. Does Ownership Always Matter? [J]. International Journal of Industrial Organization, 1991, 9 (1): 55-72.

[16] Eytan Sheshinski, Luis F. López-Calva. Privatization and Its Benefits: Theory and Evidence [J]. CESifo Economic Studies, CESifo, 2003, 49 (3): 429-459.

[17] Faccio M., Lang L., Young L. Dividends and Expropriation [J]. American Economic Review, 2001 (91): 54-78.

[18] Firth M., Fung P. Y., Rui O. M. Corporate Performance and CEO Compensation in China [J]. Journal of Corporate Finance, 2006 (12): 693-714.

[19] Friedman D. Evolutionary Gamesin Economics [J]. Econometrica, 1991, 59 (3): 637-666.

[20] Gompers P. A., Ishii J., Metrick A. Extreme Governance: An Analysis of Dual Class Firmsin the United States [J]. Review of Financial Studies, 2010, 23 (3): 1051-1088.

[21] Haggard S., Huang Y. The Political Economy of Private Sector Development in China [A] //Loren Brandt, G. Rawski Thomas (Eds). China's Great Economic Transformation [M]. New York, NY: Cambridge University Press, 2008: 337-374.

[22] Hansmann H., Pargendler M. The Evolution of Shareholder Voting Rights: Separation of Ownership and Consumption [J]. Yale Law Journal, 2014, 123 (4): 948-1013.

［23］ Hart O. , Moore J. Debt and Seniority: An Analysis of the Role of Hard Claimsin Constraining Management ［J］. American Economic Review, 1995, 85 (85): 567-585.

［24］ Hayes R. H. , Abernathy W. J. Managing Our Way to F. Economic Decline ［J］. Harvard Business Review, 1980, 61 (7): 67-77.

［25］ Howell, Jason W. The Survival of the U. S. Dual Class Share Structure ［J］. Journal of Corporate Finance, 2014 (44): 440-450.

［26］ Hsieh C. T. , Klenow P. J. Misallocation and Manufacturing TFP in China and India ［J］. The Quarterly Journal of Economics, 2009, 124 (4): 1403-1448.

［27］ Hsu D. H. Venture Capitalists and Cooperative Start-up Commercialization Strategy ［J］. Management Science, 2006, 52 (2): 204-219.

［28］ John Coffee. Institutional Investors in Transitional Economies: Lessons from the Czech Experience ［A］ // in Frydman, Gray and Rapaczynski ed. ［J］. Corporate in Central Europe and Russia ［M］. Budapest: Central European University Press, 1996 (1): 119.

［29］ Jefferson G. H. , Su J. Privatization and Restructuring in China: Evidence from Shareholding Ownership, 1995-2001 ［J］. Journal of Comparative Economics, 2006, 34 (1): 146-166.

［30］ Jensen M. C. , Meckling W. H. Theory of the Firm: Managerial Behavior, Agency Costs, and Ownership Structure ［M］. Economics Social Institutions, Springer Netherlands, 1979.

［31］ Klein B. , Robert C. , Armen. A. Vertical Integration, Appropriable Rents, and the Competitive Contracting Process ［J］. Journal of Law and Economics, 1978 (2): 297-326.

［32］ Liao L. , Liu B. , Wang H. Chinas Secondary Privatization: Perspectives from the Split-Share Structure Reform ［J］. Journal of Financial Economics, 2014, 113 (3): 500-518.

［33］ Marek Belka, Anna Krajewska, Stefen Krajewsk. Corporate Governance and Economic Performance in Poland ［J］. Eastern European Economics, 1999, 37 (1).

［34］ Marco Becht, Fabrizio Barca. The Control of Corporate Europe ［M］. Oxford University Press, 2001.

[35] Matsumura T. Partial Privatization in Mixed Duopoly [J]. Journal of Public Economics, 1998, 70 (3): 473-483.

[36] Nellis J., Kikeri S. Public Enterprise Reform: Privatization and the World Bank [J]. World Development, 1989, 17 (5): 659-672.

[37] Pagano M., Roell A. The Choice of Stock Ownership Structure: Agency Costs, Monitoring, and the Decision to Go Public [J]. 1998, 113 (1): 187-225.

[38] Pan S. L., Tan B. Demystifying Case Research: A Structured-Pragmatic-Situational (SPS) Approach to Conducing Case Studies [J]. Information and Organization, 2011 (21): 161-176.

[39] Papadopoulos, Thomas. Privatized Companies, Golden Shares and Property Ownership in the Euro Crisis Era [J]. European Company & Financial Law Review, 2015, 12 (1): 1-18.

[40] Paul H. Booker, Latin America's Turn around Privatization , Foreign Investment, and Growth [M]. ICS Press, 1995: 75.

[41] Pedro Raventos. Capitalization of Bolivia's Telecommunications Sector [A] // Margaret Peirceed. Capitalization: A Bolivian Model of Social and Economic Reform [M]. Woodrow Wilson Centre and North South Centre, 1997: 192.

[42] Pfeffer J., Salancik G. R. The External Control of Organizations: A Resource Dependence Perspective [J]. Social sience Electronic Publishing, 2003, 23 (2): 123-133.

[43] Egerer R. Capital Market, Financial Intermediares, and Corporate Governance: A Empirical Assessment of the Top Ten Voucher Funds in the Czech Republic [R]. Policy Research Working Paper, the World Bank, 1995 (1555): 3 .

[44] Rajan R., Zingales L. Debt, Folklore, and Cross - country Differences in Financial Structure [J]. Journal of Applied Corporate Finance, 2010, 10 (4): 102-107.

[45] Rajan R., Zingales L. Powerina Theory of the Firm [J]. NberWorkingPapers, 1999, 113 (2): 387-432.

[46] Robert Cull, Jana Matesova, Mary Shirley. Ownership and the Temptation to Loot: Evidence from Privatized Firm in the Czech Republic [J]. Journal

of Comparative Economics , 2002 (30).

[47] Salancik G. R. , Pfeffer J. Who Gets Power and How They Hold on to It: A Strategic – contingency Model of Power [J]. Organizational Dynamics, 1977, 5 (3): 3-21.

[48] Sawant R. J. Asset Specificity and Corporate Political Activity in Regulated Industries [J]. Academy of Management Review, 2012, 37 (2): 194-210.

[49] Sheila Melvin. The Little Red Book of China Business [M]. Piatkus, Judy Publishers, 2007.

[50] Shleifer A. , Vishny R. W. A Survey of Corporate Governance [J]. Journal of Finance, 1997 (52).

[51] Sirmon D. G. , Hitt M. A. , Ireland R. D. Managing Firm Resources in Dynamic Environments to Create Value: Looking Inside the Black Box [J]. Academy of Management Review, 2007, 32 (1): 273-292.

[52] Teece D. J. Profiting from Technological Innovation: Implications for Integration, Collaboration, Licensing and Public Policy [J]. Research Policy, 1986, 15 (6): 285-305.

[53] Tenev S. , Zhang C. , Brefort L. Corporate Governance and Enterprise Reform in China : Building the Institutions of Modern Markets [J]. World Bank Publications, 2002, 16 (2): 118-148.

[54] Teng Bingsheng, Corporate Entrepreneurship Activities through Strategic Alliances: A Resource – based Approach toward Competitive Advantage [J]. Journal of Management Studies, 2007, 44 (1): 119-142.

[55] Tirole J. The Theory of Corporate Finance [M]. Woodstock, Oxfordshire: Princeton University Press, 2001.

[56] Wang L. , William Q. Managerial Ownership and the Role of Privatization in Transition Economies: The Case of China [J]. Asia Pacific Journal of Management, 2012 (29): 479.

[57] Wernerfelt B. The Resource-Based Theory of the Firm [J]. Strategic Management Journal, 1984 (5): 171-180.

[58] Yan Y. , Child J. Investors Resources and Management Participation in International Joint Ventures: A Control Perspective [J]. Asia Pacific Journal of Management, 2004 (21): 287-304.

[59] Zahra Shaker A., Harry J. Sapienza, Per. Davidsson. Entrepreneurship and Dynamic Capabilities: A Review, Model and Research Agenda [J]. Journal of Management Studies, 2006, 43 (4): 917-955.

[60] 白让让. 供给侧结构性改革下国有中小企业退出与“去产能”问题研究 [J]. 经济学动态, 2016 (7): 65-74.

[61] 白重恩, 路江涌, 陶志刚. 国有企业改制效果的实证研究 [J]. 经济研究, 2006 (8): 4-13.

[62] 曹继东. 基于利益相关者的国有出版传媒企业特殊管理股研究 [J]. 科技与出版, 2017 (8): 22-26.

[63] 常玉春, 徐松之. 利用金股模式推进公共事业改革 [J]. 上海国资, 2008 (11): 84-85.

[64] 陈冬华, 陈信元, 万华林. 国有企业中的薪酬管制与在职消费 [J]. 经济研究, 2005, 40 (2): 92-101.

[65] 陈晓东, 金碚. 国有企业高管薪酬制度改革的历史逻辑与政策效果 [J]. 经济纵横, 2015, 360 (11): 60-64.

[66] 陈志标. 分类改革后国有企业治理机制与国资监管体制的完善 [J]. 经济研究导刊, 2014 (33): 17-19.

[67] 陈宗胜, 杨晓康. 市场里的企业: 一个非合作讨价还价重复博弈 [J]. 管理世界, 1997 (6): 116-125.

[68] 程承坪, 刘凡. 破除所有制界限释放我国生产力发展的潜力 [J]. 政治经济学研究, 2015.

[69] 楚序平, 俞立峰, 张佳慧. 中国国有资本投资运营公司改革模式探析 [J]. 清华金融评论, 2017 (7): 53-56.

[70] 崔宏伟. 捷克向市场经济转轨之举措 [J]. 今日东欧中亚, 1998 (6).

[71] 戴秦, 赵康丽, 丁会凯, 等. 上海深化国资国企改革立法问题的探索 [J]. 经济问题, 2018 (2): 87-90.

[72] 丁军. 转型中的俄罗斯、乌克兰和白俄罗斯 [M]. 北京: 世界知识出版社, 2010.

[73] 方军雄. 政府干预、所有权性质与企业并购 [J]. 管理世界, 2008 (9): 118-123.

[74] 方竹兰. 关于发展产权交易市场的几个问题 [J]. 技术经济与管理

研究，1997（1）：45-47.

［75］费伟伟．进一步推进国有企业规范改制——国资委负责人就《关于规范国有企业改制工作的意见》答记者问［J］．现代企业，2003（12）：2+34.

［76］冯果．股东异质化视角下的双层股权结构［J］．政法论坛，2016，34（4）：126-137.

［77］高明华，杨丹，杜雯翠，等．国有企业分类改革与分类治理［J］．经济社会体制比较，2014（2）：19-34.

［78］郭克莎．中国所有制结构变动与资源总配置效应［J］．经济研究，1994（7）：3-13.

［79］国务院．关于进一步扩大国营工业企业自主权的暂行规定［J］．中国劳动，1984（S4）.

［80］胡浩志，吴梦娇．资产专用性的度量研究［J］．中南财经政法大学学报，2013（1）：38-46.

［81］黄群慧，余菁．新时期的新思路：国有企业分类改革与治理［J］．中国工业经济，2013（11）：5-17.

［82］黄速建．中国国有企业混合所有制改革研究［J］．经济管理，2014（7）：1-10.

［83］焦欢．淡马锡模式对我国国企改革的启示与局限研究［J］．时代金融，2016（24）.

［84］金雁，秦晖．捷克：起点平等之后［J］．改革，2001（2）：112-117.

［85］雷连鸣，占硕．国有企业引进外资战略投资者研究——控制权租金引发的股权转移和效率损失风险分析［J］．亚太经济，2005（5）：69-72.

［86］李炳堃．国资改革与混合所有制——基于委托代理理论视角［J］．经济问题，2017（12）：60-64.

［87］李广子，刘力．上市公司民营化绩效：基于政治观点的检验［J］．世界经济，2010（11）：139-160.

［88］李海英，李双海，毕晓方．双重股权结构下的中小投资者利益保护——基于 Facebook 收购 WhatsApp 的案例研究［J］．中国工业经济，2017（1）：174-192.

［89］李维安．深化国企改革与发展混合所有制［J］．南开管理评论，2014（6）：1.

[90] 李增泉，余谦，王晓坤．掏空、支持与并购重组——来自我国上市公司的经验证据 [J]．经济研究，2005 (1)：95-105.

[91] 李增田．美国公共服务民营化的实践与战略演变 [J]．天津商业大学学报，2008，28 (6)：41-45.

[92] 李兆熙，张永伟．中国国有企业制度 30 年的变革 [J]．黑龙江社会科学，2008 (5)：10-13.

[93] 廖冠民，张广婷．盈余管理与国有公司高管晋升效率 [J]．中国工业经济，2012 (4)：115-127.

[94] 林岗，刘元春．诺斯与马克思：关于制度的起源和本质的两种解释的比较 [J]．经济研究，2000 (6)：58-65+78.

[95] 林晓言．铁路的民营化改革与市场融资 [M]．北京：经济科学出版社，2006.

[96] 林毅夫．新结构经济学视角下的国有企业改革 [J]．社会科学战线，2019，283 (1)：2+48-55.

[97] 林毅夫．自生能力、经济发展与转型 [M]．北京：北京大学出版社，2004.

[98] 刘凤委，孙铮，李增泉．政府干预、行业竞争与薪酬契约——来自国有上市公司的经验证据 [J]．管理世界，2007 (9)：76-84.

[99] 刘广珠，罗福凯．财务资本、价值和要素资本结构研究 [J]．华东经济管理，2009 (6)：99-104.

[100] 刘汉民，齐宇，解晓晴．股权和控制权配置：从对等到非对等的逻辑——基于央属混合所有制上市公司的实证研究 [J]．经济研究，2018，608 (5)：177-191.

[101] 刘纪鹏，孙航．找准国资改革的切入点和落脚点 [J]．决策与信息，2014 (3)：70-71.

[102] 刘梦霓．推进国有企业改制规范职工持股行为——《关于规范国有企业职工持股、投资的意见》答记者问 [J]．企业文化，2008 (10)：22.

[103] 刘小玄．民营化改制对中国产业效率的效果分析——2001 年全国普查工业数据的分析 [J]．经济研究，2004 (8)：16-26.

[104] 刘长庚，张磊．理解“混合所有制经济”：一个文献综述 [J]．政治经济学评论，2016，7 (6)：25-41.

[105] 卢周来．新制度经济学，新政治经济学，还是社会经济学？——

兼谈中国新制度经济学未来的发展［J］. 管理世界，2009（3）：159–165.

［106］罗福凯．论要素资本——由一则故事引发的思考［J］. 财经理论与实践，2009，30（1）：3–8.

［107］罗辉道，项保华．资源概念与分类研究［J］. 科研管理，2005，26（4）：99–104.

［108］马骏，张文魁，项安波，等．开展国有资本投资运营公司试点的建议［J］. 发展研究，2015（5）：12–15.

［109］马连福，王丽丽，张琦．混合所有制的优序选择：市场的逻辑［J］. 中国工业经济，2015（7）：5–20.

［110］毛程连．国有企业的性质与中国国有企业改革的分析［M］. 北京：中国财政经济出版社，2008.

［111］欧瑞秋，李捷瑜，李广众，等．部分民营化与国有企业定位［J］. 世界经济，2014，37（5）：112–134.

［112］［乌］帕夫洛夫斯基．过渡时期的宏观经济——乌克兰的改革［M］. 何宏江，译．北京：民主与建设出版社，2001.

［113］潘爱玲，郭超．国有传媒企业改革中特殊管理股制度的探索：国际经验与中国选择［J］. 东岳论丛，2015（3）：125–131.

［114］潘泽清．以新加坡淡马锡公司为例谈国有资本运营公司投资策略选择［J］. 财政科学，2017（6）：109–119.

［115］彭华岗．推动管理创新，提升企业竞争能力［J］. 企业管理，2018（5）：13.

［116］戚聿东，刘健．深化国有企业改革的方向和路径——“深化国有企业改革研讨会”观点综述［J］. 中国工业经济，2013（12）：31–38.

［117］钱颖一．企业的治理结构改革和融资结构改革［J］. 经济研究，1995（1）：20–29.

［118］陕西省政府．全民所有制工业企业转换经营机制条例［J］. 陕西省人民政府公报，1992（16）：10–16.

［119］人民网．全民所有制工业企业承包经营责任制暂行条例［J］. 武汉财会，1988（3）：31+34.

［120］邵宁．国有企业改革实录［M］. 北京：经济科学出版社，2014.

［121］盛丹，刘灿雷．外部监管能够改善国企经营绩效与改制成效吗?［J］. 经济研究，2016，51（10）：97–111.

［122］盛毅．新一轮国有企业分类改革思路发凡［J］．改革，2014（12）：44-51.

［123］宋志平．关于当前国企改革工作的一些思考［J］．国资报告，2018，45（9）：32-36.

［124］宋志平．以整合优化推动行业创新［J］．企业改革与管理，2013（10）：35.

［125］孙若谦．利用金股制度深化国有企业产权结构改革［J］．北方经贸，2014（4）：129-130.

［126］汤吉军．不完全契约视角下国有企业发展混合所有制分析［J］．中国工业经济，2014（12）：31-43.

［127］田国强，陈旭东．近现代中国的四次社会经济大变革——国企改革的镜鉴与反思［J］．探索与争鸣，2014（6）：62-66.

［128］田兰，高翔．从部门利益到公共利益：我国行政管理体制改革的理念转变与重塑［J］．行政与法，2008（10）.

［129］汪伟，金祥荣，汪淼军．激励扭曲下的管理层收购［J］．经济研究，2006（3）：82-89.

［130］王乐锦，苏琪琪，綦好东．我国国家特殊管理股制度构建：基于国外经验借鉴的研究［J］．经济学动态，2018（9）：51-66.

［131］王世权，丁洁．国企民营化中的利益相关者行为归因研究——基于通钢股份的案例分析［J］．管理评论，2014，26（7）：159-169.

［132］王庭东．经济全球化要素观的理论创新与政策含义［J］．世界经济研究，2016（10）：17-19.

［133］王义祥．乌克兰的经济转轨［J］．俄罗斯研究，1996（2）：42-46.

［134］卫祥云．国企改革新思路：如何把正确的事做对［M］．北京：电子工业出版社，2013.

［135］魏成龙，许萌，郑志，等．国有企业整体上市绩效及其影响因素分析［J］．中国工业经济，2011（10）：151-160.

［136］魏杰．产权清晰要到“位”［J］．中国改革，2000（5）：27.

［137］吴金明，钟键能，黄进良．“龙头企业”“产业七寸”与产业链培育［J］．中国工业经济，2007（1）：53-60.

［138］吴思．隐蔽的秩序：拆解历史弈局［M］．海口：海南出版社，2004：267.

［139］武常岐，张林．国企改革中的所有权和控制权及企业绩效［J］．北京大学学报（哲学社会科学版），2014，51（5）：149-156.

［140］夏小林．“一股独大”不是国有企业的弊端［J］．红旗文稿，2014（10）：4-7.

［141］肖亚庆．加快推进中央企业间产业重组合作整合［J］．财政监督，2016（19）：107-108.

［142］辛惠琴．破解国企民营化后企业绩效提升难题［J］．江苏商论，2008（11）：106-108.

［143］闫妍，尹力，李晓腾，等．华尔街控制下的美国经济——对我国发展国有资本投资公司的启示［J］．管理世界，2015（6）：1-7.

［144］杨记军，逯东，杨丹．国有企业的政府控制权转让研究［J］．经济研究，2010，45（2）：69-82.

［145］杨全社，王文静．我国公共服务供给的最优市场结构研究：基于混合寡头垄断市场的博弈分析及模拟检验［J］．中央财经大学学报，2012（10）：18-24.

［146］杨瑞龙，周业安．论利益相关者合作逻辑下的企业共同治理机制［J］．中国工业经济，1998（1）：38-45.

［147］杨舟．国有企业资产转让定价行为分析——兼评国有资产流失观［J］．经济研究，1999（12）：14-22.

［148］于立，唐要家．反垄断视角下的外资并购政策分析［J］．经济与管理研究，2006（8）：21-25.

［149］于小喆．国有企业控制权机制中的“内部人控制”问题及解决思路［J］．财政研究，2012（11）：45-48.

［150］余菁．“混合所有制”的学术论争及其路径找寻［J］．改革，2014（11）：26-35.

［151］元红．捷克共和国的私有化改造［J］．欧亚经济，1997（4）：14-16.

［152］袁庆明，熊衍飞．科斯三定理的新表述与新证明［J］．当代财经，2010（7）：13-20.

［153］张春霖．超越传统的私有化模式：评玻利维亚的资本化改革［J］．经济社会体制比较，1999（2）：32-39.

［154］张瑾，陈微．西方主流媒体对重庆大轰炸的报道分析——以《时代》周刊为例［J］．重庆大学学报（社会科学版），2008（3）：125-129.

[155] 张立省．黄金股研究综述[J]．首都经济贸易大学学报，2012(1)：93-100.

[156] 张士义．从“南方谈话”看党的十四大的三大历史性决策[J]．中国特色社会主义研究，2012(1)：22-25.

[157] 张树华．私有化是祸？是福？[M]．北京：经济科学出版社，1998.

[158] 张文魁，袁东明．中国经济改革30年：国有企业卷[M]．重庆：重庆大学出版社，2008.

[159] 张文魁．国有企业改革30年的中国范式及其挑战[J]．改革，2008(10)：5-18.

[160] 张文魁．国资监管体制改革策略选择：由混合所有制的介入观察[J]．改革，2017(1)：112-120.

[161] 张颖．中东欧走向市场经济[M]．北京：社会科学文献出版社，1998.

[162] 张玉利，杨俊，任兵．社会资本、先前经验与创业机会——一个交互效应模型及其启示[J]．管理世界，2008(7)：91-102.

[163] 郑联盛．理顺六大问题 防止混合所有制变“混搭经济”[J]．党政干部参考，2014(21)：33-34.

[164] 郑新立．贯彻党的十六届三中全会精神，加快推进国有企业改革[J]．宏观经济管理，2004(3)：4-9.

[165] 郑志刚．分权控制与国企混改的理论基础[J]．证券市场导报，2019，318(1)：6-12+20.

[166] 中共中央关于国有企业改革和发展若干重大问题的决定[J]．河北审计，1999(10)：24-25.

[167] 中共中央关于全面深化改革若干重大问题的决定[J]．中国合作经济，2013，34(11)：7-20.

[168] 中共中央关于完善社会主义市场经济体制若干问题的决定[J]．新湘评论，2003(11)：2-9.

[169] 周放生，赵攀．从“改制分流”到“外包分流”[J]．上海国资，2011(10)：64-65.

[170] 周其仁．市场里的企业：一个人力资本与非人力资本的特别合约[J]．经济研究，1996(6).

[171] 朱慈蕴，沈朝晖．类别股与中国公司法的演进[J]．中国社会科学，2013(9)：147-162.

[172] 朱东平．论社会主义市场经济下国有企业的改革思路［J］．财经研究，1994（2）：14-18.

[173] 朱光华，王贺东．不确定性视角下的国企改革研究［J］．南开大学学报（哲学社会科学版），2009（6）：112-118.

后　记

经过改革开放40多年来广泛的理论思想交锋及实践探索，国内社会各界正就国企混改问题加速达成共识。在央企设立混改试点上，2014年7月，国资委选择国药、中建作为发展混合所有制经济试点，并且确定国家开发投资、中粮为国有资本投资公司试点，后于2016年2月将诚通、国新确定为国有资本运营公司试点企业。在央企结构调整与资产重组上，继2014年华孚整体并入中粮后，又于2015年实施南车与北车、国家核电与中电投、南光集团与珠海振戎、中远集团与中海运、五矿与中冶、招商局与中运航6组重组。而且，国资委又成立铁塔公司推动电信企业资源整合、中石化引入25家境内外投资者重组油品销售业务等。还有，多家央企“酝酿进一步放开可竞争领域或竞争性市场业务，引入民营资本和社会资本”，或参与“一带一路”石油石化、核电特高压、电信高铁和公用事业等国际产能合作建设，转移过剩产能。2014年以来，20多个省（市）国资委出台指导国资改革和国企混改文件，同时，共改组或新建50家国有资本投资公司和运营公司。例如，重庆、广东、北京、上海等将国有上市公司作为混改主要形式；河南、山东等利用政府与社会资本合作项目，发展混合所有制经济。石油、电力、电信、资源开发等重要产业领域的改革，亦分别开展个案式的探索。此外，国资委大力推进央企分离、移交“三供一业”的试点。截至2016年7月，黑龙江试点工作基本完成，河南、湖南、重庆等全面推进，辽宁、吉林、广东、海南、四川、贵州等工作启动。大多数国企混改明确将依托资本市场实现国有资产资本证券化作为重要途径。2015年12月，《关于国有企业功能界定与分类的指导意见》出台。随后，中央及各地方政府积极制定国企功能界定与分类监管的政策办法。

当前，无论是从国企混改的现有实践来看，还是基于中央及地方政府制定的大量关于国企混改指导文件分析，大都集中于解决混改后企业的控制权配置问题，即国有经济战略改革不到位（治理控制目标不清晰），尚未建立起现代企业制度（控制权配置机制乏力），内部人控制问题仍然突出（股权分散失去控制权）和国资监管跟不上时代发展（控制权配置千篇一律）等。值得注意的是，虽然上述是现已归纳出的国企混改控制权配置问题，但并不是在国企混改中特有的。在一般工业企业中，这些问题也会发生。所以，需要先抓住那些国企混改中特有的控制权配置问题。那么，哪些才是呢？于是，又回到国企的所有制上来。区别于非公资本股东，国有股东在现代公司治理中，很难灵活行使股东权利，或规范履行股东义务。非公资本股东因股东权益与切身利益相关，必须专注于积极主张股东权益，同时，又面对同实力股东监督其履行股东义务。但是，这些国有股东却很难做到，原因在于：一是国资多头管理体制关系错综复杂，国有股东意志多变，决策效率不高；二是国资实力雄厚且富有官方色彩，国有股东缺乏危机意识，非公资本股东在表面上会受制于国有股东，从而转为消极无为或投机行事。

然而，国企混合所有制改革后，在理论研究和实践摸索中，“究竟是国企占控股地位？还是民企占有控制权？抑或是采用共同控制模式？”仍是备受密切关注的核心问题。部分学者认为“政府参与经济是不会有效率的”（张维迎，1990），但也有些学者认为“世界本就是一个由政府组成的社会”（Bul，1997）。两种观点都可以基于各自的视角加以理解，但是都掩盖了当今必须予以重视的基本事实，即在经济全球化和科技产业联动下，与其他大型跨国民企相同，我国的国企改革与发展要取得成功与进步，必须依赖于政府（主要为国家政府）、私营部门（包括跨国公司或称为 MNCs）以及全球市民社会（包括广大领域的非政府参与者）能够通过各类资源耦合，结成适度而有效的治理关系。因此，不同资源的融合，必将带来其产权的混合。国企混改成为一种必然趋势。

本书能够顺利完成，得益于北京市高精尖学科（旅游管理）建设项目的大力资助，以及北京市自然科学基金面上项目“京津冀科技园区环链布局与演化机制研究：基于跨区模块化协同创新视角”（9192007）、北京市教委科研计划重点项目“非首都功能疏解下中关村科技跨区环链模块化创新布局与演化研究”（17GLB079）、2019 年北京市教委高校青年拔尖人才项目等联合资助。同时，感谢我的学生李诗婷、薛萌与俞雅玲所做的一些资料收集等辅助工作、北京第二外国语学院商学院领导和营销系同事们的帮助，以及中国经济出版社编辑老师们的支持。当然，还有我的家人。

本研究报告的使用去向及预期社会效益大致有以下三点：①国家或地方

国资委、证监会、证交所、国务院发展研究中心等国家政策制定部门，预期会接收并使用本课题的研究报告，研究结论及政策建议会对修订国企混改政策、完善国资监管职能、助力混合所有制经济发展具有现实的参考价值。②大型央企集团、地方国有企业集团、已有外资与民资参股或控股的混合所有制企业，以及跨国混改的国企，预期会获取并借鉴本课题的统计数据与调研资料，对各级国企全面深化混合所有制改革、建立现代公司治理机制、合理评估国资股改价值等经济行为提供理论指导。③高校教师、科研院所研究员、咨询机构工作人员，以及在校大学生与研究生，预期会参照并引用本课题研究国企混改中控制权配置模式演化新视角以从事相关的教学与研究，对国企改制、控制权配置、资产专用性等问题的研究提供理论借鉴与实证依据。但是，毕竟学术能力有限，很多问题还没有研究透彻，有些观点还有待商榷，部分结论给出得有些草率。而且，国企混改的实践情况仍在不停地发展，新经验、新模式、新概念、新思想层出不穷。但感慨研究的时间有限，未能穷尽所有研究成果和典型案例，就仓促进行研究总结，恐已留下许多漏洞。因此，仅希望未来还能有更多的时间精力，在今后的研究中，对上述不足之处有所弥补。

郭　斌

2020 年 1 月 29 日